フロイト再読

下坂幸三
【著】

中村伸一・黒田章史
【編】

Ψ
金剛出版

目次

第一部　フロイト再読——技法論を中心に——

第一章 まえおき——再読の方法について——

数回にわたってフロイトの技法論を主として再読してみようともくろんでおります。その目的はおおよそ以下の三つに分けることができます。

そのひとつは、おそらくフロイトの重要な考えが、日本語訳の曖昧さのために理解しにくい部分がある。それをもう少し明晰にしたい。

つぎにおおかたの読者からはまず見過ごされてきたようだが、私のこれまでの治療経験を通して大切だと思われる所を取り上げる。

第三には、大それたことだが、フロイトの技法とこんにちの私の技法とを比較考察する。

このうち第二点は、近頃流行の「×××を読む」といった書物に共通した手口です。

これは多分デリダ Derrida, J. あたりの脱構築論に触発されたのだと存じますが、哲学者や文芸評論家の場合とは異なり、天才フロイトも凡人の私も診療という実学を共通の基盤としていますから、「机の上で」のみ書かれた書物を、これまた「机の上で」批判する場合とは異なり、より容易で、より思弁に傾くことは少ないと思います。それに細部にひっかかるのは、私の性癖であって、むつかしい脱構築論とはほとんど関係はありません。

第三点についていえば、こんにち精神分析は、世界的にみて退潮のきざしがあり、ことにいわゆる先進国に多発する境界例に対するその効果は乏しいと言わざるを得ません。このこと自体はしかし精神分析の欠点とは言えないでしょう。現代人は、フロイトがあれほど問題にした（性的な）抑圧からほとんど解放されてしまいました。その上、これはもっと重要なことですが、内省を美徳とする生き方が消滅一歩前という状況にあるということです。フロイトの要請する内省は、一日三省を実行した、孔子の弟子顔回のように、仁徳を備えることを目指したものではなく、自他のさし当たり自覚されざる無意識の欲動・欲求を十分に意識化・自覚化することを目指したものです。フロイトの徹底した自己分析の軌跡は、皆様ご承知の通りですが、それは如上の精神分析的自己内省で、自己内省の一種であることに変わりはありません。しかるに現代の人々は、自己内省をしない方へとひたすら直進しています。

さて、かつて日本精神分析学会にも学会論争の余波が及び、一九六九年の学会で若手諸君による学会の既存の在り方に対する追及のあったとき、土居健郎先生は「精神分析は Selbstkritik《じこひはん》である」と発言されました[2]。私はこの言葉ほどに精神分析のアルファにしてオメガなるものを識りません。もっともこの土居発言をもう少し詳しく言えば、繰り返しになりますが、eine Art von Selbstkritik《自己批判の方法》あるいは eine besondere Form der Selbstkritik《自己批判の特殊な形》と言うべきでしょう。ちなみにあの学会の後に故近藤章久先生は、土居先生の発言を評して、「あれが土居君の限界で精神分析は Selbstverwirklichung《じこじつげん》である」と言われたとか。ホーナイ Horney, K. のもとに学ばれた先生らしい発言ですが、真偽は不明です。しかしもっぱら刻々の Selbstkritik を通して自己は豊かになる。すなわち自己批判即自己実現と言える。自己批判の外にあるいは延長線上に自己実現があるのではない。ましてや、いまの若者の間に広くみられる、思いこみの自己の能力がいつか現実化して、ハッピーになるなんていう妄念は自己実現とはなんの関係もないでしょう。

閑話休題《それはさておき》。精神分析は Selbstkritik にほかならないとなると、精神分析療法がそのままでは現代人に合わないことは自明です。また大部分の治療者も私も含めておしなべて自己批判回避症に陥っていますから、これまた分析家たるの資格に欠ける。そんな次第で精神分析療法がなかなか実効を収めることができないのは、フロイトの、精神分析の罪ではない。それは、内省を極度に嫌うようになった現代人の心の在り方に基づくといっても過言ではないでしょう。したがって私の技法のフロイトからのズレは、時代・社会の変遷に主として条件づけられたものと言える。ここにフロイトの技法と私の技法とを比べざるを得ない事情が存すると言ってよいでしょう。

技法論再読といっても、日本語版もあることだし、あらすじを紹介しても仕方がない——少しは紹介することもあるとは思いますが——。邦訳と原文とを再読して、留目した断片を披露する。時にはそこをふくらまして、ちょっぴり私なりの見方・考え方という尾鰭をつける。断片に目をつけるというのは、フロイトの推奨した「同様に漂う注意」とは一見逆です。しかし付会するようですが、名著を読み込もうとするときは、誰でもまずはこれに同じように漂う注意を払うでしょう。そこから断片がおのずから浮かび上がってくるという塩梅です。わけてもはやりの「脱構築」を企てる人なら、当の書物に対しても満遍なく漂う注意を必要とします。

　これまで「……注意」と書きましたのはフロイトの有名なgleichschwebende Aufmerksamkeitの訳し分けです。邦訳は「差別なく平等に漂わされる注意」です。ここで受身形が使われているのは、不適切ですが、その他は親切な訳語です。ここでは、「同様に漂う注意」「同じように漂う注意」「満遍なく漂う注意」と三種に訳し分けてみました。「自由に漂う注意」と意訳される場合もあります。邦訳の「差別なく平等に……」はしつこいので「平等に……」でよいでしょう。もっとも平等という漢語は、gleichよりは強い。「自由に……」は、日本語として通りはよいが、やはりgleichの意からは離れる。Stracheyらの英訳はevenly-suspended attentionです。evenlyはよいのですが、suspendedとschwebendとは意味が違います。前者は、宙吊りにされて浮かんでいる感じで、日本語の「漂う」の方がよい。Laplanche監修の仏訳は、la même attention flottanteで、ドイツ語に符節しています。私個人としては「**満遍なく漂う注意**」と訳して、ドイツ語発音のルビをつけるのがよいのではないかと思っています。訳語の問題にすでに立寄りましたが、このように考えはじめると翻訳不可能説を称える人の気持ちもわかります。

　本稿ではテキストを読むことに終始したいのであって、フロイト思想成立の歴史的背景とフロイトその人については、ほとんど言及しないつもりです。この両面にわたって、邦訳されたご存知のエランベルジェ Ellenberger, H.F. の落着いて綿密で発見的な大著があり、古代ギリシャに始まる西欧精神学背景史におけるフロイトの位置づけについては、医師には不可能なはずの博捜と叡智の結晶である中井久夫先生の著作があります[3・7]。フロイト論もいろいろあるようですが、だいぶ前に出版された小此木啓吾先生の『フロイト――その自我の軌跡』は、自分の視点をはっきり定めて、精神分析的にフロイト像を描き出したきわめて出色のものでした。[8] 当時、この本の書評を書いたことがありますが、ここに再録いたします。[9]

本書はフロイトの単なる伝記でもなければ、フロイト理論の概説でもなく、フロイトに対する外在的批評でもない。多年、精神分析学の理論と実践とに並々ならぬ努力を傾注してきた著者の心の中に映り、芽生え、成長してきた独創的なフロイト像が、この書の中で、活き活きと直截に描かれている。

フロイトの「その自我の歩みを見知り、できるだけフロイトの身になってその足跡を辿ってゆく」著者にとっては、フロイトは、つまるところ著者や「私たちの分身」に他ならず、フロイトの症例研究の中に登場する患者たちもまたフロイトの「分身」に他ならない。

こういったいわば、著者がフロイトの体内にとびこんで、そのなかで、孫悟空のごとく自在に、闊達な思考を展開したこのフロイト論は、これまで、欧米の二、三の社会学者や文学者などによってものされた、あまりに外在的な、あるいはあまりにパトス的な論理とは異なり、すぐれて主体的、発展的、力動的なフロイト論となっており、見事な文字通りの精神分析的フロイト論となっているということができる。

第一章の「コカイン――不当治療医フロイト」からはじまって、第一一章「エピローグ――自我の起源」に至る各章の内容は、絶えずフロイトの本質に迫ろうとする筆者の研究者精神と該博な知識とヨーロッパ旅行体験との三者がたくみに調和しており、いずれの章も読みごたえがある。

なかでも評者にとっては、精神分析以前のフロイトが神経症治療薬としてのコカインに寄せた法外な期待とそのみじめな挫折、新しい資料をふまえたフロイトと狼男との治療関係の様相などが興味深かった。また、サンドール（編者注：現在ではシャーンドルの表記が一般的）・フェレンツィとウィルヘルム・ライヒの二人の高弟、さらにシュールレアリストであるアンドレ・ブルトンらが、いずれもフロイトをさらに発展させ、これを乗り越えようとする歩みのなかで、フロイトの敷いた路線から逸れていかざるを得なかった彼らの内的必然性に対する著者の独自の解釈や、フロイトの有名な症例、小さなハンス、ねずみ男、シュレーバー博士、狼男に対するフロイトの治療関係と解釈とを通して、ひるがえってフロイトの学問的、人間的成長の跡を辿る著者の鋭い着眼に啓発されるところ多大であった。

読者は、本書のいたるところで、共感をさそわれるにせよ、あるいは反感をそそられるにせよ、従来のフロイト解説とは異なり、親しみやすい人間的な、しかし自我の成長と言う面からみれば超人間的なフロイトの姿を、この著者の表現をかりるならば、あなた方の分身であるフロイトを発見されるであろう。

本書は、小冊子（二五三頁）ながら、斬新で、充実した内容をもっているが、そうかといって堅苦しい読物ではなく、この著者独特の親しみ深い語り口で論旨が展開されているので、倦きることなく楽しく読める。あるいはむしろ読者は、楽しく読めることによって著者の貴重な考え方を看過してしまう危険を警戒しなければならないであろう。

フロム Fromm, E. の『フロイトの使命』を邦訳で読んだことがあります。(4) 中味は、ほとんど忘れてしまいましたが、後味があまり好くなかった。フロイトの短所をもっぱら拡大しており、そこにこの著者の狭量――好意的に見れば、社会科学者に通有の批判主義の顕現でしょうか――をみる思いでした。これはあるいは私の誤記憶かもしれませんが、「彼は愛情をもった人間ではなかった……」なんて書いてありました。えらい人を店卸しして、なにか得るところがあるのだろうかという感想を当時もちました。いまもなおいろいろなフロイト論は、ひきもきらず出版され、かつ邦訳されているようですが、目は通しません。中には立派なものもあるのでしょうが、曝露物も混ざっている。私はフロイトの私生活に興味はもてません。技法論にも関わることですが、論文は実際の治療とはかくもかけ離れているといった種類の出版物があるようです。しかしそのことは少しも不思議ではない。言行一致・知行合一は望ましいことではあっても、神ならぬ人間にはそれは不可能であるということ以上ではないのではないか。それに個々のむつかしい症例の治療に打ち込めば、原則からの逸脱を余儀なくされることはしばしばです。こういうことも報告せねばなりませんが、それはわれわれの役目であって、技法の創始者フロイトの役目ではありません。曝露本をいくら読んでも、心理療法の腕が上がるわけではない。むしろ逆効果があり得るでしょう。おのれの心理療法のだらしなさ・むちゃさを合理化するように悪用されないとも限りません。臨床家なら取組むべきはあくまでもフロイトの本文です。

さて私の断片尊重は、一面では体系的に物事を考える能力の欠如だとも思っていたのですが、ごく最近、強力な助っ人をみつけることができました。社会科学者である故内田義彦氏の説です。(10) 氏は犀利な学者ですから断片尊重ということに立派な根拠を与えています。

……しかし、社会科学の体系が出来ても体系そのものが（傍点原著、以下同じ）われわれの眼に代わってものを見てくれるわけでは決してない。やはり体系を使ってわれわれの眼で見なければならない。体系をどう使うか、体系を使ってどう見るか。それは一人一人の賭けです。マルクスも『資本論』の序文でいっていますね。私は世論なるものを相手にしない。一人一人の考える読者を相手にすると。一人一人が社会の創造、あるいは社会科学的認識の創造に参加するというのでなければ、社会科学は形骸化します。一人一人が賭けをする存在でなければならんという社会科学的認識の第一歩は、つねに生きているわけです。それがあってはじめて体系そのものも、ミイラみたいなものでなくて、われわれがものを見るための大切な道具になる。また、そういうものとして現実のなかで発展してゆくことができます。

本の読み方もそうで、まず新鮮に断片を読むことが、つねに仕事です。もろん断片だけにとどまっては困るの

> で、断片の読み方も体系のなかにその断片がどうはさまっているか、体系の理解が断片の読みの深さを規定します。しかし体系の理解そのものが、やはり断片をどう理解するかということにかかる。体系に埋まっている断片をあえて掘りおこすという作業をしなければ、体系的に理解したとはいえません。
>
> 　われわれ専門家が、たとえばスミスを再解釈する場合、ものをいうのはつねに断片です。新しい資料が出てきて体系が読みかえられることもあります。また新資料が出てこなくても、ある断片のもつ意味が不意に、ああそういう意味だったのかという形で、新鮮に理解されなおすことで、体系そのものの解釈が変わっちゃうこともある。**一にも断片、二にも断片**です（強調は引用者）。それがないと、旧来の解釈のとりこからどうしてものがれられません。
>
> 　別に異説を立てなくてもいい。昔からの解釈のすばらしさをより深く再認識することも、創造行為です。むろんそこには賭けがあり、賭けに値するだけの準備が必要です。

　以上の内田氏の意見になにも付加えることはありません。これはこれまでの私のぼんやりした見方・方法に、はっきり形を与えてくれました。百万の援軍といえましょう。これはわるのりになるかもしれませんが、いろいろな学会で、物識りや一見の体系家がけっこう幅をきかせている。そういう状況は、心理療法学の独創的な発展のためには、あまり好ましいとはいえないと存じます。ところで内田氏の文章には賭けという言葉が出てくる。これはちとわかり難いのですが、氏の解説によれば、「知って知って知り抜いたうえ、やっぱり最後に賭ける」ことのよし。これは私には不可能事ですが、理想として心に止めておくことにしましょう。

　理想といえば、エランベルジェは「……今後、時のたつとともにますますフロイト理解が難しくなることも考えられないわけではない。フロイトは、クレペリーン、フォレル、ブロイラーと同じ型に属する人間である。彼らはみな、知的および感情的自己統制の長期訓練をとおってきた人たちである。高級教養人で、清教徒的習俗の人であり、無限のエネルギーと強烈な信念の人であった。彼らはその信念を強力に主張する人であった。人種と教養の違いにもかかわらず、彼らは互いに直接理解しあえた。しかし彼らという禁欲的・理想主義的なタイプは快楽主義的・実用主義的な世代にとっては次第に無縁のものとなりつつある」と述べています。フロイトの治療論も、現実を見据えながら、実用主義を排し、理想を追求したアイディアリスト、フロイトの作品だといってよいでしょう。

話を前に戻します。「……あまり読まれることのない章を取り出して、それをふくらませて読む。こうして人間理解という一点にひきしぼって彼（筆者注：ホッブスを指す）のとった幾何学的方法をじっくり勉強する」と内田氏は自分の読書術を披露しています。読まれることの少ない章に留目して、これをふくらますというのは、対象こそ異なれ私も長年、患者・家族に適用してきた技法――あまりにもささやかで技法というのもてれくさいのですが――にそっくりです。こちらが気にとめた些細な言表――時には服装や動作の特徴でもよいのですが――を相手にふくらましてもらう。「ふくらます」という言葉のイメージは、水平面上で、あるものがあらゆる方向に向けて膨張するという感じです。意味を問うとか分析するとなると、それを空間的なイメージでとらえるなら、より内奥へ、より深部に、すなわち地層下に及ぶようなものとなります。ところが最近の患者・家族は、こうした自己内省は苦手で、これを嫌悪、恐怖する方々がふえたと思います。こういう事情から、「いま言われたことをもう少しふくらませていただけますか」という質問――もう少し付け足してくれますかでもよいわけですが――を対象者に向けることが時にあります。これをかつての勉強仲間のひとり賀陽濟氏は「ふくらまし技法」と名づけてくれました。ふくらますというのは日常用語に過ぎるかもしれません。まあぴったりではありませんが、患者・家族の話を展開してもらうということですね。しつこくなりますが当今の患者・家族に対しては、まずは彼らの話の充分なふくらまし・展開が必要で、それが一番無理のない嫌悪を与えない形で Selbstkritik = 精神分析にわずかながら連なっていくということです。フロイトを私が読む場合も、自家製のふくらまし粉を時に仕込むという段取りになります。

＊

技法論の翻訳は二種あります。ひとつは日本教文社版。訳者は古澤平作、小此木啓吾、高橋英夫。他は人文書院版で訳者は小此木啓吾、佐藤正樹です。前者と後者との訳文に大差はありません。読者はそのどちらかを持っていればよい。私どもは長期間にわたって、この訳書の恩恵を受けてきたわけです。同書から訳者の意気込みとあれこれ説明を加えてくれる親切さは伝わりますが、翻訳それ自体としては、率直にいってかなりの欠点がある。

故古澤平作先生は、「畳のへりを叩いても精神分析」（?）と言われたとか。先生の精神分析への熱中がよく伝わってきますが、この表現は東洋的ですね。西欧人はこういう言い方・考え方はしないのではないか、浄土宗・眞宗ではなにごとにつけても南無阿弥陀仏。ことに禅宗では、一挙手一投足が修業である。嚔《くさめ》をしても便所を拭いても仏道を行じていることになります。古澤先生の発言に私は仏教の下地を感じます。古澤先生の愛弟子である小此木先生も青壮年時代——おそらく現在も——は精神分析一色であったでしょう。そして精神分析を広め深めることに師と一体となって挺身されたのだと思います。

このような古澤・小此木といった精神分析の熱烈な信奉者が、フロイトの翻訳者にふさわしいかということになりますと、私は必ずしもそうは考えない。熱烈な信奉者というものは、元祖の先をつい行ってしまうことがある。そしてこれに気づかない。つまり勇み足ですね。邦訳にみられる最大の問題点はこの「勇み足」です。その実例を挙げる前に茅野《ちの》蕭々《しょうしょう》——古いドイツ文学者です——の翻訳論を紹介しましょう[1]。

凡そまじめに翻譯に從事するものに就《つい》ては、其の目的に於て二つの区別を考へることが出来る。即ち自己に一定の主義主張があり、而《しか》も未だ自国の中に己を実現した作品を得ることが出来ない場合、之れを国外に求め来って翻譯移植するのがその一つである。例えばシュレンテルがイプセンの翻譯をしたり、自然主義の鼓吹《こすい》者がゴンクウルやゾラやフロオベルの作を譯述紹介した如きものが之れである。斯ういふ態度をば今仮に主張的又は宣伝的と名づけるとすれば、他の一つは指導的又は超越的とでも名づく可き態度である。此の態度の下にあっては、翻訳者の主張主義、曳いては個性ともいふ可きものは、全く前景から隠れてしまつて、偏《ひとえ》に原作の精神と色調と風味とを出来得る限り完全に伝達すれば其の目的は達せられるのである。前の場合にあつては譯する人と譯せらるる作者とは、極めて有機的に緊密な関係を保つてゐるのに対して、後の場合には、譯者と作品とは著しく自由な接触を示してゐる。譯者が一つの作品を翻譯しなければならない必然性は、此の場合、譯者内心の直接な逼迫《ひっぱく》であるといふよりは、寧ろ主として其の環境を形造る他人の為めである。さうして譬《たと》へその環境の進展発達によつて、結局は譯者自身の目ざす所のものが達せられるとしても、それが前者に比して著しく間接なものであることは云ふまでもあるまい。私はこれを指導的又は超越的と名づけたのは此故である。譯者は文芸上に於ける自己の主義主張を立証し、又は宣伝する為に翻譯の労をとるのではなくして、自己が享有する利益を他に分つて基礎から何物かの発生を刺戟すれば足りるとするのである。

対象を文芸書に限らずともこのように翻訳者の態度を、主張的・宣伝的と指導的・超越的とに二分することは妥当ではないでしょうか。茅野は、どちらかの態度に軍配を上げているのではありませんが、後者の代表として鴎外の訳業を挙げ、これに最大級の賛辞を呈しています。彼は、主張的・宣伝的翻訳の場合は、訳する人と訳せらるる作品とは、極めて有機的に親密な関係を保っているという。これはポジティヴに響く表現ですが、果たしてどうでしょう。親密な関係の質が問題となるといえるでしょう。訳者は著者のもろもろについて一方向的な想いを寄せる。それは知己であろうと私淑しているに止まるとを問いません。精神分析学が見出した心的メカニズムのひとつである投影（同一化）がしきりに行われている状態が、実はしばしば緊密な関係の内実である可能性を否定することはできないでしょう。

＊

日本語訳の欠点の主要部分は、訳者たちの主張的・宣伝的態度にあると私は考えています。訳文のところどころにそれはみられるのですが、今回は二つだけ提示しましょう。

その一。「分析医に対する分析治療上の注意」。これは論文名だが原題は、"Ratschläge für den Arzt bei der psychoanalytischen Behandlung"（一九一二）です。すなわち「医師に対する……」である。医師という言葉をいかにひねっても分析医という言葉にはならない。これをあえてするのが主張・宣伝であって、もちろん誤訳という無邪気なものではあり得ません。フロイトは、分析に目下手を染めている、ないしはこれから分析をしてみようかと考える医師をも対象にしたのであって、自分の一握りの弟子たちというできあがった分析医を主たる対象にしたのではおそらくないでしょう。精神分析を生易しいものと思われては困る、あるいは濫用されては困るという意図に発して邦訳では医師が分析医に化けさせられた可能性がある。いやこの可能性はおおいにあるといってよいでしょう。その老婆心はわかりますから、それなら医師と直訳して、これに注を付ければよかったのではないでしょうか。この訳の不適切さは、これを独訳すれば瞭然となります。つぎのごとくに。

Ratschläge für den Psychoanalytiker bei der psychoanalytischen Behandlung.

ところでマルクスの——エンゲルスも関与しているらしい——『ドイツ・イデオロギー』——草稿に基づく死後の出版です——には、まずリヤザノフ版、それから遅れてスターリン時代に出されたアドラツキー版があるよし。このアドラツキー版は改竄《かいざん》と余分なつけ足しに満ち満ちているそうです。ところが現行の邦訳はアドラツキー版によっている。以上のことを発見した故廣松渉氏は、このアドラツキー版をほとんど偽書に等しいと明言されています。(5)

〈医師→分析医〉も、極小ではありますが改竄です。

その二。技法論に出てくるArbeitまたはpsychoanalytische Arbeitはことごとく操作、精神分析的操作と訳されている。Behandlungという言葉も時には操作と訳されています。論文名である"Erinnern, Wiederholen und Durcharbeiten"（一九一四）の最後の表現が「徹底操作」と訳されていることは、おおかたの読者はご存知でしょう。Arbeitを操作と訳すことが問題であることは多くの方が次第に気づかれてきたようで、徹底操作という訳語を避けて、ワーキング・スルーという英語をそのまま使ったりされている。

まず邦訳「操作」の意味を辞書に当たってみましょう。現代日本語の解説に優れているといわれる『新明解国語辞典』（第五版、一九九八）によると、①仕事をする（させる）ために、機械などの機能を十分わきまえたうえで、動かすこと、②普通の方法では出来そうもない物事（仕事）を達成するために、ものの運び方をくふうすることとあり、①の例として「ハンドルを操作する」、②の例として「株価を操作する」などが挙げられています。この辞典を引いて少々驚いたことは、マイナスの意味が載せられていないことです。この辞典よりは一体にもう少し伝統的意味を残しているとみられる『新潮　現代国語辞典』では、①機械などを動かして作業すること、②自分に都合がいいように、物事を（不正に）あやつること、となっており、引用例は、新明解国語辞典と全く同じです。パソコンの操作に小さい時から慣れているごく若い人はあるいは別かもしれませんが、操作という表現が、モノにではなくヒトに向けられた時は、おおむねネガティブな意味を持つととるのが通常でしょう。ちなみにこの操作という日本語は相当に新しく、『大言海』には見られず、一九二八年に出された『齋藤　和英大辞典』――この辞典は大正から昭和初期にかけての常用日本語を反映しているとされています――にも見当たりません。もっとも操縦は載っていますが操作と同意語であったようです。両語とも「操る」に由来しますが、これにも、人形を操る、人を操るといったプラス、マイナス両様の意味があることはご承知の通りです。

一方、原題 Arbeit の意味をさぐってみましょう。原意は「労苦」で、Mühsal（苦難）とか Last（重荷）といった表象がこの語に結びついていました。ラテン語でいえば labor et dolor ですね。しかし Arbeit という言葉には、次第に目的に適った従事といった想い浮かべが前景に出てきた。Arbeit にポジティブで倫理的な価値を付与することに力があったのは、宗教改革者 Luther, M. とその一派のよし。以上は Duden 7. 語原辞典（一九六三）ならびに Paul, H. の辞典五版（一九六六）（初版は一八九六）の中味の圧縮です。ついでながら Arbeit はその生産物をも意味することは、医師の方はよくわかる。学位論文を Titelarbeit と申しますから。Arbeit の現代的意味は、目的に適った役に立つ身体的・心的作業ということになりましょう。日本語の「労働」は、Arbeitの原意をよく保存しています。まあとにかくArbeitは、操作のドイツ語に該当するOperationとかManipulationとは無関係です。もっともArbeitの中味が、機械相手なら操作そのものであることは、今日ますますふえてきているでしょう。

フロイトの多用するArbeit, psychoanalytische Arbeitは、精神分析に従事していることであって、訳すなら「精神分析作業」でしょうか。あるいは精神分析療法として療法の上にルビをつけるか。自由連想は、気力、体力、忍耐、好奇心がないと続けられるものではありません。それは、作業という言葉のイメージからかけはなれた営みではありません。

durcharbeitenはどうでしょうか。「前綴durchを採る分離動詞は自動詞又は他動詞であって、もと動詞の表わす動作の貫徹を示す」。これは佐藤通次の『独和言林』——優れた辞書ですが目下絶版のようです——にある説明です。これを基礎において、durcharbeitenの意味は、Wahrigの辞典（一九七二）に当たってみます。sich eingehend u. bis zu Ende mit etwas（Buch, Wissensgebiet）beschäftigenとあります。要するにある対象に徹頭徹尾《とことん》、取組み続けることですね。フロイトのこの論文に従っていえば、被分析者がおのれの治療にずっと取組んでいくことです。ちなみに、Laplanche, J.とPontalis, J.B.の『精神分析用語辞典』では、durcharbeitenに当てはまるフランス語はないとし、perlaborationという新語をこれに当てている[6]。直訳調の造語ですが、perとdurchとは果たして交換可能なのだろうか。佐藤通次の教えるごとくdurchには動作の貫徹という強い意味があるが、perにはそれほど強い意味はないような気がします。ここでフロイトの該論文名の試訳を試みてみましょう。『想い起すこと　繰り返すこと　そして一貫して取組むこと』です。これにはもちろん発音表記のルビが必要となります。想起、反復といった漢語調に揃える——たとえば造語すれば貫通的従事——のがよいのですが、durcharbeitenがどうしても無理のない漢語にできませんでした。読者のお知恵をおかし下さい。

ところで、操作という訳語は、誤訳でも意訳でもありません。創訳とでも申しましょうか、フロイト技法論に対する訳者の見解がこの操作という言語表現にまるごと込められていると観ます。つまり〈精神分析療法トハ、精神分析的操作デアル〉。同語反復的になりますが、まずこのように解釈して差し支えないでしょう。このような確信にうらづけられていないと、Arbeitを操作と大胆に訳すことは不可能です。上記の定式化の適否はここでは問いません。もっとも操作という言葉を広義にかつポジティブに——新明解国語辞典のように——とらえるなら、あらゆる心理療法は操作となります。しかしながらとにかくArbeitを操作としては困る。訳語と精神分析療法本質論とを重ねては困るのです。

＊

この連載を始めるにあたり、私自身のことも最後に少し述べなければなりません。まず語学力。これがあやしい。フロイトは文章の達人だとか、ゲーテのそれに比肩できるとかいわれる。でも残念なことにフロイトの文章の旨さがわかる語学力を具えておりません。でもたとえば"Erinnern, Wiederholen und Durcharbeiten"といった命名が気が利いていることくらいはわかる。動詞をそのまま名詞化しているから言葉が生動している。そして三つ揃い。しかも分析者のそれではなく、被分析者における精神分析療法中の心の変遷を主題にした視点は斬新です。

とにかくいまは辞書と首っ引きで本文を読まなければならない。しかし私ひとりでじたばたしてもしようがないので、哲学者の坂口ふみ、歴史家の西澤龍生。この両先生の応援を今後得ようと思っております。

本文を読むさいは、まず最初は単なるドイツ文として読む。ついでフロイトの著作として読むといった二重の心構えでのぞみたいと思っております。この第二の心構えの基本は「よい所さがし」です。しかし短所を前提としない長所はない。短所にはあっさり触れるかもしれませんが長所はじっくりみていきたいという気構えです。

それではお前の自由連想の経験はと問われますと、「けっこうある」とだけ答えておきましょう。現在も、ひとりの男性患者を古澤先生流の背面椅子式の自由連想で治療しております。ただし私の自由連想経験は、週に一～二回の実施に止まっており、フロイトの原法を追試したことはありません。今後のエッセイの中に、まれにではあるが、自由連想による私の治療経験を織り込むことができるでしょう。

上にも述べましたように、二人のドイツ語の達人の応援を得るといっても、フロイトをどう読むかの最終責任は私がとらなければなりません。この私のエッセイの誤りと不備についてはただちに御指摘いただければ幸です。

なお、底本として、Fischer版のフロイト全集を用い、さらに同じくFischer版のStudienausgabe、Stracheyらの英訳全集ならびにLaplanche編集の仏訳全集やBerman, A.の仏訳を参考にするつもりです。

文　献

（1）茅野蕭々「鴎外博士の翻譯と獨逸文學」新小説8月号臨時増刊「文豪鴎外森林太郎」（鴎外全集月報一三（一九七二）所収）一九二二

（2）土居健郎「日本精神分析学会第一五回総会討論集会について」精神分析研究、一五巻六号三三頁、一九七〇

（3）Ellenberger, H.F.：The Discovery of the Unconscious. Basic Books Inc. 1920.（木村敏・中井久夫監訳『無意識の発見 上・下』弘文堂、一九八〇）

（4）Fromm, E.：Sigmund Freud's Mission. Harper & Brothers. 1959.（佐治守夫訳『フロイトの使命』みすず・ぶっくす、みすず書房、一九五九）

（5）廣松渉「『ドイツ・イデオロギー』編輯の問題点」唯物論研究、二一巻、一九六五（『廣松渉著作集第8巻』岩波書店、一九九七所収）

（6）Laplanche, J., Pontalis, J.B.：Vocabulaire de la Psychanalyse. Presses Universitaires de France. 1967.（村上仁監訳『精神分析用語辞典』みすず書房、一九七七）

（7）中井久夫（一九七九）「西洋精神医学背景史」懸田克躬、他編（一九七九）『原題精神医学大系1-A　精神医学総論1』中山書店（『西洋精神医学背景史』みすず書房、一九九九所収）

（8）小此木啓吾『フロイト——その自我の軌跡——』NHKブックス、日本放送出版協会、一九七三

（9）下坂幸三「書評」精神身体医学、第一三号三二六頁、一九七三

（10）内田義彦『社会認識の歩み』岩波新書　岩波書店、一九七一

第二章　「医師に対する分析治療上の助言」について

前回言及した中井久夫先生はその『西欧精神医学背景史』において、フロイトはまだ歴史に属していない、彼の影響はなお今日も測深しがたい、巧みに無限の思索に誘い込む強力なパン種を二〇世紀の中に仕込んでおいたひとりだといった趣旨を述べています。これは至言でフロイトは、まことに「巧みにひとを無限の思索に誘い込む強力なパン種」だと思います。ところが、二一世紀初頭の状況を見ると、うかうかしているとフロイトは歴史に属してしまうかもしれません。私事となり恐縮ですが、故高橋義孝先生と私の共訳『精神分析入門』の売行きは、年々落ちてゆくばかりです。一九九八年に改訳版を出したのですが、それは売行き減少の歯止めには少しもなりませんでした。フロイトは読まれなくなったという評判の確かさを如実に感じている次第です。

フロイトというパン種はいまもなお活力に満ちていると思うのですが、肝腎の患者・家族・治療者といった小麦粉が表面をみると変質してしまったかのようにみえる。しかしながらフロイトは活力のあるパン種なのですから、フロイトの治療技法にわれわれが少々細工を加えれば、今日の小麦粉にも十分通用可能だと思います。そのために今回以降は彼の治療技法を吟味・粘弄《ねんろう》しなければなりません。前回の話とのゆきがかり上、「医師に対する分析治療上の助言」をまず取り上げることにします。ちなみに西園昌久先生が「精神療法」誌上で紹介されていたエルマン Ellman. S.J. の著書をこのごろ入手しました(1・9)。これはフロイトの技術論と主としてブレンナー Brenner, C. 、ギル Gill, M.M. ならびにコフート Kohut, H. という三人の分析家の見方とを照合させたものです。この書に興味がひかれたのは、フロイトの英訳は、リヴィエール Riviere, J. のそれによっていることです。エルマンによれば、この翻訳は最も洗練されていてかつ文学的であるよし。リヴィエールは、ジョーンズ Jones, E. とフロイトの分析を受けた女流分析家で、クライン Klein, M. の同志といってよい人です。彼女については福本修先生の要を得て、しかも興味ぶかい紹介があります。[2] 今後はこのリヴィエールの解釈も参照するかもしれません。

＊

さて本文に入ります。これはフロイト五六歳時の著作です。まず冒頭で、彼が述べる技法上の諸原則が、これから精神分析に従事する医師たちに役立つことを期待しているが、この技法は、フロイトという個性にとってもっぱら目的に適ったものであったことを強調し、全く違った人格構造を具えた医師が、患者に別種の対応をするとしてもこれをあえて否定はしないといった趣旨を述べています。

心理療法のあらゆる技法は、その発見者にぴったり合ったと感じられたもののはずですし、それ故に全く違った個性を持った治療者にはどうであろうかという疑問は当然生れるはずです。そうだとするとフロイトのこの冒頭の言葉は、あらゆる心理療法書の冒頭に置かれて然るべきものでしょう。しかしフロイト以後、このことを揚言する治療者は、あまりいないのではないでしょうか。それはあまりにも自明なことであるためかもしれませんが、しかしこの自明の事実を、あえて述べるフロイトに学者としての厳密な良心をみる思いです。もっとも一般に言われますように、何事も個に徹する――フロイトの場合は、患者との治療関係における個ですが――ことによってはじめて普遍にいたることができます。フロイトが提示した技法と諸原則は、他のさまざまな方法を追試してうまく行かなかった後に、彼になじむやり方で長年経験を重ねて産まれたものです。当然精神分析に従事する医師には、もちろん自信をもってすすめることができる助言なわけです。

ここでフロイトのいう「私の個性」meine Individualität とは、以上の長年の習練をへて変化し洗練された個性とみなすべきでしょう。私も含めて多くの心理療法家は、治療方法に対しても、治療対象に対しても、食わず嫌いを示すことが多いとしたものですが、それはわれわれの個性の差に直に短絡させることはできません。食わず嫌いを克服すべくさまざまに工夫した後に、はじめて自分の個性というものが打ち出せるのだと思います。フロイトに対する食わず嫌いも多い。ご承知のように古典的精神分析療法は、閉鎖的な空間の中で、寝椅子を使って行われます。確かに特殊療法です。しかしながら彼の治療技法論それ自体はいささかも閉鎖的ではありません。そこでは心理療法における基本問題はほとんどすべてといってよいほどに扱われており、しかもその論旨は公開性、通有性、倫理性の三つに欠けるところはありません。フロイトこそ、日当たりも治安もよい心理療法の大通りをわれわれに準備してくれた人物です。ひとがどのような心理療法を行うにせよ、フロイトをまともに読むなら損をすることは決してないでしょう。

＊

ところでこの論文は（a）から（i）までの、9項目の箇条書となっています。（a）のところでは、前回に触れた「満遍なく漂う注意」が中心となります。原題の gleichschwebende Aufmerksamkeit も従来の邦訳、平等に漂う注意も、ちゃんと実践できたという記憶が私の臨床経験の中には長い間見当たりませんでした。フロイトの表現はドイツ語圏の人にはぴったりくるのでしょうか。その辺の消息がわかりません。日本語の平等という言葉は仏教用語として古くからあります。たとえば平等心というように。それは一切衆生を平等に慈愛する心の意です。しかし近頃はたとえば自由平等・男女平等というようにもっぱら社会的な意味を帯びた言葉として使われることが多い。これもいささか具合が悪い。要するに原語も邦訳も私にとっては生きた言葉とならないので「満遍なく……」と訳し直したのです。そうしたら少なくとも私の日常臨床に、にわかに使えるようになりました。とくに一人当たり一五分〜二〇分くらいしか時間の割けない一般外来診療には都合がよい。形式的にいえば時間の前半は、この態度に終始し、後半は治療者の発言が主となるといった具合です。「満遍なく漂う注意」は数時間なら充分可能だし、治療的にも役立ちます。医者向けの話となり恐縮ですが、健康保健制度下の外来通院療法では、これを標語として治療に当たったらよいのではないかとさえ思います。患者が入れ替り立ち替りしますので、おのれの注意にかえって活を入れやすいように思います。精神分析的療法でも、一日三〜四人くらいなら可能でしょう。ただしフロイトのいう七、八時間というのは凡人向きではありません。フロイトは実行不可能な理想を説いたのではないということが、この年になってようやくわかったといえます。

　ただしその実行には二つの前提条件が必要です。第一は治療の前日は睡眠不足を絶対に避けることです。注意のよしあしは脳機能とも関係します。フロイトとか小此木といった短時間睡眠で足りるエネルギッシュな人物は別かもしれませんが、凡人には gleichschwebende Aufmerksamkeit は睡眠不足では生起しません。第二は、心を空にするということですね。患者の話の取捨選択の一切を止めることを前提とするこの用語それ自体といい、記憶は「無意識記憶」にゆだねると称することといい、すべては心を空にするためのフロイトの工夫そのものです。フロイトは西欧人ですから「心を空にする」などという言い廻しができないだけの話です。エルマンによると、転移の研究で知られているギルは、フロイトの evenly suspended attention というのは一種の神話だ、白紙の状態で理論的な好みに影響されないということは不可能だと述べているよし――こういう場合孫引きはよくないのですが御海容下さい――。しかし果たしてどうでしょうか。西欧人は頭の中に理論を一杯に詰めこんでおかないと自他ともに馬鹿みたいにみえてしまうというとらわれを一様に持っているようです。ところが東洋人であるわれわれ日本人は、無分別、無我、無心といった仏教由来の心のあり様を尊重する文化的伝統の中にかつて生きていたわけです。子どものころ、チャンバラ小説を好んで読みましたが、無念無想なんていう言葉がしょっちゅう出てきた。剣の名人は無念無想の境地に入ることの名人でもあるわけです。私は精神分析のさまざまな学派の知識に乏しい者ですが、日本精神分析学会をのぞいてみると、ある学派を名乗ったり、名乗らされたりしている方々がいる。でもそのことは、ごく一部の人を除き、当人にとってもあまり居心地がよさそうにはみえません。つまり欧米人のように物事を細分して、その差異を追及するということにわれわれはさほど熱中しないのではないかと思うのです。そんなところに無分別を尊重した古い日本人の心性の名残をいささかかみる思いです。

自分の考では、この「無心」と云ふことが仏教思想の中心で、又東洋精神文化の枢軸をなして居るものなのである。西洋とは何かと云ふと、はっきりした定義は六箇敷《むつかし》いにしても、唯漠然と西洋と云ふものを感じるのであるが、此感の底には、西洋には「無心」がなくて、東洋にはあると云ふやうなところで、両者の区別を認められぬか知らぬとも思ふ。否、東西精神又は思想上の相異の一項には、確かに「無心」と云ふのがあると提言したい。

宗教といふものには、パッシヴィティと申しますか、受動性といふものが中心となってゐるのです。——中略——これを印度の云ひ現しかたで云へば「本性清浄《ほんしょうしょうじょう》」といふことにもなります。この清浄とは、ただ綺麗であるとか、大空の雲のない姿で、からりとして何もないといふ、ただそれだけを意味するのではなくして、さういう姿でないと、そこへはものが這入ってこないのです。これは受動性をたとへたのであります。受動性は、つまり絶対的抱擁性と云ってもよいのです。塞がったところは、すでに何かものがあるので、そこでは受動が可能でないのです。何もないから入れられる。自分に何かあると思ふから這入って来るものに対して抵抗する。

以上は鈴木大拙の『無心といふこと』のごく入口の部分を摘録してみたものです[11]。無心がすこぶる含蓄に富んだものであることが、その書全体の中で展開されているのですが、塞がったところへは、ものが這入ってこないという一点には変りがないといえる。彼は、これを他の箇所では自分のはからひを容れないことと解説しています。宗教ではなくても老子あたりは、からっぽの中に実は大いなる力があることを中心に説いていますね。道は沖《むな》しきも、これを用うれば或《ま》た盈《み》たず。淵《えん》として万物の宗《そう》たるに似たり。[編者注1]とか、天と地との間は其れ猶《な》お槖籥《たくやく》（＝風を送り出す吸子《ふいごう》）のごときか、虚しくして屈《つ》きず、動きて愈々《いよいよ》出ず。多言は数々《しばしば》窮す。中《ちゅう》（＝からっぽの心）を守るに如かず[編者注2]など。いささか脱線してしまいましたが、ついでにもうひとつ脱線。すぐれた生理学者であり、『正法眼蔵』の研究でも知られた故橋田邦彦は、「理論がないと活気づかない」と述べた一教室員に対し、「否、そんなもののないところに活気を見る立場に到らねばならぬ」と諭したよし[4]。彼は自然科学の研究には無我の立場が必要であることを力説して止まなかった。(4・5)自然をあるがままに把握するためには、アプローチの方法――彼の場合は、電気生理学ですが――に違いがあるにせよ、体験の世界に没入せねばならぬ。即ち無我である。しかしそれだけではなく、自然の中に自分を入れこんで、この自分をとことん観《み》なければならぬ。それも無我のはたらきである。おおむねこのような主張をしていたのです。

閑話休題《それはさておき》。フロイトの例の標語は無我に相即する、あるいはこれを要請すると私は言いたいのでした。しかし日本には無我・無心を尊重する文化があったから、こんにちのわれわれがそういった境地に入りやすいかというとそんなことはないでしょう。そうした言葉が重みをもって存在し、その言葉の指示する境地に近づこうとする不断の修練を重ねたかつての一部の日本人にそれは可能であったことでしょう。しかしながらこうした言葉を死語にだけはしたくないものです。われわれは心の片隅にでよいからそれを保存する必要がある。そうした言葉の片々がひょっとしたら生動してギルによって神話と言われてしまったフロイトの標語が、ある治療者の中で実現しないともかぎりませんから。さて、繰り返しになりますが、私は gleichschwebende Aufmerksamkeit を患者に向けることに長い間成功しなかったと申しました。それは、ギルのいったような自分の依って立つ理論に妨碍《ぼうがい》されたのではありません。そもそもそういうようなよるべき体系的な理論をもっていないのですから。前回述べましたように、心理療法の理論・技法の断片を少しは識っています。しかしそれらが私の心の中で雑音を立てたなんていうことはない、無意識的にはどうかわかりませんが。フロイトのすすめを生かせなかったのはフロイトの言葉がどうもぴったりこなかったことと、心身の疲労から注意が散漫になるということに基づいていたと思います。そんなだらしのない私がいうのはおこがましいが、やはりおのれの信奉する理論によってギルの主張するように治療現場での evenly suspended attention が妨碍されるのはやはり具合が悪いのではなかろうか。理論はとりあえず繰り返し脇の方におしやる《バイザイテ・ドレンゲン》訓練が必要なのではないでしょうか。そうした訓練にもかかわらず、押戻してくる理論の断片というものが、あるいは治療に役立つものなのかもしれません。

項目（a）における邦訳の問題点は、sich etwas merken＝～を覚える、記憶にとどめるというドイツ語表現の意味を、注意すると訳していることです。以下に翻訳文を摘録し、括弧内に適訳を入れましたが、文章のつながりのわるいところはご容赦下さい。

「この技法は至って簡単なものである。――中略――肝腎なことはただ、何事にも特別な注意を向けることをせず（何事も特別ニ記憶ニトドメヨウトセズ）――中略――平等に漂う注意を向けるだけのことである。」「すでに理解されていることと思うが、話されるすべてのことに対して、差別なく注意を向けよ（同様ニ記憶ニトドメヨ）という分析医に対する要請――中略――われわれはただ耳を傾けてさえいればよい、何に注意したらよいか（覚エタカドウカ）ということに気をつかう必要はないと。」

以上は要するに、満遍なく漂う注意を通して患者の語るすべてを同様に記憶にとどめる、あるいはなにかを特別に覚えこもうとするのではなく、すべてを心にとどめるためには満遍なく漂う注意が必要だということになるのです。ここでもフロイトは理想を説いていますが、この問題は以下で述べる二項目と関連してきます。なおストレイチーStrachey, J.の英訳は、邦訳に近似しておりやはり適訳ではありません。（編者注3）

＊

（b）も（c）も分析治療中に相当大量にメモをとったり、記録をとったりすることへの戒《いまし》めです。書くという行為にはどうしても取捨選択が入る。それは付言すれば、満遍なく漂う注意に全く抵触することになるということでしょう。フロイトは、記録を夜にまとめたということですが、われわれ凡人が、そんなことをすれば、その場で記録する以上に取捨選択の入った主観性の強い記録になるでしょう。それは蓄音機的な記憶を持ち、書き損じもなく超筆までであったフロイトにしか精確にはなし得ないことでしょう。ずいぶん以前、たしか心理臨床学会においてであったと思いますが、「心理療法中における〈書くこと〉」が自主シンポのテーマになったことがあります。司会は、栗原和彦先生でした。なかには記録はとらないという方――ごらんになるクライエントの数が少なかったようです――もおられましたが、参加者の大半はその場で記録しており、「書くということ」を「聴く」と並んで治療行為に含める心構えが必要であり、書くことに対する患者のさまざまな反応を充分知る必要があるといった意見が多かったと記憶しています。もっとも記録にしなかった部分は絶えず気にかける必要があり、これを補充する努力は必要でしょう。この面接記録の取り方については小文を書いたことがあります[10]。

もっとも自由連想を行っているときの静かさは格別です。走らせるペンの音が際立ちます。それに対する患者の反応も対面法に比べてより鋭敏になるでしょう。

（d）では分析的作業においては、研究と治療的対応とが一致するとはいえ、技法というものは、研究とは、ある点では対立する。したがって治療が終結する前に、症例の学問的体裁を整えようとしてはならない（Es ist nicht gut, einen Fall wissenschaftlich zu bearbeiten, solange seine Behandlung noch nicht abgeschlossen ist）。つまりその構造を組み立てたり、治療の先行きを推測したり、学問的な関心をひく部分をとくに取り上げてはならないと説いています。筆者が傍点をつけた部分は、原文の動詞 bearbeiten を名詞化すると wissenschaftliche Bearbeitung（学問的体裁を整えること）となります。学問の領域では wissenschaftliche Bearbeitung の目的はやがては論文にすることです。フロイトは論文にするのは治療が終ってからにせよといっているのです。日本精神分析学会でも、またその他の心理療法関係の学会でも、治療中の報告が幅をきかせています。治療途中の経過報告は学会向きに整えられます。そこに不正直が混じったり、未消化な理論を仕込む可能性が生れます。それらが今後の治療に悪影響を与える可能性を否定できないでしょう。そのような報告がありがたい助言に恵まれる可能性はないとはいえないとしても、むしろ患者・治療者がその後に蒙る不利益の方が多いのではなかろうか。われわれは今日、フロイトの願いに平気で背いていますが、この論文の（b）（c）の項目とは異なり、われわれはフロイトのこの忠告をもっと真剣に受取るべきだと思います。まあそういった次第で学問的な野心をもって取組む症例は治療はうまくいかないとしたものですが、「これと反対に、治療者が何心なく振舞い、患者の話が転回（＝ Wendung が邦訳では危険な状況となっている）するつどおどろきを感じ、つねにあらたに、とらわれない態度でしかも先入観なく無前提で接する症例が最もうまくゆく」のです。

＊

（e）ここではご存知の外科医を手本とせよという言葉が出てきます。あらゆる強い感情、さらには人間的な同情さえも、わきにおしやって、おのれの手術を、可能なかぎり正式な技法に則して正確（so kunstgerecht als möglich）に遂行することにのみ熱中する外科医を模範とせよと言っているのです。書き出しは Ich kann den Kollegen nicht dringend genug empfehlen, ……で、同僚・仕事仲間に切に勧めるといった強い表現となっています。論文の表題をあえて繰り返しているようであっても、ここではもっと踏み込んで分析治療にたずさわる仲間への呼びかけとなっています。フロイトの真剣さが強く伝わってきます。実は前回にフロイトの伝記には興味はないと申しまして、その言葉に嘘はないのですが、フロイトの外科医の外科手術に対する高い評価の由来だけはちょっと考えてみたい。ジョーンズによると、フロイトはまず総合病院《アルゲマイネス・クランケンハウス》（これはウィーン大学医学部附属病院に他なりません）で、二カ月余、外科の修練をした[6]。当時、主任教授ビルロート Billroth, T. は休暇中であり、顔を合わさなかったという。フロイトは学生時代にビルロートの講義をきいており、深い感嘆の念を抱いていたよし。ここまでがジョーンズの引用です。

ビルロートは、ウィーンの外科の水準を世界一に一挙に引き上げた真に偉大な外科医です。彼はベルリン大学病理学講師、チューリヒの外科教授を経て、一八六七年にウィーンの外科教授に就任します。以後二五年間にわたってその職に当たったのですが、七〇年代に入って、弟子たちとともにビルロートの大外科時代（grosschirurgische Phase）と呼ばれるめざましい活動を始めます。卵巣、食道、喉頭といった部位の大手術につぎつぎと成功するわけですが、とりわけ有名なのは一八八一年（フロイトは二五歳）に行われた幽門癌患者の胃切除の成功です。この成功例は、胃と一二指腸の断端を直接縫合するビルロートの第Ⅰ法でしたが、八五年には、胃・空腸吻合によるいわゆるビルロート第Ⅱ法が考案されました。ビルロートのこの二つの方法は、今日でもなお生き続けています。内臓外科学の父といわれる所以です。彼はまた音楽の造詣が深く、ウィーンではブラームスと親交を結んでいます。ウィーンの医史学者レスキー Lesky, E. は彼を評して「真に高貴な人」（homo vere nobilis）と言い、また「真に人間的な人」（homo vere humanus）とも呼んでいます[8]。このビルロート紹介は川喜田愛郎[7]の記述にほぼ全面的に依存しています。

ドイツ語圏に属するフロイトとその同時代の医師たちが、外科医といえばビルロートその人か、あるいはその門下の俊秀たちを思い浮べたことは間違いありません。短期間ながら在職したこともあるウィーン外科教室の黄金時代をともにしたフロイトが、外科医の比喩を持ち出したことはごく自然のことであったように思えます。ビルロートは、当時のあらゆる臨床医の最大の輝かしい手本であったのです。医師以外の人は手術といえば、切る、切り取るといったイメージがふくれ上がってしまい、神経や血管をできるだけ傷つけないようにする細心の配慮、止血、縫合といった修復過程をあまり思い浮べないようです。フロイトの外科医の手術礼讃については、この修復過程も十分含めて考えたいものです（編者注4）。

心理療法の技法を外科医の技法と同一視するなんてコワイとおっしゃる御当人が、患者・家族の気持ちを心ない発言で傷つけたまま平気で面接を終えるなどということはよくあるようです。ちなみにフロイトが端的な解釈のあとに慰めを用いたことは、『ヒステリー研究』の中の症例エリーザベトをお読みになればすぐわかります。彼は「縫合」にも意を用いていたのです。フロイトが、わずかな技術的なミスが患者の生死にかかわることになる外科医の仕事を、目の前にイメージする《フォアビルト》ことを多いに勧めたのは、ややもするとたるんだり、マンネリ化しやすいわれわれの心理面接をひきしめてくれる効果があると思います。この譬えには、分析家の間でもいろいろ意見があるようですが、まずフロイトがこの譬えに格別力を注いで書いたという事実を尊重すべきでしょう。話を少し前に戻しますがビルロートのやり方――このすごい独断を使わせて下さい――をフロイトは kunstgerecht だといった。この言葉は前回引き合いに出した Wahrig の辞典によると nach den Regeln einer Kunst od. eines Handwerks, genau, richtig とあります。要は美術品の完成であろうが、手仕事の完成であろうが、一連の手順・規則に従うということが味噌なのです。ビルロートは当時、ウィルヒョウに比肩されたほどの病理学の知識を土台として、イヌについての周到な実験を重ねた上、胃切除術に成功し、今日まで伝わるビルロート法Ⅰ、Ⅱの術式を確立したわけです。ビルロートの手術の「基本原則」に従わなければ胃の手術は一歩も前にすすめません。フロイトの称えた分析療法の「基本原則」も、それなくしては前へ進めないという意気込みであったでしょう。ただしフロイトは「可能な限り」という限定をつけた。そういった大小の相対性がつねにつきまとうのが手術の術式とは異なる心理療法の世界です。人間はみなそうだともあるいはいえるのかもしれませんが、心理療法の道を選ぶ人は、どういうものか激情家――私もそうですが――が多く、中には同情心も並でない人がいる。そういったものは、なくなるわけもありませんが――またなくしてはいけないものでしょうが――療法中は脇の方へ押しやって《バイザイテ・ドレンゲン》ほしいとフロイトは要請したわけですね。もっともなことだと思います。それは他戒でもあり自戒でもあったのでしょう。

*

フロイトのこの論文は、まだ続くのですが、その部分は次回に譲ります。この二回目のエッセイを書きながら、フロイト技法論再読の目的について、以下の二つを追加しておくべきであったことに気づきました。

第一に心理療法の流派の違いを超えて、心理療法の基盤となりうるフロイトの見方・考え方を探し出し、それを明示する。

第二に「技法論」は意外に読まれていない、あるいは少なくとも読みこまれてはいないのではないかという疑いがある。このささやかなエッセイが、読者の精読を促すきっかけになればよい。

この二つが今回のエッセイの目的だと言えるでしょう。第一の目的に関して言えば、たとい極く短時間の面接でも「満遍なく漂う注意」は必要だし、治療に活かせるという趣意を述べたのがそれであります。

付記　前回にふれたdurcharbeitenの記述について土居健郎先生から「徹底作業」でよいのではないかというご意見をいただきました。

なお今回取り上げたフロイト論文については、中野良平、奥村満佐子両先生の邦訳（精神分析、九号一四一‐一五〇頁、二〇〇一、神戸精神分析学会発行）が出されたことを付加えておきます。

文　献

（1）Ellman, S.J.：Freud's Technique Papers. Jason Aronson, 1991.

（2）福本修（二〇〇二）「リヴィエール・ジョアン」（小此木啓吾・北山修編『精神分析事典』五六二‐五六三頁、岩崎学術出版）

（3）Gill, M.M.：Psychoanalysis and psychotherapy: a revision. International Review of Psycho-Analysis, 11; 161-180. 1984, Ellmanより引用。

（4）橋田邦彦『碧潭集』岩波書店、一九三四

（5）橋田邦彦『空月集』岩波書店、一九三六

（6）Jones, E.：The Life and Work of Sigmund Freud. ed. & abridged, Trilling, L. & Marcus, S. Basic Books., 1961.（竹友安彦・藤井治彦訳『フロイトの生涯』紀伊国屋書店、一九六九）

（7）川喜田愛郎『近代医学の史的基盤　下』岩波書店、一九七七

（8）Lesky, E.：Die Wiener Medizinische Schule im 19. Jahrhundert. Graz-Köln: Böhlau, 1965. 川喜田より引用・

（9）西園昌久「Review of Books Abroad」精神療法、二七巻六号六六五‐六六六頁、二〇〇一

（10）下坂幸三「面接記録の取り方」精神科治療学、三巻一号一四〇‐一四二頁、一九八八（『心理療法の常識』金剛出版、一九九八所収）

（11）鈴木大拙『無心といふこと』大東出版社、一九三九（『鈴木大拙全集第一〇巻』岩波書店、一九九九所収）

（編者注1）「道」はからっぽで何の役にもたたないようであるが、そのはたらきは無尽であって、そのからっぽが何かで満たされたりすることは決してない。満たされていると、それを使い果たせば終わりであって有限だが、からっぽであるからこそ、無限のはたらきが出てくるのだ。それは底知らずの淵のように深々としていて、どうやら万物の根源であるらしい。（金谷治『老子　無知無欲のすすめ』講談社学術文庫、二五‐二八頁、一九九七）

（編者注2）天と大地とのあいだのこの世界は、いわば風を送り出す吹子《ふいごう》のようなものであろうか。からっぽでありながら、そこから万物が生まれ出て尽きはてることがなく、動けば動くほどますます多く出てくる。それが、天地自然の無心のはたらきだ。口かずが多いと、しばしばゆきづまる。黙ってからっぽの心を守っていくにこしたことはない。（金谷治『老子　無知無欲のすすめ』講談社学術文庫、二八 - 三〇頁、一九九七）

（編者注3）正確を期して言うならば、ストレイチーの英訳に対する下坂の批判は、必ずしも全てが当てはまるわけではない。最初の二箇所は確かに「注意を向ける」としか読み取れないが、最後の箇所は keep ~ in mind（~を記憶にとどめる、~を覚えておく）であるから、原文に忠実である（ちなみにフロイトの原文ではいずれも sich etwas merken となっている）。参考までに英訳の該当箇所を挙げておく。

The technique, however, is a very simple one. —（中略）— It consists simply in not **directing one's notice to anything** in particular and in maintaining the same 'evenly-suspended attention'. [SE, 12, p.111]（太字編者）

It will be seen that the rule of **giving equal notice to everything** is the necessary counterpart to the demand made on the patient —（中略）— 'He should simply listen, and not bother about whether he is **keeping anything in mind**'. [SE, 12, p.112]（太字編者）

（編者注4）精神分析における「外科手術」や「外科医」という比喩の使用という主題については、やや散漫な印象はいなめないものの、Paul E. Stepansky "Freud, Surgery, and the Surgeons", Analytic Pr, 1999 に詳しい。（なおこの著作には本書第三章に登場する、亡友フライシェル・マルホフとフロイトとの間に生じた痛ましいエピソードについての詳細な記載もみられる。）

第三章　「医師に対する分析治療上の助言」について・続き

さて、前回述べた私の意見に誤解を生みやすい部分がありました。精神分析的療法では、一日三～四人なら満遍なく漂う注意を患者に向けることは可能だ、フロイトのいう七、八時間というのは凡人向きではないと書いたところです。この文の後半に当たるところは、フロイトの原文では六人から八人です。人数で表すのと時間で表すのとには大差はありませんからそれはよしとして、注目すべきは、フロイトがこの満遍なく漂う注意を長時間診察に耐えるための技法として提出していることです。多くの患者の話をなにもかも覚えようとする無理、またそれから生じる過度の緊張を避ける方法としても採用していることです。つまりそれは治療者のリラクセーションのためでもあるのです。ここまで考えが及ぶと、満遍なく漂う注意の不可能または困難を述べたギルや私は、強迫的に過ぎたのかもしれません。フロイトの診察室の机の上には、エジプト、ギリシャ、ローマ、近東、極東からの古美術品、出土品が所狭しと並んでいたことは写真を見た方はご存知でしょう。フロイトの診察室の特徴については、多くの人の研究があるに違いありませんし、私にもそのことに触れた小文があります[8]。あれらの物たちの存在は、フロイトの身心をいささかリラックスさせたに相違ない、しかもそれらを間断なく眺めることを通じて、フロイトの注意はよりいっそう満遍なく漂うことが可能になったと推量されます。

もっとも「満遍なく漂う注意」が、身心をリラックスさせる法であるとしても、これを七～八時間継続させることはむつかしいと私は考えたのでした。フロイトですら、そのためには、さきに述べたおびただしい小道具が必要であったのです。しかしそうは申しましても、七～八時間心理療法に従事するのは好ましくないと言っているのではありません。むしろその反対です。心理療法に志すものなら、青年期、壮年期には、一日に七～八時間は心理面接に打込む経験をもてたらしあわせです。職人やスポーツ選手の世界では、天賦の才に加えて、とことん習練を重ねた者が、名人といわれるようになる。心理療法の世界とて例外ではないでしょう。さいわい心理療法にはたいした才能は要らないように思いますが、むつかしい例も敬遠しないで、多数例の経験を積まないと、いつまでたっても、腕の立つ心理療法の職人にはなれないと信じます。フロイトが彼の労働時間をわれわれに明示してくれたことは、その意味からも有難いことです。私も、最近は仕事の量は減らしたものの、長期間にわたって、一日七、八時間の面接を続けていました。当然ひどくくたびれましたが、異邦人フロイトの治療時間の長さをイメージすることが、気力を取戻すきっかけのひとつとなっていました。

＊

これから解説の続きに入ります。これまでは、フロイトの本文の（a）から（e）までに及ぶ私の理解を綴ってきました。（f）の項では、これまでの医師という呼称に代わって、分析医《アナリュティカー》（家）という言葉が登場してくる。内容も分析医になるための道が述べられている。分析医になるためには、自己の夢を分析することと教育分析の必要とが説かれている。これらすべては分析医志願の方々には大事なところですが、私の解説の目的からは逸《そ》れるので、このことには触れません。ただそこでは、生涯を通じての自己分析をおこたれば、患者からは一定範囲のものしか学べないし、曖昧な自己認識を基盤において認識した内容を、普遍妥当な理論として学問の中へと投射するという結果になりやすいといった大事なことを述べています。これは連載第一回においてご紹介した「精神分析は Selbstkritik《じこひはん》である」と言われた土居健郎先生の発言とも直結する部分ですね。もっとも自己批判・自己分析・自己認識というものは、自他の無意識的なるものを認識しようとする精神分析のそれとは若干ずれるとしても、われわれが平穏に日常生活をいとなむためには、欠くべからざるものです。ましてや、さまざまな治療技法を駆使する心理療法家は、おのれの特徴がみえていなければ、技法をあらたに生み出すことも、技法を活かすこともむつかしいでしょう。ところで、この連載第一回で、現在のわれわれは、おおむね自己批判・内省を極度に嫌うようになったと申しました。そういった傾向は、治療者をも含んでいるに違いない。現に私自身が内省が得意とは思えません。が、それ故こそ治療者の内省は必要です。ここでフロイトとは離れますが、私の経験を語らせて下さい。

　私の長い治療歴を振り返ってみますと、大雑把にいうと、その前半は個人面接が、その後半は家族面接が主体になったといえる。個人面接を主にしていたときは多分に「世間知らず」でしたが、家族面接に打込むようになってから少しは世間がわかるようになりました。「親は子ども（＝患者）よりも分別がある」。それが実感を伴ってわかりました。ソンナコト当リ前ジャナイカと世間の人たちから言われそうですが、個人面接に打込んでいた若いころは、患者のもろさ、繊細さそして感受性の鋭さなどにもっぱら目がゆき、大方の親がわからず屋に映り、患者の他面にある、さもしさ・ずるさなどが十分に把握できないということがありましたね。私の中の思春期心性が患者の心に共鳴し、同一化したともいえるし、患者を大切に思うことと、理想化することとがごっちゃになったのかもしれません。しかしそれは若気の至りと言い切ることもできません。一対一面接では、患者はいつも前景にあり、家族とか社会的条件とかは背景に退いている。患者にいつも照明が当てられ、背景はうすぐらくなる。背景には、ひとはとかく、まがまがしさをあてがうものです。それに精神分析（的）療法では、つねに心的現実（フロイト）を尊重する姿勢がある。患者の心的現実が放恣《ほうし》に展開されると、患者と治療者とが共有する外的・実体的現実にそれはいつのまにかすり替えられてしまいます。世間から隔離された「二人だけの世界」が出来上ってしまいがちなのです。つまりは警抜《けいばつ》なフロイトの心的現実論にも実地上は陥し穴がある。私は個人面接においてはこの陥し穴にはまらぬ予防策として治療者はむやみにうなずかぬこと、当人の話はできるだけ戯曲仕立てにしてもらうこと、ならびにおりおり静かに「そう受取ったわけですね」と当人の話を少しくせきとめることの三点を挙げています。[10] これはフロイトの心的現実論の価値を減らすものではなく、心的現実はあくまで心的現実として取扱うやり方です、またいささかの内省をうながす態度とも言える。フロイトの考えに忠実だとも言えましょう。読者の方々に追試していただけると幸です。

さて、少しまわり道をしたようですが、世間がわかる、あるいは世間が見えるといった話でした。世間が見えるようになるということは、つまりは視野が広がることです。男女を問わずさまざまな職種の人々との交流があり、旅が好きで、遊びも好き。こうして人情の機微に通じ、さばけた人になるということが世間を広める正攻法でしょうね。しかし心理療法を志す人には、そんな暇もないし金もない。それにおおむね堅物ですから世間の裏表に体験的に通じるわけにはいきません。

こういうわけで私は、成年に達して自分の先生たちの手から解放されるやいなや、書物の学問を全く棄てたのである。そして私自身のうちに見いだされうる学問、あるいはまた世間という大きな書物のうちに見いだされうる学問のほかは、もはやいかなる学問も求めまいと決心して、私は私の青年時代の残りを旅行に用い、あちらこちらの宮廷や軍隊を見、さまざまな気質や身分の人々を訪れ、さまざまな経験を重ね、運命が私にさしだすいろいろな事件の中で私自身を試そうとし、いたるところで、自分の前に現われる事物について反省してはそこから何か利益を得ようとつとめたのであった。というのは、めいめいが、自分にとってはたいせつで、判断を誤ればすぐにその結果によって罰せられるほかないような事がらについて、なすところの推理の中には、学者が書斎でたんなる理論についてなす推理の中によりも、はるかに多くの真理を見つけだせると私には思われたからである。──中略──このようにして世間という書物を研究し、いくらかの経験を獲得しようとつとめて数年を費やしたのち、ある日私は、自分自身をも研究しよう、そして私のとるべき道を選ぶために私の精神の全力を用いよう、と決心した。

以上はデカルトの『方法序説』の導入部からの抜書きです[1]。この方法序説の中でご存知のコギトが説かれているわけですが、世間の研究と自分自身の研究とが一応分けて描写されている。世間の研究のあとに自分自身の研究に専念したということに嘘はないのでしょうが、この二様の研究ははじめから分ちがたく結びついていたに相違ありません。

もっともここには抄出しませんでしたが、真理探求者であるデカルトにとっては、世間の人々の行動の多様性を認めたものの、その中に真理を見出すことはできなかったのです。しかし臨床家にとっては世間の人々の行動の多様性を経験すること自体が重要で、それが自己認識にも反照せられてくると私は思います。

父親の仕事の中身を知り、その苦労を聞く。母親の現在の負担・苦労を、さらには患者の幼少時期にまつわる苦労を聞く。夫婦仲の変遷や経済的事情も聞かされる。両親面接を通して、こんなふうに個人面接——患者はおおむね世間知らずです——と比べると、はるかに多く世間を知ることができます。ちっぽけな世間じゃないかという反論も聞こえてくる気がしますが、症例を重ねていけば、多くの人々の生活と言動の多様性を聞き知ることができます。患者を含めた彼らの見方・考え方と治療者のそれとの遠近を識ることがすぐさま自己認識につながります。わけしりでなくとも、デカルトのように世間を書物とした自覚的な旅人でなくても、家族の言をつねにまともに受けとめるなら、耳学問ではあるけれども一種の世間通になれる。むつかしくいえば、一箇の社会学者になれるわけです。それは心理療法の基礎をなす外的現実的事情を知ることと同義であり、しかも同時に自己認識を深めることになってゆく。そういう有難い境遇に臨床家は在ると言えるでしょう。以上だらだらと述べましたことは、臨床の場では、精神分析とは異なった文脈でも自己認識にいたる可能性が開けていると言いたかった次第です。『正法眼蔵』のうちの「自証三昧」には、「自己を参徹すれば、さきより参徹他己なり。よく他己を参徹すれば、参徹自己なり」という文章があります。(2) フロイトは、この文章の前半をここでは活用していますね。私が主張したのは、文章の後半部です。道元の高邁な精神を誤るような言い方かもしれませんが、できるだけ多数の患者・家族の在り様・立場をとことん識ろうとつとめ続けるなら、とりもなおさず自己を識ることになると飜案《ほんあん》できるでしょう。

＊

（g）ではまず「感動的な手法《アフェクティーヴェ・テヒニク》」の危険性が説かれています。

患者の心をひきつけ、彼の狭い人がらの柵を飛び越えさせて、彼の人格を持ち上げるために、分析医の個性の多くのものを患者に入れ込む。自分の精神的な欠点や葛藤が患者に察知されることも許し、自分の生活の一部を親しく打ちあけることによって、患者を自分と対等の立場にまで引き上げることが可能になると考える。このような方法を用いれば、患者は自分が知っていること、そして慣習的な抵抗からまだしばらくの間は持ち出さなかったかもしれぬことを、より早く、よりたやすく報告することができるようになる。だが、患者にとっては無意識的なものの発見には、この手法はなんら役立たない。より深い諸抵抗を克服することをますますむつかしくするだけである。そしてこの手法は相当に重い症例の場合は、患者の中で動きはじめた飽くことを知らない好奇心によって失敗に終る。

およそ以上のようにフロイトは注意してくれています。この「感情を動かすやり方」というものは、世間一般の中ばかりでなく、心理療法の世界でも結構一般化しています。それは失敗に終ることが多いとしたものですが、その理由もフロイトの指摘した通りだと思います。「実は自分も若いころ、同じような体験をした……」で始まる年輩者の若年者に向けるなぐさめとはげましは、このやり方の典型です。それによって健康の度合の高い若者たちなら救われるわけです。感動的手法は、この世間智を土台にしています。

さらにこのやり方が頻用されるのは、治療者だけの責任ではない。患者・家族によって繰り返される打ちあけ話は、治療者にも打ちあけ話へと誘うある力を備えてきます。治療者がフロイトのいましめを守っていても、先生も自分のことをしゃべれ、黙っているのはずるいなどと称して、フロイトの言った対等の立場を患者がはじめに要求してくることもあります。それに心理療法を志す者は、かつては——時には今も——少なからざる苦悩を経験した人物が少なくなく、彼らは打ちあけ話へと向かう内的衝迫をつねに抱いていると推量されます。以上のような次第ですから、治療者が時には打ちあけ話をしたくなるのは理解できます。だからこそこれを厳しく戒めるフロイトの意見が大切です。フロイト自身がこのことを守れなかったとか何とかいう異議はどうでもよろしい。こんにちの心理療法家がフロイトを読まず、この affektive Technik への戒めを知らないとしたらどうでしょう。いまお上《かみ》の方から、思慮の浅い独断的でキナ臭くもある締めつけがはじまった一方では、規範のない、不定形のけじめのない人々の在り様も広がっています。こうした世の中にみな浸されているのですから、治療者に対するフロイトの厳格主義《リゴリズム》は、基本的にはより有益性を増していると言えるのではないでしょうか。

そこで一方、今日の精神分析の世界では、経験を通したフロイト批判でもある「自己開示」self-disclosureの有用性が称えられるようになりました。こういう新しいことには弱いので、この点についてはもっぱら岡野憲一郎先生に頼ることにいたします。自己開示と言われただけで何となくわかった気にさせられてしまいます。それではいけないので、お手数ながら小此木・北山編『精神分析事典』を引いてみて下さい。岡野先生が当該項目を担当されています(7)。岡野先生は文献と自分の治療経験とをよく照合し、そのうえでご自身の説得力に富む意見を出される方だと思っておりまず。ここでは自己開示に関する理論ではなく、それにまつわる彼の治療の場での発言のいつくかを簡略に記述してみましょう(5・6)。

経験一：「自己紹介として、自分が精神科のレジデントであること、国籍は日本人であることの二つを告げた」→患者はほかの医師とは異なり、自己紹介をされて、親しみを感じ、自由に自分の心を打ちあけられると思った。

経験二：あなたの不満はある程度わかる。いつも時間厳守で、時間にルーズな人たちに絶えず苛々させられている。それは割が合わないかもしれぬ。なぜならきっとあなた以外の人の九九%は、あなたより時間にルーズなのだからといった発言ののち、「そういえば、私も今朝来る途中で、もし車の故障か何かで八時半からのあなたとの面接に時間どおり来れないとしたらあなたはどういうふうに感じるだろう、と思ったら緊張しましたよ。あなたの面接には絶対遅れられないな、という気持ちがしたんですよ」→強迫的で頑固一徹で院内スタッフの時間のルーズさや他の医師の首尾一貫性のなさを糾弾する患者だが、この発言に「なるほど、そうですか……」とうなづき、さらに何度もうなづいた。その後、病棟では、彼の医療スタッフに対する糾弾は弱まっていった。

経験三：この患者はある日、前妻からの離婚訴訟に関する手紙を受け取った後、極度に荒れ、話を即刻聞いてくれなければ、屋上から飛び降りると一看護師を脅した。連絡を受けてすぐ面接したが、患者は前妻に対する怒りをあらわにしながら、椅子を蹴り、シャツを脱ぎ捨て踏みつけた。私は面接を中止し、看護師に患者を保護室に移すよう指示した。こうして保護室に入ったのちの面接。「……ところがさっき面接室で話していて、私は脅かされている気が初めてしました。あなたは興奮気味で椅子を蹴り倒し、語気が荒く、『前妻に対して怒っている』というのに、まるで私に対して怒っているようでした。そこであなたに保護室に入ってもらうことを決めましたよ。私を怯えた気分にさせるというのは、あなたにとって不本意でしょう。なぜならあなたは本当は自分の前の奥さんに対して怒っていたのであって、私にではないんですから。だからあなたにはいま特別なコントロールが必要なんです」→患者は一瞬意外な表情をしたが、いわく「あなたが私に脅かされた気がしたなんて、全く知りませんでしたよ……。それならわかりました。しばらくここにいます」。

アメリカで活躍している岡野先生は、この他にもいろいろ症例を提示していますが、とりあえず三つのケースの一部分を勝手に経験と名づけそれに番号をふり、ほとんど前後の文脈を無視して、先生のいわれる「自己開示」の中味を挙げてみました。この点について先生のご海容を願う次第です。

さて精神分析とはほとんど無縁な方は、これが自己開示かとおどろかれるのではないでしょうか。それほどに控え目です。フロイトの述べた「感情を動かすテクニック」は、患者に、治療者も似たような欠陥・葛藤を抱え、相似の人生を歩んできたということを言明することであり、かなり粗大な人生訓に近いものにならざるを得ないでしょう。だが岡野先生のテクニックはフロイトのいう affektive Technik には属さない。結果として患者の感動を引き起したとしてもです。それは、患者との関係において自然に起った治療者の感情を適切な時機をとらえて自覚的に言語化することによって患者のインサイトを促す技法だと思います。この方法は、あるいは言葉の真のよい意味での affektive Technik であるかもしれません。普遍妥当性があり追試可能です。フロイトの感情の動きを誘う手技の指示するところは、世間智一般を出るものではなく、治療的テクニックに格上げすることはむつかしいでしょう。ただしフロイトが述べたのとは異なる文脈で、「患者を治療者と対等の立場に引き上げようとする諸工夫」は必要だと思います。分析状況においてきわだつ患者・治療者間の不平等性についてはいくらも議論のあったところでしょうが、私の知っている範囲ではグリーンソン Greenson, R. が指摘していましたし[4]、岡野先生も、その問題を重視し、分析治療そのものが患者にとって恥辱体験にならぬようにといましめています。もっともなことです。さて、患者・家族は当然のことながら、顧客（クライエント）なのですからその意味では平等どころかわれわれの上に位置しなければならないでしょう。

「日常の面接と精神療法的な面接とは、当然のことながらさまざまな点において異なっているが、日常の面接における基本的な常識は、精神療法的な面接においてもとりいれられていなければならない。相互の挨拶、同時の着席と起立、くやみや祝いや礼の言葉などが、精神療法的面接の特殊性にのみ目を奪われて、日常の面接との接点に留意しないと患者の不安をいたずらに増大し、落胆や失望を招くことにもなる」と私は書いたことがあります[9]。この文章の意図は形《かたち》を通して、平等性を維持することといえるかもしれない。しかし同時の着席と起立なんていうのは、平等性にこだわって兵隊みたいにしゃちほこばっていますね。治療者が先に挨拶し、患者・家族の後に着席することを原則にする方が簡単だし、顧客優先の態度を一貫することができます。もっとも後からの着席は私自身ちかごろ少し億劫になってきました。また挨拶には、臨床心理の××、精神科医の△△といった最小限度の自己紹介も含めるべきです。岡野先生の経験一にみられる自己紹介は、心理療法の常識に属することと存じます。大病院や大学病院につとめている医師だと、とかくこれが怠りがちになるようです。こういうところに通っていた患者たちには、担当医の名前が浮かばないことは珍しいことではありません。心理療法家たちは寝椅子の使用を除けば、患者用の椅子と自分用の椅子とを同種のものにする。まあこれが一般でしょう。しかし私はこの一〇数年来、患者・家族には立派な椅子を自分用には素朴な木製の椅子をあてがっています。これも形を通して、患者・家族の位置を高めることとも言えましょう。ちなみに木製の堅い椅子は、心理療法家といった長時間席業労働者の背骨をも保護してくれます。心理療法は、患者・家族を大小の差はあるとしてもおりおり痛い目に会わせざるを得ない治療です。直面化はその代表のひとつでしょう。ここでフロイトの外科医を手本とせよという言葉をふたたび思い出す羽目となります。心理療法を実施するものは、こうした特殊な接客業を営んでいるわけです。こちらが先に挨拶したり、よりよい椅子を相手にすすめるなどということはむしろ当り前のことだと思っています。

さて話をフロイトに戻したいのですが、「フロイトと自己開示」ということを考えると、どうしても先ほどちょっと触れたフロイトの診察室がまた目に浮かんでしまう。フロイトはおびただしいモノたちに囲まれていたからこそ、「満遍なく漂う注意」が可能であったとさきに申しましたが、フロイトは、これらのモノを介してあまりにも過剰に自己を開示しています。診察室の壁面には、例のグラディーヴァの石膏像、エディプスとスフィンクスを描いた絵画が目立つばかりか、亡友フライシェル‐マルホフ Fleischl-Marxow（編者注）の肖像写真までかかっている。診察室の内景はいささかも禁欲的ではありません。それは患者の好奇心や時には反発をひき起したでもあろう感情誘発的なモノに満ち溢れています。一口でいえば、彼の診察室は、「見て学ぶ精神分析室」の趣きを呈しています。これらのモノたちに対する患者の感情反応をフロイトがしっかりとらえたかどうか、伝記にくらい私にはわかりません。いずれにせよモノたちによる過剰な自己開示と言語表現における自己抑制という矛盾が、フロイトにあのきわめて長期間にわたる精神分析療法を可能にさせたと推測されます。まあしかしあの診察室は、私にいわせれば、ゴテゴテした悪趣味で、われわれは真似してはならぬものと思います。

＊

この（g）の項目では「医師は、被分析者のために（傍点筆者。邦訳はニ対シテとあるがここで使われている前置詞は、gegenではなくfürだからむしろ上記のように訳すべきでしょう。）不透明で見通せない存在であるべきだし、ひとつの鏡の面のように、彼に示されたこと以外は、自分からなにも表現すべきではない」というよく知られたくだりがあります。これまであえて取り上げませんでしたが、この論文には、治療者はすべからく受信器のような受診器官であれといった記述もあります。これも、不透明な存在であれ、鏡面のようであれという主張とは同工異曲ですが、しかし後者はより積極的に治療者のあるべき姿を説いたのだと思います。本文にしたがうなら、フロイトの態度に対する評価と批判とについては、さきに述べた岡野先生の好著をごらん下さい。このようなフロイトの態度のこの姿勢――これを小此木先生は「フロイト的態度」と呼んでいます――はなによりもまず患者のためであるということに留目すべきでしょう。われわれはいま暴き暴かれる暴露の時代を生きています。大きな事故にあった人のベッドの上にまでカメラが入り込む時代です。このような時代であればこそ、このフロイトの姿勢を吟味して、心の片隅に留めておくべきだと思います。相手・対象が現わしてくるものをそっくりそのまま写し出し、治療者からは余分なものをつけ足さないという鏡の比喩は、患者・家族の示す現象を、歪めず、ありのままにとらえるのに格好な比喩だと思います。あらゆる心理療法の第一歩はそこから始まるべきなのですから。いや治療者の鏡面のような働きは、治療の終結まで維持されねばならない。もっともそれは心理療法といういとなみの半分なのであって、このように患者の家族が示してきたものの一切に対して、おのずから治療者の心的応答――言語化するにせよ、しないにせよ――が生まれてきます。このおのずからという部分は、フロイト流なら患者の無意識なるものに呼応する治療者の無意識なるものということになるわけですが、心理療法家一般についていえば、読書をも含めたむろん臨床経験を中心とした包括的な経験知の集積の中からそれは自覚的・無自覚的に浮かんで参ります。この時、多くの仮説で頭の中をきちきちにしていたのでは、質の良い適切な応答は出てこないでしょう。前回ご説明した「無心」がここでも要請される次第です。

ところで不謹慎ながらフロイトを、鏡の話を持ち出した一患者とみたてると、治療者は彼の鏡にまつわるイメージだの、時には想い出だのについて、しつこく聞く必要があるでしょうね。鏡は有用、明瞭（古い鏡では逆におぼろげ）といった意味のほかに、洋の東西を問わず、呪術的・魔術的意味をも持っていました。つまりは鏡は両義的なモノです。日本の神道では鏡が神聖なものとされてきたことはご承知のとおりです。フロイトは、自然科学者として、またガラス鏡時代の人間として、鏡を夾雑物なしに対象を明瞭に写しとる有用なものとして文章化していますが、心理療法の場では、こうした一方向的近代的一般論で満足してはならない。フロイト、患者（家族）のひとりひとり、そして治療者のひとりひとりの鏡体験は微妙に違っているはずです。これらの相異を浮彫りにするのも心理療法の基本です。そしてそれは治療者の鏡面としての働きの徹底であるともいえましょう。鏡についての私の一般的なイメージを追加します。これは日本的もしくはシナ的イメージなのでしょう。鏡は昔は銅鏡であり、平凡社大百科辞典によれば、平安時代中ごろから、その上にスズと水銀とを塗布する技法が発達したよし。ガラス鏡も拭かないとくもりますが、ガラス鏡以前のものは、よくみがかないと用に立たなくなったのだと存じます。こうした文脈で考えると心理療法家はおのれの鏡をみがき続けなければならない。そうでなければフロイトのいう鏡面のイメージにはそぐわないものとなってしまいますから。ここにいたってまたフロイトの鏡と自己認識・自己批判との接点に出会うことになります。日本語「みがく」の心理的意味は、ごく若い人はどうかわかりませんが、まず説明無用でしょう。しかしドイツ語の「みがく」《ポリーレン》は、心理的含蓄に乏しく、文章をみがくくらいの転義しかありません。鑑という字もあります。これも訓読すればカガミです。この意味も手本その他さまざまに枝分かれしておりますが、日本語の鏡・鑑の意味は、フロイトの述べた光学的な鏡板《シュピーゲルプラッテ》（＝直訳）よりは奥行きがあるように思います。

＊

（h）では治療目標が書いてある。つぎのように。「医師として、とりわけ患者の弱さ・脆さに対して寛大でなければならない。不完全な者にも一片の行動能力と享受能力をふたたび取戻させたということで満足しなければならない」。これは実際的な治療目標というべきでしょう。ところが「終りある分析と終りなき分析[3]」において、八一歳となったフロイトは、病気になる諸可能性を根絶やしにすることと、人格の深部にまで及ぶ変化を目指すといった趣意を述べています。これはその意気は買うとしても高望みに過ぎると思います。たくさんの患者を診ていた五六歳のフロイトの述懐が好きです。患者がちょっぴり働けて、ちょっぴり楽しめればそれでよしとしなければならぬ場合がある。ここに理想主義に足をとられていない実践家フロイトの実感を学びとる思いです。

さて最後の（i）。この最終章は、フロイトの溜《た》め息で終っています。「……『家族』の取扱いについては、全く途方に暮れていることを告白する。家族の自己流の取扱いについては、ほとんど信頼を置いていない」。邦訳の自己流はindividuellの訳ですが適訳だと思います。individuellには本来マイナスの意味はありませんが、この文脈の中では、自分勝手に近いマイナスの意味を含んでくるからです。このフロイトの長嘆息に対する考えとして、私の小文(11)の一部を以下に転載させていただき、今回の終りといたします。

「ところでフロイトは、神経症治療の初期のころは、家族におりおり会っていたと推量できます。好例は『ヒステリー研究』に収載されたエリーザベト嬢の場合でしょう。フロイトは、彼女が義兄に抑圧された恋心を抱いていることを苦心の自由連想を通して知り、姉が不幸にも亡くなった後、彼とエリーザベトとの結婚の可能性について彼女の母親に直接打診しました。……この時母親が述べた言葉は興味深いものです。義兄に対するエリーザベトの愛情はとうに感づいていたというのです。フロイトが治療的努力の果てに気づいたエリーザベトの心の底の秘密を、大雑把ではあるかもしれませんが母親も気づいていた。これは家族の認識と情報とがいかに重要であるかの証拠で、フロイトも得難い有難い事実に出会ったわけです。もっとも彼は、患者の頭越しに母親と交渉したので、患者の怒りを買ってしまった。この失敗の方が貴重な事実よりもフロイトの頭脳に刻印されたかのようです。……家族に会いながらも、家族の取扱いについてはお手上げの状態であったフロイトが、やがて外科手術になぞらえることのできる精神分析療法に家族が干渉してくることのマイナス面を強調し、治療対象者を、建前としては経済的自立者に限ったことは周知のところです。このことは治療の進歩を意味するものではありません。治療対象者を狭く限定してしまったという意味においても、家族の適切な取扱い（Behandlung）に失敗したという意味においてもそうです。

フロイト主義者とは、フロイトの思想と実践とを批判的に継承し発展させていく者であると信じておりますが、フロイトがかつて失敗した点において、こんにち成功を収めなければならないという課題をも背負っております。フロイトの表現を使えば、『家族の取扱い』はその最大のものであると信じます。……もっとも家族面接について語るとき、精神分析の理論的枠組の中だけの工夫では、成功を収めることはできません。フロイトがすでにそれに失敗したのですから。したがいまして精神分析的思考の枠組を大いに拡充し、かつ他の視点も導入しなければならない。……」。

文　献

（1）Descartes, R.：Discours de la mèthode, 1637.（野田又夫訳『方法序説　世界の名著　デカルト』中央公論社、一九六七）
（2）道元『自証三昧』一二四四（水野弥穂子校注）『正法眼蔵（三）』岩波文庫、一九九〇
（3）Freud, S.：Die endliche und die unendliche Analyse. G.W., Bcl. 16, 68, 1937.
（4）Greenson, R.：The Technique and Practice of Psychoanalysis. Int. Univ. Press, 1967.
（5）岡野憲一郎「治療者の自己開示――その治療効果と限界について――」精神分析研究、三五巻一六九‐一八一頁、一九九一（岡野憲一郎『新しい精神分析理論』岩崎学術出版社、一九九九に改題して収載）
（6）岡野憲一郎「『治療者の自己開示』再考――治療者が『自分を用いる』こと――」精神分析研究、四一巻一二一‐一二七頁、一九九七（岡野憲一郎『新しい精神分析理論』岩崎学術出版社（一九九九）に改題して収載）
（7）岡野憲一郎「自己開示」（小此木啓吾・北山修編）『精神分析事典』一七八頁、岩崎学術出版社、二〇〇二
（8）下坂幸三「フロイトの公の顔」大学時報、二九巻一五五頁、一九八〇（下坂幸三『精神療法の条件』金剛出版、一九八八所収）
（9）下坂幸三「精神療法の基本としての『面接』」（岩井寛編）『実地臨床に活かす精神療法』ライフ・サイエンス・センター、一九八六（下坂幸三『精神療法の条件』金剛出版、一九八八所収）
（10）下坂幸三「常識的家族療法」精神神経学雑誌、九三巻九号七五一‐七五八頁、一九九一（下坂幸三『心理療法の常識』金剛出版、一九九八所収）
（11）下坂幸三「私の家族面接――フロイト思想の展開――」精神分析研究、四五巻三号二〇七‐二一七頁、二〇〇一（下坂幸三『心理療法のひろがり』金剛出版、二〇〇七所収）

（編者注）エルンスト・フォン・フライシェル・マルホフ Ernst von Fleischl-Marxow（1846-1891）。オーストリアの生理学者。ウィーン大学助教授。当初は病理学者になることを目指し、ロキタンスキー門下で病理解剖に携わるが、そのさいに出来た指の傷がもとで感染症に罹患し指を切断。その断端に出来た神経腫による極度の疼痛に悩まされ、鎮痛目的でモルヒネを常用するうちにモルヒネ依存となる。友人であったフロイトの勧めでモルヒネの代わりにコカインを用いいはじめた――その当時コカインの有害性はまだよく知られていなかった――が、その結果として重篤なコカイン中毒に陥り、四五歳の若さで亡くなった。フロイトはこの件に関して、後年にいたるまで罪悪感に苛まれていたとされる。

第四章　「分析治療の開始」について

今回は「治療の開始について」（一九一三）を取り上げます。前回にふれた「医師に対する分析治療上の助言」にひき続いて発表された技法論です。原題は Zur Einleitung《どうにゅう》 der Behandlung で邦訳名は、「分析治療の開始について」です。先行論文で医師から分析医に移行するプロセスが説かれていたのですから、このたびの邦訳はこれでよろしいわけです。

この論文でフロイトは、治療開始のルールについて、細かなことにこだわりすぎるという印象をもたれるかもしれないが、これは治療計画との関係において有意義となるといった趣旨を述べ、実際、細々した助言が述べられていますが、私としては、この論文を大づかみに読み進めてみたいと思っています。

＊

まずこの論文の軸をなしているとみられるのは、自由連想の指示の中味でしょうね。

ふつうの会話では、話の筋道をしっかり保ち、それを妨害する思いつきや副次的な表象をしりぞけ、話が脇道にそれないようにするわけだが、ここでは、それとは違ったように話を進めるべきだ。あなたは話をしている間中、批判し、逆らいたくなるようなさまざまな考えがやってくるのをごらんになる。あなたは心の中でつぎのようにしようとなさる。これだの、あれだの考えは、この場にはふさわしくない、またはそれは全く重要でない、あるいは無意味で馬鹿げている、したがってこれらは言う必要がない。だがこのような批判には決して屈してはならず、これらの考えに対して嫌悪を感じればこそ、それを言って下さい。つまり、あなたの脳裡《のうり》をよぎることのすべてを言って下さい

(Sagen Sie also alles, was Ihnen durch den Sinn geht.)。

以上がフロイトの指示の要旨です。より詳しくは邦訳をごらん下さい。とくに日本教文社版は、要点には原語が併記されており、われわれの理解を助けてくれます。ご承知のようにこれはフロイトにとっては、患者が絶対に守るべき基本原則なのですね。私もこれまで自由連想の真似事みたいな治療は続けてきた。なぜ真似事かと申しますと、患者がこの基本原則を完全に守れるようになると思わなかったからです。それは厳密には到達不可能な到達目標であると勝手に思いこんでいましたから。患者はできるだけそれに近づいてくれれば御《おん》の字だと思っていたのです。しかしフロイトをはじめ今日にいたるまで分析家はそうは思わないのではないか。このフロイト再読はテキスト中心を貫くとはじめに見栄を切ってしまいましたが、ここでまたその誓を破ります。

前田重治先生には、古沢平作から受けた自由連想の体験を活き活きと語った著書があります[7]。これを読むと先生が真実、自由連想をされた方だということがわかります。これはむろん直接には前田先生の資質と努力の賜物《たまもの》ですが、古沢のようなつねに信頼するに足る分析家との間でなければ、このように全き自由連想は生じ得ないものと信じます。

さてフロイトの自由連想法は実に徹底的《ラジカル》ですね。日常の考えの運びを全面的に禁止してしまう。重要なものとしからざるもの、そして有意味と無意味との区別をとり払ってしまう。そして脳裡をかすめたことはあらいざらいしゃべれという次第ですから人為的に被分析者を混沌とした心の状態に、一時的ではあれ移行させるわけですね。フロイトがその適応に細心の注意を払い、この論文の中で、はたして適応かどうかよくわからない患者は、とりあえず暫定的《プロヴィゾーリッシュ》に一週間から二週間引受けてみると述べているのは、当然です。それには診断的な意味もあります。発症してから時間もたっておらず、症状も過度ではないヒステリー症状あるいは強迫症状を伴った神経症で、分析治療にふさわしいとみなしたい症例に対しても、統合失調症の前駆症状ではないかと疑う余地を残しておかなければならないとフロイトは言います。さらに彼は話を継いで、神経症と統合失調症とを区別することは、つねにたやすく可能だという意見には反駁する（傍点筆者）と述べています。邦訳ではここは奇妙にも、（両者の区別は）、案外容易であると主張したいと訳されています。bestreiten《はんばくする》をbehaupten《しゅちょうする》と見まちがえたのかもしれませんが、納得のいかない誤解です。ここらあたりの前後の文脈をみれば、そしてなによりもわれわれの臨床経験に照らし合せてみれば、このような誤訳は生じがたいのではないでしょうか。

重ねて申しますが、自由連想は外見はもの静かでも、一種過激な治療です。たとえばグリーンソン Greenson, R.(3)によりますと、自由連想の適格者は、自由連想中に必要とされる、より退行的な自我機能と、分析的な介入を理解し、直接的な質問には答え、分析時間が終ったのちは日常生活に戻れる、かなり発達した自我機能との間を行来《ゆきき》する、弾力的な自我の持主でなくてはならないとされる。これは自由連想の適応となる人格とはなにかということを簡潔に言い当てていると思います。私は開業生活二九年となりますが、開業生活初期のころは、以上の標識に該当する患者たちはけっこういた。しかしここ十数年というものこの二つの目印に合致する患者にはなかなかお目にかかれませんね。むかしは日常生活がまともに送れないという時、まず考えたのは統合失調症でしたが、今日では、境界例の大群がそれに当てはまります。私の許に受診する彼らは、はじめから、周りに支えられてかつかつに日常生活を送っています。しかも彼らは周りに支えられているという認識はほとんどなく、逆にその周りの者に対して大小の被害感を抱いているのです。彼らが自由連想法——自由連想まがいは可能なときもありますが——の適用外であることは明らかです。

さて、分析時間以外は、日常生活に戻れる能力といっても、自由連想という根底的治療を受けた場合、治療の余波は少なくないはずです。それまで通りの日常生活に戻れるはずはない、多少なりともそこには波瀾が起るはずですし、また波風が立たねば効き目がないとしたものでしょう。ここで前田先生の自由連想体験に戻ります。先生は教育分析を受けていた間の御自身の日常生活の変調を細かく書かれている。そのひとつは、奥様への甘えや小言がふえたこと、他は、咳ばらい、眼痛、肩こり、腰痛、疲労感といった身体的な違和・不調がふえたことです。さらに以下のような体験もされている。

「……その夜、実に奇妙な体験がおこった。とりとめのない苦しい夢のあと、四時ごろ目が覚めた。そして、近ごろは自由連想法の基本原則を十分に守ろうとしていなかった自分を反省して後悔していた。ところがそれに続いて、次から次へと、断片的な言葉がものすごい速さで浮かんできて、自分でコントロールできなくなった。それはちょうどダダイズムの詩のような、分裂病者の『言葉のサラダ』のような内容のもので、無関係な言葉が頭の中にほとばしり出てくる状態であった。何とか止めようと思ってもどうにもならず、頭の中が荒れ狂う嵐におおわれた感じのものであった。その中で、分析者に対する腹立だしさがつのっていって、先生の名を大声で呼びすてにして、その前でやけくそになってジタバタ悪態をついている気分になった。三〇分近くも続いたのか、やがて落ちついてきていつの間にか眠ってしまっていた。」

前田先生の場合、この短時間の精神病様状態（？）は、分析時間外に起ったのですが、このような事態は分析時間の最中にも起りうるらしい。グリーンソンは、自由連想の歯止めがきかなくなったときは、これを中止し、論理的で二次過程にふさわしい自我機能を再建せねばならない、それは精神病的反応の始まりであるかもしれないからと書いているのです。フロイトに始まる分析家は統合失調症が隠伏していたり、これを誘発することに注意を怠りませんが、感情障害（気分障害）の存在にもこんにちのわれわれは鋭敏でなければならないでしょうね。微妙な感情障害の診断はけっこうむつかしいものだと思います。たとえば、若い人に起った軽躁状態は、今日風のさまざまな行動化を引起してきますので、人格の問題に目を奪われ、基底気分の高揚を見逃しがちです。いずれにしても感情障害・気分障害の併病《コモルビディティ》の場合は、薬物療法に加えて、対面による心理療法を行うのが筋でしょう。

前田先生の体験記録を拝見すると、これは一種の修業だという感をふかくします。精神分析に傾ける並はずれた情熱があったからこそ、先生は日常的思考法の解体に忠実に従事し続け、しかもそれ故に結果した既述の副作用にも耐えてこられたのですから。

これまでの話の運びから、自由連想に対するネガティブな感情のようなものを読者が感知されたとすれば、それは私の本意ではありません。自由連想は、忠実に履行することになるなら、分析者にも被分析者にも相当の覚悟がいるということを再確認したに過ぎません。

＊

さきほど修業という言葉を使いましたが、自由連想法への従事は、やはりどこか禅の修業に似たところがあるようです。われわれは森羅万象に「山」だの「水」だのをはじめとしてことごとく名をつけ、さらには細かく分類していき、わかったつもりになり安心を得ています。とくに自然科学は分類主義に裏打ちされているといってもよいでしょう。このように、存在のきりのない分別・分節によって存在のありのままがおおいかくされてしまう面があることは確かでしょう。禅の修業では、まずはこうした分別をとことん停止させることが要求されるもののようです。私の診療所の周辺は新宿副都心の傍ではあるけれども、けっこう緑が多い。木と森がある。この「緑」とか「木」とか「森」とかいった存在分節としての命名が禅ではまず問題にされる。そこで幼稚ではありますが、そして禅者の修業とは似ても似つかないことですが、散歩のとき、木だの森だのという定義をできるだけ排除しながら、「木」や「森」を観るという訓練をちょっとしたことがあります。こうしますと木や森が確かにこれまでとは違った相貌を現してきます。いまは夏ということもあって、木も森も一層精気を帯びてくる、より艶やかにみえたり、無気味にみえたり、一体にみなより厚ぼったく映りました。しかしまあこちらは鈍感ですから、マロニエの根っこが、目の前で異様に生の裸存在を剥き出したことによって吐気を催したサルトルの小説の主人公ロカンタンのような感覚はいささかも起きませんでしたが。ところが、神社の前に貧弱な松の木が一本ある。こいつだけは、私のこんな幼稚な実験にはびくともしませんでしたね。松という名とそのイメージの脳への刻印がとりわけ強いせいでしょうか、現物の松とイメージの中の松との間に少しも差が見出せませんでした。だがしかし禅の認識論と存在論について、私の安直な第一歩をご披露しても仕方がない。禅の要諦を明晰に呈示された故井筒俊彦の文章を私なりに要約したものを以下に記します。(5・6)

素朴実在論では森羅万象がそれぞれが独立した本質（自性《じしょう》）を持つと映じる。花、鳥、山、川、水というふうに。しかしそれは言語のもつ執拗な分節化作用によって決定された意味的範疇の枠組に過ぎない。妄念、分別の産物である。ところが禅は、ものの固定化をなによりも忌み嫌う。一切のものを本来無自性（本質を絶対に認めない）と信じるからである。禅はこのような妄念に基づく経験的世界を一度は徹底的にカオス化する。一切の存在者からその「本質」を剥奪することによってである。本質ぬきの流動的な存在分節をわれわれ一人ひとりが自分で実践的に認証することを禅は要求する。それは、事物を事物として成立させる相互間の境界線あるいは限界線を取りはずして事物を見ることとなる。存在の「畛《あぜみち》」的枠組をはずして事物を見るといってもよい。こうした日常的見の否定を通して、細分されていた存在の差別相が一挙にして茫々たる無差別性の空間に転換する。この境位が真に覚知されたとき、それを無・空・大虚などと呼ぶ。このような世界体験の変容の一瞬は（上記したように）サルトルが見事に描いている。しかし東洋的哲人の場合、事物間の存在論的無差別性を覚知しても、そこにロカンタンのように座りこんでしまわずにまたもとの差別の世界に戻ってくる。つまり一度はずした枠をまたはめ直してみる。当然千差万別の事物が再び現れてくる。外的には以前と全く同じ事物、しかし内的には微妙に変質した事物として。はずして見る、はめて見る。この二重の「見」を通じて、実在の真相が初めて顕《あらわ》になると考える。この二重操作的「見」の存在論的「自由」こそ、東洋の哲人たちをして、真に東洋的たらしめるものである。

以上が井筒の教示の大雑把なまとめですが、禅と東洋的哲人と二つの表現になってしまったのは、彼の二冊の著書を綴り合せたからです。上記の二重の見への要請は、禅の修行においてのみならず、イスラーム哲学にも老荘思想にも見られるので、彼は東洋的哲人と一括したのです。この心的態度を禅定修行の段階に限定しますと、これも井筒の主張するところですが、青原《せいげん》惟信《いしん》禅師の「見山（水）是山（水）」→「見山（水）不是山（水）」→「見山（水）祇《ただ》是山（水）」といった的確かつ明解な表現につきています。（編者注）

さて、これまで、井筒の意見の紹介に紙面をとり過ぎたようですが、禅では外的世界に対する日常的認識の解体が要求され、自由連想では、内的思考の秩序《まとまり》の解体が要求される。その結果、前者では外的世界の混沌《カオス》が、後者では内的世界のそれが結果されるとまとめますと、禅の修業と自由連想の忠実な履行とは、繰り返しになりますが、一脈相通じるところがあると言いたいのです。少なからず副作用があるという点でも、両者は共通しています。

ところで、外的世界対内的思考なんていう言いまわしは禅の世界ではあってはならぬことですし、それればかりではなく、対象関係論やシステム論の立場をとる人からも非難されるでしょう。「眼蔵に使用されていることばを借りていい表わすならば、自と他とは回互《えご》するのである。即ち、自と他とは、始終互い互いにあらしめ、あらしめられているのである。しかも自は自であり、他は他である。即ち自他は不回互《ふえご》である。自というとき他は自に覆われ、他というとき自は他に覆われる。実に世界は自他の回互不回互として動いているのである」（橋田邦彦）といった次第なのですから。[4] 禅ももとより自己を究めることを求めますが、その目的は本来誰にでも備わっている仏性《ぶっしょう》に目覚め《さとり》させることです。しかしこの目覚めは、すぐに消えかねない代物ですから、一生自己を他己との関係において識る作業を続けなければならない。前回引用した道元の言葉「自己を参徹すれば、さきより参徹他己なり。よく他己を参徹すれば、参徹自己なり」はこのことを表現しているといえます。同じく道元の「現成公案《げんじょうこうあん》」の中にある美しい和文の一節「仏道をならふといふは、自己をならふ也。自己をならふといふは、自己をわする、なり。自己をわする、といふは、万法《まんぽう》に証《しょう》せらる、なり」はご存知の方も少なくないでしょう。[2] 禅の自己変容は、フロイトの自由連想のように自己をカオス化するわけではありません。固定した概念に縛られないあるがままの自己（と他己）を体験的にどこまでも把握しようとすることなのです。

ここで心理療法の世界に戻ります。フロイトの自由連想の精神はやはり大事ですね。大方の心理療法家は、これを強制的ではない、したがって不完全な形で適宜用いているのではないでしょうか。この精神は、しかし患者・家族よりも治療者の心得《こころえ》とすべきものでしょうね。患者・家族は、当然のことながら自由連想とは対極的に、筋道を立てて話そうとする。時にははなから脇道に脱線し続ける方もいますが、これらの自然な態度を相当長期間にわたって尊重するのが一般的な心理療法でしょう。重要、馬鹿げた、つまらない、恥ずかしい等といった彼らの前置きをしっかり認めたのちに、われわれは適宜、自由連想の趣意を活かすべきでしょう。私は治療の初期には患者・家族と対話を一通り続けたのちに、「あとは何でもどうぞ」と言い、治療が進めば、これを開口一番述べることが多いようです。近ごろは耳が遠くなってきていますから、両耳に両手を添えて、非言語的にこの気持を伝えることもあります。もっともこれは、文字通りのもので、さきに述べたフロイトの Sagen Sie alles, was Ihnen durch den Sinn geht なる徹底した発言とは似て非なるものですが、根はフロイト由来です。

ところで有意味と無意味の内実の臨床上の意義はとりわけ大きいと思います。

> 「意味」がつねに「ある主体にとって」のものである、ということは、同時に個々の意味が孤立的・絶対的ではなく、その主体のもっている世界についての全体的意味体系との関連において変動しつつあらわれてくることを意味している。別な言い方をすれば、意味は主体がそのとき、その場所でとっている態度、観点、準備（これらを一括して「文脈」と呼ぼう）と関連して定まるものである。ついでながら「意味」は必ず主体にとってのある「質」をもち、これは主体にとってなにがしかの「価値」（プラスであれ、マイナスであれ）を随伴させていることも自明である。

右記は安永浩先生の行き届いた「意味」の定義です。[10]「その主体のもっている世界についての全体的意味体系」そのものと関連することですが、若い患者たちが有意味とすることが私のように高齢の治療者には、ナンセンスにうつり、私が有意味と思うことがむこうにはひとしなみにナンセンスに感じられるということが、この頃多くなりました。つまり社会文化的な文脈のなかにおける意味・無意味の重要さをつねに感じさせられます。

「（あなたはこれからどうしたい）ニューヨークにいきたい。音楽をやりたい。（なにか音楽をしていますか）全然。（英語は）全然。でも向うにいけばできるようになると思う。」

以上は一境界例患者との会話の抜書です。これは極端かもしれませんが、これに類した望みを述べる患者たちは少なくありません。これをナンセンスと見たのでは治療は始まりません。とにかくこれは「望み」です。そしていまの一瞬ではあっても、途中を階段を一切ぬきにして高層ビルの最上層を狙うようなものであっても望みです。そこに境界例の心的構造が透けてみえる、治療者にとっても貴重な望みでもあります。したがって上記の患者の望みはナンセンスどころではありません。この手の望みを述べる彼女または彼らがナンセンスと感じているのは、基本的な日常生活のいとなみです。これに伴う骨の折れる部分——高度に電化されたために、手応えの感じられぬ骨の折れなさすぎる部分とみることもできますが——を回避し、日々のいとなみは単調でつまらないというのです。たとえば食事の後片付け、ごみ出し、掃除、洗濯、寝ること——これにも準備がいります——等です。彼らはバイトにはおおむね価値を置いています。仲間がやっていることだし、家事よりは変化に富み、若干の収入が得られるからです。彼らの生き方・在り方に対する少しづつのインサイトと平行して、「骨の折れる《つまらない》」——いささかの骨折りに過ぎないのですが——家事に男女とも従事することができるようになることが必要です。衣・食・住足リテ境界例生ルと私は思っています。これは粗雑な表現ですので、拙文も参照していただけると幸です[9]。家族全員が日常生活の重要さを再認識する必要があります。家族みんながよく話合いをするようになどとすすめる治療者がいますが、そんな観念的なことを言ってもまず役に立ちません。本人・両親・治療者との間で、最低限度実行可能な家事はなにかについてじっくり話合い、そこから得られた結論について実行を迫ることの方がよほど役に立つ場合が多いのです。たとい自分の食器を台所に下げるだけでも、家庭内の雰囲気はよい方に少しく変わるとしたものです。まことに無意味は有意味であり、有意味は無意味です。治療者も現代に共有的な意味の世界に生きていますから、これに対する自己検討が必要でしょう。

*

自由連想は、これまた繰り返しになりますが、日常の思考体系を崩し、そのうえやがて内奥の自覚的・無自覚（無意識）的な秘密をもらさざるを得ないようにさせる治療法ですから、被分析者はこれに対して誰でも抵抗を示すということはどなたもご存知でしょう。フロイトは、この抵抗を指摘することによって少しづつ無意識の中へと抑圧されていたものが浮上してくることを待つわけですね。ところでこの抵抗という訳語に、私は少々抵抗を覚えています。ドイツ語の Wider**stand** にせよ、re**sist**ance（英）、ré**sist**ance（仏）にせよ、太字部分は「立つ」という意味です。日本語の抵抗には、この意味が含まれていません。さからって立つ、さからって足場を固める、あるいは立つことは逆らうことであると言ってもよいかもしれません。この抗立を欠いては、一日たりとも日常生活を営むことはできません。眠いけれども布団から起き上がる、猛烈な暑さだが出勤する、他者の不当な干渉・欲求には屈しない……といったことが日々必要となるのですから。患者は、とくに心理療法を必要とする患者たちは、症状・問題行動をさし当たり拠り所としてかろうじて立っているといえるでしょう。症状や問題行動が、かりににわかに消失したとしたら、彼らは心理的には立つこともできない茫然自失の状態となることでしょう。

フロイトは、抗立の重要さを十分認識しておりましたけれども、そのプラスの価値をあまり強調しなかったように思います。患者・家族の抗立とわれわれ治療者のそれ――さきほども述べましたようにひとは誰でも抗立しています――とを共通分母としながら治療を進めてゆくべきだと私は思っております。さて、抗立なんていう妙な新造語は広めるべくもありませんから、以後、使用をつつしみますが、抵抗は抗立であると頭の中でつぶやくのは、悪いことじゃないと存じます。

この論文で、自由連想への抵抗の二種類が挙げられています。ひとつは、あらかじめ自分の話を準備してくるひとです。この種の抵抗をより深く分析したフロイトの高弟アーブラハム Abraham, K. はほぼ以下のように言っています[1]。

彼らは家で自由連想を試みる――彼らの表現によると「ひとり分析《アウトアナリューセ》」ですが――、治療にはきちんと通ってはくるが、あらかじめきめた話が展開されるばかりで、自由連想にならない。こうした態度は、彼らの自己愛的な享受をほしいままにさせるものであり、治療者に優越したい望み・羨望や転移状況において自らを医師と同一視する傾向が見出せる。診断的には、強迫神経症が多い、と。

数例の強迫神経症者について自由連想を施行した経験がありますが、彼らの振舞いはまず例外なくフロイトとアーブラハムの記述通りなのです。手首自傷――もっとも強迫的確認の回数をカミソリで手首に刻んだという説明でしたが――もあった中年主婦の重症強迫神経症者は、「一度でよいから、先生が寝椅子に寝て、私が先生の椅子に座ってみたい」と何度も口走りました。しかも長期間にわたって、上記の Autoanalyse（ひとり分析）を止めなかった方です。彼女は数年にわたる自由連想法で完治しました。薬物は少量の imipramine を併用したと思います。

フロイトとアーブラハムの述べたこの抵抗の一型は、日常臨床でも遭遇します。終始用意したメモを読み上げようとしたり、メモを手渡して後で読んで下さいという患者・家族がいますね。彼らは、多分に強迫的です。面接にあらかじめ備えるという点において上記の抵抗に一致します。精神分析の視点のみを重視していたころは、私は内心、彼らを嫌っていました。フロイトのいう用意したものしか呈示しないとか、治療時間外の仕事を強いるとかネガティブに受けとっていたからです。フロイトは自由連想の下準備をする人を熱心さを装うとけなしていますが、それだけではちと可哀想です。メモ好きの患者・家族もまずはそうせざるを得ないのです。とりわけ健康保健外来においては、彼ら――主として親ですが――が、症状・問題行動とその歴史を、できるだけ治療者にしっかり認識してもらいたいと願うのは自然のことです。まともな熱心さのあらわれです。彼らは精神科一般外来では診療時間が短いこともおおむね知っているのです。こうした振舞いのうらでは、不安と不信さらには他者をコントロールしたいという意向も動いているかもしれませんが。この場合、短いメモなら私が小声で音読（こちらに手渡されたものですから治療者が読むべきでしょう）して、これを相手に敷衍《ふえん》してもらう。ただしこれを後で読んで下さいという願いには、原則として応じません。その時は、彼らに文書を戻し、ぜひいま読んでほしい部分を指摘してもらったうえで、上述の手続きをするのです。後で読んだのでは対話になりません。また対象者のありうべき欲張りに歯止めをかける必要もあるのです。準備好き・メモ好きについては、対面的心理療法では目に角を立てるほどのこともない。こちらがゆっくりした口調で上述の手続きを重ねていれば、いつの間にか準備好き・メモ好きは消失するとしたものです。

ちなみに自由連想の中で、患者が役割交換を申し出ることは考えてみれば、それほどおかしなことではありませんね。目指すところは、被分析者の心の動きがしなやかに自由自在にひろがる（＝無意識の意識化）ことであるとはいえ、また同意の上とはいえ、それは治療の絶対的な指示に従うことによってのみ実現される。治療者の立場の絶対的優位を前提として、患者のイメージ・考えの自由が許される。不自由な枠組の中における自由という形がつねに維持される。時ニハ治療者ガモッパラシャベレ、治療者ノ椅子ニ座ラセロと患者が望むのは、この不自由な局面から時には解放させてくれという正当な要求です。そういうことが言える患者は、治りが良いともいえます。前回、御紹介した岡野先生の著書の中でも、年少の患者とロールプレイとして役割交換をして良い結果を得た症例の記載があります。

どの心理療法も大小の不平等の上になり立っていますが、患者・家族はこの不平等、この一方向性を強く意識する存在であることを忘れてはならないでしょう。既述したように強迫性の強い患者・家族においてはとくに然《しか》りです。もっともフロイトは、ご承知のように時間をかけた分析を毎日していたのですから、その治療行為自体が患者の大切さ《ディグニティ》をおおいに認めていたということになるでしょうね。当時、神経症は、精神科医のまともな治療の対象になっていなかったのですから。

こんにちのわれわれは、患者・家族の顔を立てる、誇り《プライド》を尊重することがつねに必要です。これは広義には、抗立とも関係してきます。さいわいどの患者・家族も治療者よりも優れた所をもっている。そこをおさえておくことが肝要です。いまだに私は若い患者を診ていますが、彼らからは若者言葉を教えてもらうことができる。発音の間違いまで直してもらうことができます。その時彼らは、現代日常会話の先生となるわけです。暗算の上手な患者には、おつりの計算をおねがいすることもあります。繰り返しになりますが、患者・家族が治療者に対して一点の優位を保つということが、かえって抵抗を減らすことになるのです。

幕末に男谷《おだに》精一郎という人物がいた。これは当時、剣聖といわれた剣術家です。書画もよくし、人格者として名高かった。他流試合の場合、相手に一本とらせて二本とった。これは「男谷の三本勝負」として有名であったよし。男谷の名は知らなくても、島田虎之助《とらのすけ》という剣豪の名は知っている方もいるでしょう。彼は男谷と勝負した時、この三本勝負をやられてはなはだ物足りなく思った。打ち方も軽い。そこで他の師を求めたが、その師から男谷のもとにもう一度いけと諭された。再度の試合では、男谷に容赦なく打込まれ、男谷の門弟になったということです。心理療法は、もちろん勝負ではない。しかしながら強迫性の強い人々を筆頭として、多くの患者・家族の中には、たといあまり意識しなくとも自然と勝負にこだわってしまう人が少なくない。治療者にもこの傾向をもつひとがいる。治療者はもとより対象者の回復に役立てばよいので、勝ち負けを超越せねばなりません。剣術のような勝負の世界においてすら、男谷のような人物が存在したのです。この男谷に関する言伝《いいつたえ》は、歴史学者奈良本辰也(8)のエッセイによりました。

＊

フロイトによってもうひとつの抵抗として取り上げられたのは、患者の初期の沈黙です。これに対するフロイトの意見を要約するとつぎの通りです。

何も思い浮かばないと述べる患者の場合、分析療法それ自体についてぼんやり考えている、それはあるいは治療室の絵であったり、置物であったり、自分はいま寝椅子に寝ていることであったりする。転移の起っているときは、女性では、生活史由来の性的な攻撃に身構えている人々（＝邦訳では性的攻撃ヲ向ケルヨウナ人物となっているがこれは逆）、男性では、過度に抑圧した同性愛を持っている人々が沈黙をきめこむ。

これも大切な指摘です。まず治療室のたたずまいが気になる。しかしこれについて露骨な感想を述べるのは失礼となることはいずこも同じでしょう。前号で、フロイトの治療室の有様に文句をつけ、部屋一杯のモノたちに対する患者の感情反応をフロイトがしっかりとらえたかどうか、伝記にくらい私にはわかりませんと書きましたが、これは言い過ぎであったようです。上記の描写からフロイトは、彼の部屋の結構に対する患者たちの反応をちゃんと把握していたと想像されるからです。自由連想を行わないわれわれは、まず初回面接時に、来訪にいたるまでの交通の具合と面接室の印象とはこちらから尋ねた方がよいと思っています。私の診察室は、書斎兼用で古本屋のような様相を呈しており、フロイトの治療室にケチをつける資格など実はありませんが、いまさらどうしようもない。飲食店になぞらえれば、場末の居酒屋といったところで、この部屋がとことん嫌なら二度と訪れないはずですが、さいわいそのような方は皆無で、みなあきらめて我慢してくれているのでしょう。

　フロイトの語る沈黙の条件は、もちろん男性分析治療者に対するそれであって、ありうべきことでしょう。分析者に対して恐怖と愛情とがないまぜになっている感情状態では、被分析者はなかなか発語できないということですね。とくに性的外傷体験をもつ女性患者にとっては寝椅子に横になること自体が日頃の性的攻撃に対する身構えを一層強化させるかもしれません。一方、患者と治療者とが時には沈黙を共有することができることの重要さについても読者は識っておられます。私の長い治療歴を振り返ってみると、近頃はおしゃべりな若い患者がふえたように思います。大づかみにいうと彼らは自他の時空間に生ずる透間《すきま》をこらえる能力が乏しくなっているのです。この透間から、不安、虚しさ、抑うつそして絶望といった大層つらい感情が吹き上げてくる。彼らは日頃仲間と接し明るくうつる生活を続けることを信条としていますから、人間なら誰しも程度の差はあるとしても体験せねばならぬ上記の諸感情を抑圧《サプレス》しているために、かえってわずかな透間からこれらの諸感情が強烈に吹き上げてくると考えられるのです。このような「透間恐怖」は、次第に減少に向わねばなりませんが、これは時流に逆らうことでもあるので、時間がかかります。フロイトは、患者の沈黙の解釈に骨を折りましたが、今日のわれわれは、患者・家族のおしゃべりにしばしば付合わねばなりません。ではどのようにか。さし当たりおしゃべりにはおしゃべりをもってするとだけ言っておきましょう。彼らの多くは、あれほどしゃべったのに、治療者からの「お返し」がないと怨むからです。

　以上フロイトから学んだことを要約すると、こんにちの心理療法家は、治療者の言動で気になったことがあれば、それがネガティブなものであったとしても、大小にかかわらずぜひ伝えてほしい、面接室の様子についても素直に印象を述べてほしいと、はじめの一～二回の面接の間にはっきり患者に告げるということでしょう。しかしこのことは、皆様方がつとに実行されていることだと思います。

フロイトは、ここで偶発行為・症状行為にもふれています。寝椅子の上でズボンのすじ目を直す男とスカートの裾を下にひっぱる女の事例が点出されていますが、その描写も解釈も簡潔にして的確です。ここはぜひ邦訳をお読み下さい。この部分については、私は全くのフロイト主義者です。これに続けて、患者が分析の前かあるいは分析が終って、立ち上がったとたんに、それまでの抑制的な態度がとれて、自由に話しはじめる。患者は正式の部分《オフィツィエレル・アプシュニット》と「寛いだ」部分《ゲミュートリッヘル・アプシュニット》とを分けているのだ。それをさし当たり阻止することはできないが、「分析医はこの区別を長い間許しておくべきではなく、席につく前、あるいは連想終了後に語られたことに注意しておき、それを次の機会に利用することによって、患者が立てようとした隔壁を打破するわけである。この隔壁にしても、やはり感情転移性抵抗を基盤にして導かれたものなのである」（邦訳より引用）とフロイトは述べています。これも大切な断片です。この現象はなるほど自由連想法の場合に顕著に見られますが、時間の長短を問わず心理療法一般に見られる現象ですね。「面接の終了間際に患者は重要なことを口にしはじめる」ということは、これまでいくたの心理療法書の中で説かれていることです。この指摘のみなもとはフロイトだと思います。この事実はすべての臨床家が経験していることですが、問題は、この終りのひと言ふた言がプロトコールになかなか記載されないことです。私自身、病院での保険診療の場合、この記載をしていません。忙しいからと言訳をしているのはよくない、今後は記載するように心がけたいと思っています。

この論文では、時間と料金に関する規定を詳細にわたって取り上げています。これもフロイトをもって嚆矢《こうし》とするのではないでしょうか。その内容については、邦訳を直接読んでいただくのが最もよい。私の半端な解説など無用です。そこには、精神分析的見解、医療倫理、そして医療経済の三つが一体となって説かれている。見事なものだと思います。あの時代に金銭の問題を論じることは、ひょっとしたら性の問題を論じるよりも難儀なことであったのではないかと私は推測しております。フロイト嫌いな方も、この部分を読まれるとよいのではないかと存じます。一読して彼の率直さと勇気とを感知されるのではないかと思うのです。

今回の私の解説はこれで終りです。転移の問題が残っているじゃないかという声も聞こえてきます。転移の問題は、いずれ「かるく」ふれるつもりです。何故かるくなのか、それはその時に御説明したいと思っております。

文　献

（1）Abraham, K.: Über eine besondere Form des neurotischen Widerstandes gegen die psychoanalytische Methodik. Int. Z.f.Ps.-A., 6; 173-180, 1919.（下坂幸三・前野光弘・大野美都子訳『アーブラハム論文集』二二一‐二三〇頁、岩崎学術出版社、一九九三）
（2）道元「現成公案」一二三三（水野弥穂子校注）『正法眼蔵（一）』岩波文庫、一九九〇
（3）Greenson, R.: The Technique and Practice of Psychoanalysis. Int. Univ. Press. New York, 1967.
（4）橋田邦彦「我観正法眼蔵」一九四三（初出不詳、橋田述『正法眼蔵釈意』山喜房仏書林、一九八〇）
（5）井筒俊彦『意識と本質』岩波書店、一九八三
（6）井筒俊彦『コスモスとアンチコスモス』岩波書店、一九八九
（7）前田重治『自由連想覚え書』岩崎学術出版、一九八四
（8）奈良本辰也『男谷精一郎　日本の剣豪』旺文社、一九八五
（9）下坂幸三「社会変容と心理療法」精神療法、二五巻五号、三九九‐四〇八頁、一九九九（本書第三部第二章）
（10）安永浩（一九八〇）「精神医学における『意味』と『無意味』」臨床精神医学論集（土居健郎教授還暦記念論文集刊行会）星和書店、非買（『安永浩著作集Ⅲ　方法論と臨床概念』金剛出版、一九九二所収）

（編者注）青原惟信は臨済宗黄龍派に属する宋代の禅僧。ここで下坂が参照しているのは以下の箇所である。「老僧、三十年前、未だ参禅せざる時、山を見るに是れ山、水を見るに是れ水なりき。後来、親しく知識に見《まみ》えて箇の入る処有るに至るに及んで（すぐれた師にめぐり遭い、その指導の下に修行して、いささか悟るところがあって）、山を見るに是れ山にあらず、水を見るに是れ水にあらず。而今、箇の休歇《きゅうかつ》の処を得て（いよいよ悟りが深まり、安心の境位に落ち着くことができた今では）、依前（また一番最初のころと同じく）、山を見るに祇《た》だ是れ山、水を見るに祇だ是れ水なり」（「続伝燈」二二、「五燈会元」一七）。（井筒俊彦「意識と本質――精神的東洋を索めて」、一四五‐一四六頁、岩波文庫、一九九一より引用）

第五章　「想い起すこと、繰り返すこと、やり通すこと」について

このたびは「想い起すこと、繰り返すこと、やり通すこと」Erinnern, Wiederholen und Durcharbeiten（一九一四）を取り上げます。フロイト五八歳時の論文です。この題名の邦訳の問題点については、第一章で指摘しました。そして「想い起すこと、繰り返すことそして一貫して取組むこと」と訳し直してみました。ところが私のこのエッセイが発表されたのよりほんの少し遅れて、藤山直樹先生が、Durcharbeiten について「やりとおすこと」と訳されたことを知りました(6)。これが一番よい。私の訳は長すぎます。ただし durch という前綴の意味を明瞭にするには、漢字を当てた方がよい。こう思いまして右記の訳に決めた次第です。

*

ところで、読者の中にはどうして道元だの鈴木大拙だの井筒俊彦だのという日本の宗教者または思想家の生噛りが、毎回のようにたくさん出てくるのかといった、ある種の違和感をもたれた方もいるのではないかと気がかりです。

外国語の消化ということは、消化の作用に比して考えられる。一つの語族が他の語族の文化に接するとき、言語の上では、まず外国語の機械的な模倣が行われる。この語学は、外国語消化の第一歩であって、これを咀嚼の物理的操作に比することができよう。それは必然の第一歩であるとともに、またあくまで単なる第一歩たるに過ぎない。そこにあっては、言葉は単に「物」であり手段であって、なんら命のある生きたものとしては現われないのである。外国の言葉を生きたものとするということは、外国の言葉に習熟し、外国人の如く発音し、外国人

の如く語るということのみではない。我々は一つの個性ある日本の文化を自己の表現とする日本人である。そういう具体的な生活の地盤を払拭し去った、我々がなすも外国人がなすも、何の相違がないような性質の語学研究は、すなわち上述の機械的語学であって、そこにはいまだ自立的な人間精神の発現が見られない。日本語において自己を表現し、日本語をわが身体とする我々が、ドイツ語に対し、これと sich auseinandersetzen（正面から取組む）することには、ドイツ人がドイツ語を研究するのとは、またちがった文化的意義があり、またドイツ人の企て及ばざる独自の精神活動の領域があるのである。……

これは、この連載第一回で言及した佐藤通次の『独和言林』初版（一九三六）の序の一部です。日本語を用い、日本の文化を活かさねばならぬ日本人のドイツ語学者として、ドイツ語に正面から取組む《ジッヒ・アウスアイナンダーゼッツェン》と宣言した文章です。これは語学に限らず欧米の諸学に接するときにはとるべき当然の態度ですが、この当然さが自覚されることはこんにちではまことに少ないようです。

森田正馬、古澤平作、土居健郎といった心理療法の世界において新生面を開いた人々は、彼らのなかにあって息づいている日本文化と西欧流の心理療法——とりわけフロイトのそれ——とを対決せしめたために彼らの独創を磨くことができたと言ってよいでしょう。たとえば、森田の「神経質ノ本態及ビ療法」は四九頁という決して長い論文ではありませんが、そこではフロイトの名が一〇回引用されている[10]。もちろんフロイト説に反駁するための引用ですが、とにかく一〇回です。彼は論文の中でフロイトとも対決したわけですね。森田療法は、自己体験、禅の知識、さらにはビンスワンガー Binswanger, L. の生活正規法などを追試したのち、一九一九年に確立したといわれる。それはおそらくフロイト説とは無関係に成立したものでしょうが、フロイト理論——ただしごく初期のものに限られています——との対決は、森田理論の精練に役立ったといえるのではないでしょうか。また古澤が阿闍世の物語を知らず、土居が日本語の「甘え」に注目することがなければ、彼らの独創が生じなかったことは明白です。

以上のような筋合いですから、フロイトを読む場合、彼の意見を日本語の特性やわれわれの先人たちの思想と照合することは当然で、不可欠のことと思います。

鴎外、漱石が和漢洋にわたって深い知識をもっていたことはどなたもご存知です。ところで今年は正岡子規没後百年に当たりますが、子規は、柴田宵曲《しょうきょく》の評伝を読みますと、漢詩もずいぶん作っていたことがわかります。[13] その最も古いのは「聞子規《ほととぎすをきく》」と題した五言絶句で、一二歳時の作です。彼らの才とその時代のよき一側面を羨むほかありません。

私が日本の先人たちの業績の生噛りしかできないのは、浅学のしからしめるところとはいえ、受けた教育のせいも少しはある。戦時下で中学は四年で卒業、しかも四年時は勤労動員でしたから、授業は三年間のみです。あとはそのまま医学教育を受けたという粗末でしたから。若い人の国語力の低下が目下しきりに憂えられていますが、国語教育が改善されぬままに時が進むならば、やがて心理療法の世界にもシワ寄せがくる。心理療法への日本人の寄与が極端に乏しくなる時代が到来するのではないでしょうか。われわれはまず漢才を失い、敗戦後は急速に和魂を失いつつあります。では洋才は残るのか。和漢の才を欠いては洋才は活きるはずもありません。残るのは属国的な心理療法のみという顛末《てんまつ》にならなければ幸いです。

＊

さて本文に入ります。これまで取り上げてきた論文には、入門的な要素が多かったのですが、これは精神分析療法の核心を述べたとみられます。小此木先生は、この論文を評して、「技法論文として画期的なものであるだけでなく、同時に理論的論文としても独自の意義をもつ」とされ、人文書院版では、技法論とはあえて分離して、自我論・不安本能論と題した巻に収められています。[12] もっともこれはこれまでに取り上げた論文より、より理論的であるとはいえ、それはフロイトの積み重ねてきた臨床的経験にぴったり裏づけられています。例によって現代の患者——もっぱら青年期患者ですが——を治療するさい大いに参考となる、フロイトの知恵を数箇拾っていくつもりですが、それらは断片的なものです。このエッセイと平行して翻訳を通読して下さることを切望いたします。

「（自由連想を通して）ついに首尾一貫《コンゼクヴェント》した今日の技法が形づくられた。すなわち医師は、一定の契機、あるいは問題に焦点を合わせることを放棄し、被分析者のその時、その時の心の表面を詳しく吟味することで満足する。そして解釈の技術は、中核的には、このように出現してくるさまざまな抵抗を認識して、それを患者たちに気づかせるために用いる」（傍点は筆者）。

　本文のはじめのところで、フロイトは上記のように書いている。この傍点の部分に注目していただきたいのですが、その時、その時の心の表面は、原文では jeweilige psychische Oberfläche です。Oberfläche は、直訳すれば「上面」でしょうね。「詳しく吟味する」はふつう研究すると訳される動詞 studieren です。ところが「表面」も「研究」もずいぶん手垢のついた言葉ですね。臨床心理と精神医学の畑の人にとってはことに手垢のついた言葉です。表面については、表面ではなく裏面、さらには深部・深層こそ重要だという考えが相当に一般化しており――深層心理学という言葉はどなたもご存知。その右代表は精神分析です――、研究についてはアア研究カという感覚で受けとられ、なんのひっかかりも出てこない。ところが心理療法の世界では、手垢のついた言葉には充分な警戒が必要です。手垢のついた言葉は怖いといった方がよいかもしれません。それは、患者・家族・治療者の生の体験・生の感覚を実にしばしばおおい隠すからです。臨床の実際においては、われわれはつねに言葉の垢を落とし、言葉を活き活きとしたものとして蘇生させる必要があります。それに多くの言葉には、時代と文脈に依存した暗黙の価値が絡みついている。治療者は、言葉に対するこのような暗黙の価値づけに自覚的であらねばならない。そのような価値づけからできるだけ自由である必要があるでしょう。その好例が「表面」です。すでに触れましたが、この表現は一般的にいってもネガティヴな意味づけがなされやすい。表面的・浅薄・上すべりといったように。ところが無意識の発見に没頭し続けたフロイトが心の表面を大切にしようとここでは言っているのです。むろんフロイトは深い心の面がつぎつぎに表面化することをめざして、目下の表面を重視します。つまり時間限定つきの心の表面尊重と言えるでしょうね。自由連想の枠組の中では、心の表面に片鱗をみせる抵抗をたくみに指摘していけばやがて「無意識」に到達する、というのはフロイトの説く通りだと思います。

しかしながら自由連想ないしは準自由連想では、心の表面・表層をとことん明らかにすることは不可能だと信じます。それは自由な連想・着想を重んじるあまり、心の表面をくまなく、かつ詳しく吟味するために不可欠なさまざまな問いかけを省いてしまうからなのです。

心の表面といえども、彼我にとって決して明瞭なものではありません。われわれが、日常いかにぼんやりした会話を互いに交しているか、またこの曖昧な会話が、ひととの付合いをかえって無難なものにしているかを考えてみれば、このことはどなたにでも納得がいくはずです。患者の心の表面は、有効な問いを媒介にしなければ、決して明晰にはとらえられないものなのです。

[「新しい環境にいつもなじめない」と訴える来談時二三歳大学院一年生の女性。女性性を感じさせない中性的な感じの人。」……第四セッションの時に性的な行動化について、セラピストは次のように彼女に伝えました。[ここで過去のことを思い出して情緒が不安定になることと、先週の男の子とのこと、関係があるのではないかしら……不安定な気持を、男の子と性的な関係をもつなどの行為で埋めたくなってしまうと思うけれど、それを行動にすることを控えてその時の気持をここにもってきて伝えてほしいと思います」と。すると次のセッションで初めてかつての外傷的な体験とそれをケアできなかった親の話をかなり具体的に語りました。「そのとき両親はどうして毅然とした態度を取ってくれなかったのか。子どもがどうしていいかわからない状態にあったときに、両親もそうなってしまった」と。そしてそれ以来離人感を経験していることも初めて語られました。このように面接場面で今まで語られなかった彼女のテーマ、外傷体験をめぐる両親との内的な葛藤が話題になったころ、第八回で夏休みを迎えることになりました。するとこの夏休みを契機に頼りない両親=セラピストへの幻滅が起り

ました。そこには依存しようとしても依存しきれない弱い傷ついた母親の姿がありました。それは米国で彼女が深刻な外傷を受けて母親に相談したときに、母親の方が恐れ怯えていたという事実でした」（傍点は筆者）。

これは丸田俊彦先生の著作に収載されている森さち子先生の症例提示の一部です[7・9]。この例は、第一八回日本精神分析学会の教育研修セミナーにおいて丸田先生の口からも伝えられました。そのさいの討論の細部では、患者の「毅然発言」について、松木邦裕先生は、治療者にもっと毅然としてほしいという意味だと解釈され、中久喜雅文先生は森先生は、相当はっきりした直面化をされたのだから、治療者は毅然としているが、両親は毅然としていないというメッセージだと解釈されました。会場の最後列にいたので私の聞き間違いが混じっているかもしれませんが、大筋は以上のようでした。

ここでまず私が問題にしたいのは、討論をされた上記三先生が「毅然」という言葉の意味するところを、疑問の余地のない共通語として使用していたことですね。そして森先生も症例の記述から推察するとおそらく同様に振舞われたのだと思います。ところが心理療法の実際では、このようなことは好ましくないと私は日頃思い続けているのです。以下に、この女性に対する私の架空の問いを羅列します。その中には森先生が質問ずみのものもあるかもしれませんが。

「その毅然とした態度について、キゼンはキゼンかもしれませんがもう少し説明していただけますか」「毅然とした態度というのを視覚的にイメージできますか」「それはむつかしい、なるほど」「じゃお父さんもお母さんも毅然の気配はゼロなのですか……それともすこしは」「（毅然の気配がゼロなのではないという解答が得られたら）お父さんとお母さんの毅然の度合のちがいは」「じゃそのときご両親には、実際にはどのように発言し、どのように振舞ってほしかったのですか」「お父さんやお母さんの置かれた当時の状況はどのようだったのですか」「（〈毅然〉を重要視することがわかったら）あなたは毅然好きなのかな（これにはいささかユーモアをこめてもよいが、皮肉に響いてはならないでしょう）」「ところで、私の毅然度はどうですか……ゼロそれとも……」「あなたは私の念押しにうなづかれたけど、押しつけになってはいけないので、あなたの言葉でまとめて下さい」など。

しつこい、もうたくさんと読者は感じられたことでしょう。これは陳列見本です。私とてこんなにたくさん質問するわけはない。しかし、クライエントの毅然という発言のところにとどまって、二、三の質問は必ずするでしょう。それを通して、「毅然たる態度」という言葉の個人的な意味内容・含蓄があきらかになり、この人物にとっての毅然という表現の射程——さし当たり両親が対象にされていますが、当人、両親以外の人々、治療者、時には社会の在り方にも及ぶ射程です——まで視野のうちに収めることができます。ここでは近頃学ぶことの多かった学会のセミナーから事例を採ってみましたが、患者やわれわれが日常的に感じる「いらいら体験」の微細な把握について書いたこともあります(15)。

とにかく患者・家族がそのつど治療者の「前にさし出してくるもの」を、患者・家族への大小の負担を考慮しながら、縦横に詳密に把握する。これが心の表面を通してかなり深い層にまで及ぶ道です。これを「心の表面の精神分析」(Psychoanalyse der psychischen Oberfläche) またはもっと単純化して「表面分析」(Oberflächenanalyse) と称してもよいでしょう。

この「オーバーフレッヘンアナリューゼ《表面分析》」が、あらゆる学派の違いをこえて、心理療法の世界では欠如していると思います。とりわけ対象が境界例・準境界例である場合、これが重要です。彼らはひとしなみに抑圧に乏しく、容易に可視的となる原初的防衛規制を駆使しているのですから、その特徴その病理は表面にしみ出ている、あるいは表面から透けてみえるのです。海岸の岩場の水溜りをじっとみると、カニだの小魚だの貝だのイソギンチャクだのをよくみることができます。たとえていえば境界例の方の心模様は、この水たまりの光景に似ていると言えるでしょう。一見浅いところを細かく丁寧に取扱う「表面分析」は、それだけで治療的です。彼らは表面・表層に出しているものを、自らはほとんどあるいは不充分にしか把握していないからです。表面分析は、彼らを大して不安にさらすことなく、小さな洞察へと絶えず促し、かつ彼らの視野を広げる働きをするからです。とにかく浅く見えるところを深く、深く見えるところを浅く、淡白にとり扱うのが、境界例治療の私の心がけです。

　さて森先生の症例について、二番目の傍点部、すなわち彼女が母親にみてとった恐れ怯えも表面分析の対象とすることができるでしょう。これは過去の追想とはいえ、そのセッションで表面化したものですから、当然、表面分析の対象となります。「恐れ怯え」というのは彼女自身（と森先生？）の解釈ですから、この解釈の基礎になった原体験がどのようなものであったかを吟味する必要がまずありましょう。「事実」という断定もどうでしょうか。その時、投影同一化が起っていた可能性もあるでしょうし、いずれにせよ、かたく言い廻せば、ソノトキ母ハカクカクシカジカノ感情態ニアルト彼女ニハ映ッタとしか治療者は言えないのではないでしょうか。松木先生と中久喜先生の解釈については、表面分析が行われていないため、その基礎となる資料が乏しいのですから論評しようがありません。これを欠いては解釈はおおむね認識の大飛躍《あてずっぽう》になるほかはありません。おふたりに共通していることは転移解釈です。転移一般については、コレハ転移デアルとコレハ転移デハナイという二つの相容れない見方を同時並行させることが必要であると私は考えております。つまり前回御紹介した井筒俊彦のいう「二重の見」ですね。転移ゼロという視点は、分析派の心理療法家はとうてい承認できない視点かもしれません。しかし世間の人々は、おおむね転移ゼロの世界の中で生きています。分析家も対患者関係以外の人間づきあいにおいては、この概念をまず持ち出さない。いつも転移概念が作動していては、人間関係は息苦しいものになってしまいますからね。こうしたシロウトの他者認識も充分視野に入れておくことは、転移把握をより治療的に用いるのに役立つと思います。

＊

　さてフロイトに戻ります。「……被分析者は、忘れられて抑圧されたものについては、一体になにも想い出さず、彼は、それを演じるといってよい。彼は想起として再生するのではなく、行為として再現する。彼はそれを繰り返しているとは、つゆ知らず、行為として繰り返すのである。例えば（原文は改行）ある男性被分析者は、両親の権威に対して反抗的で不信を抱いていたことを想い出したとは物語らず、医師に対して、そのように振舞うのである。……」。

フロイトは、こういうタイプの被分析者がいるというのですが、このくだりに感銘を受けた方は少なくないでしょう。フロイト自身ここで二カ所にわたってイタリック（＝傍点部分）を使っています。（この論文では他に二カ所イタリックの使用――すなわち nachträglich（事後的に）と durcharbeiten（やり通す）――がみられますが、それは離れ離れに使われています。）フロイトがこの部分をいかに強調したかったかがわかります。邦訳にはなんの問題もありません。動詞 agieren《アギーレン》は「行為にあらわす」と訳されています。ただしそれだけでは不充分で、「演じる」が原義ですので、この感じも重ね合せて覚えた方がよいでしょう。

フロイトは、さらに論をすすめて、何が言語（化）《おもいだすこと》のかわりに繰り返される行為（化）《えんじる》となるのかについては、抑圧せられたものという源泉から発して被分析者のあきらかに見てとれる人柄《オッフェンクンディゲス・ヴェーゼン》の中にすでに《ベライツ》滲透しているもののすべて――制止《ヘムング》（諸機能の低下・遅延）や、役に立たない《ウンブラウフバール》さまざまな態度《みがまえ》（邦訳は unbrauchbar を実現シ得ナイデイタ、すなわち unverwrklicht と読み違えています）や病的な性格特徴を被分析者は繰り返すと述べています。さきの反抗と不信とを繰り返す一男子患者は、上記の役に立たない態度を示す者の範囲に入るのではないでしょうか。もっともそれが高度で習慣化しているなら病的な性格特徴に近づくのだと思います。

ところで自由連想開始のころにしばしばみられるこの Agieren が実はすでに人格の中にゆきわたっていたというフロイトの指摘に留目すべきでしょう。offenkundiges Wesen《あきらかに見てとれる人柄》という表現はむつかしくうつるかもしれませんが、Strachey の英訳では manifest personality であり、Riviere によれば general character――これは意訳に過ぎるようですが――です。つまりはフロイトの診察室を訪れる以前に行動化《アクティング・アウト》に傾く manifest personality が存在したということです。

こんにちわれわれは治療者の許を訪れる以前から、自己破壊的な諸行動――これは治療する側の見方で、当事者にとってはおおむね耐えがたい諸感情から一瞬ではあれ一挙に脱出しようとする試みですが――にふける（広義の）行動化に走る若者の大群に応接するようになりました。とはいえ、フロイトのアギーレンに関する論説をここで読みますと、彼の時代の患者と今日の行動化を頻発させる患者との間の差は、当然のことながら相対的であり、前者も後者の特性を種子または芽生えの形で備えていたことがわかります。後者においても、言語表現能力の向上とごく小さな洞察の積重ねとが有効であることも、前者と後者との間の不連続にみえる連続性を証明するものといえます。

催眠をかけて想起させるのは、いわば研究室における実験のおもむきがあるのに反して、より新しい方法である自由連想法では「繰り返す」ことを被分析者に許容する。それは現実生活の一片を招きよせることだから「治療中の悪化」Verschlimmerung während der Kur がしばしば不可避的に起ってくるとの趣意をフロイトは述べています。この治療中の悪化にことさらに注目したのもフロイトがはじめてでしょう。フロイトは邦訳にあるような「治療性の悪化」を直接説いたわけではありませんが、新しい方法である分析的治療のもとで、これが頻繁に起るといっているのですから、詮ずるところ邦訳のように治療性の悪化であるわけです。「悪化」とは何かということは、ふかく省察するに価します。しばしば一見の悪化が好転の徴《しるし》であり、一見の好転が悪化の徴であることは、経験のある方々はご存知です。これは精神科の一般外来の短い面接でも起りうることで、クスリの効果の有無、副作用のあれこれの形に一部は移動・変形されて治療者に認知されることもあると思います。

さて私は長年にわたって境界例水準の摂食障害の治療に専念してきました。この障害は、いまでは、行動化を主とする心的障害の横綱格になってしまいました。不食・過食を核とする過活動、万引、手首自傷、性的脱線といった行動化が収まってきますと、おおむね長期にわたる抑うつ・落ち込みが到来します。目的論的にみれば、行動化は抑うつに陥ることを防止していたともいえます。

この病態の推移――この抑うつは患者からも家族からも時に悪化とみなされます――を理解するには、フロイト理論だけでは不充分で、メラニー・クライン Klein, M. とその学派の人々の理論を弁えておくとよいのです。クラインの著作集があるから、それを読めといえば事が済みそうですが、クライン派の理論を知るには優れた案内書《アインフュールング》が出ています。それは松木邦裕先生が著した『対象関係論を学ぶ――クライン派精神分析入門――』です[8]。クラインの描き出した心の世界は、一見、奇妙、不思議にうつり毛嫌いされる時代もあったのですが、この著者は印象的な多くの図と表を駆使し、わかりやすく透明感のある文章でクライン派の理論を巧みに解説しています。統合失調症の治療にこの理論が役立つということには私は疑念をいだいていますが、境界例を理解し治療するためにはこれは第一等の理論《みかた》だと思います。この入門書を読んでから、クラインの著作それ自体に親しむのも良い方法ではないでしょうか。クライン派について解説することは本稿の趣旨からは外れますので、クライン派の問題はすべて松木先生の著書におまかせということにいたします。

私の摂食障害の治療は、家族面接が主で個人面接はむしろ従となります。彼女ら――男性例もふえてきましたが――の行動化は治療の外で、しかも家庭において起ることがほとんどです。したがって家族が参加すれば、行動化が生起する状況をその発生機（status nascendi）においてしかも包括的にとらえることが可能となります。当人から行動化前後の心理が聞けるだけではなく、それを家族がどのように受取り対処したか、あるいは対処しなかったかを識ることができる。こうしたせっぱつまった状況における患者・家族の相互の言動を再現してもらうことも可能です。いずれにしても行動化は周囲には迷惑なことであったにしても、当人にとっては自分自身に対する応急手当であり、回復への契機をも含んだものです。したがって、行動化のマイナス面とプラス面とを当人と家族とに充分に語ってもらったうえで、対策を立てることにしています。さて行動化の中でこんにちは promiscuous（見境のない）な性関係は実に多いものです。さきに挙げた森先生のクライエントもその片鱗をみせていたようですが、これを治療状況と関連づけて制止しても多くの例はなかなか収まりません。これは繰り返されるわけです。性的対人関係の表面分析――このためには個人面接も欠かせません――を続ける一方、ヤクザ・性感染症・妊娠に注意といった精神分析とはおよそ無縁の助言に、しばらくは終始せざるを得ない時期があります。promiscuity は現代の若者社会の一特徴になってしまっている事情にも目配りをすべきでしょう。いずれにしてもこの手の患者には他者と性的関係を結べる能力があるというポジティヴな側面を見逃してはならないでしょう。行動化ということは治療実践上重要な問題のせいか、フロイトからだいぶ離れてしまいましたが、ついでにさらに脱線させてもらいます。

成田善弘先生の著書『青年期境界例』[11]の中に〈精神療法「覚え書き」〉という章があります。そこでは境界例に対する治療の要諦《こつ》が具体的かつ親切に書かれています。そこでは行動化に対する技法として「患者の行動化を治療者の責任に帰す」ことも挙げておられます。これは「たとえば、面接場面外で行動化した患者が興奮して治療者に電話をかけてきた場合など、治療者は患者の混乱の理由を、当面（緊急処置として）、治療ないし治療者の責任に帰する」。実際には「まだ時期が早いのに心の深いところまで踏み込みすぎたかもしれない」とか「本当は、治療者の言動に腹を立てていたのにその場は我慢していたので、いま爆発してしまったのでは」、あるいは「精神療法には副作用もある」などと告げるわけですね。そしてこれらの問題について次回話し合おうと提案する。「患者は自分の混乱にそれなりの理由があると思えると、多少とも安心する。つまり、患者がさまざまな人物との間で起す行動化、激しい感情の暴発などを、治療（者）への反応が置き変えられていると理解して、あるいは少なくとも一部治療者への反応が含まれていると理解して、その治療（者）への反応を面接場面で表現させようと促す。患者の行動化、混乱を治療構造内に引き込んでこようとするのである」「この技法は緊急状態においてある程度患者を沈静させ、一応の効果をおさめる。ただしそのあと患者が治療者の言動を責めてくる。『先生があんなことをいったから自分が混乱したのだ』などといってくる。しばしば治療者の言葉がこちらの意図したようには伝わっていないことが判明する。たしかにそういったかもしれないがそんなつもりではなかった、といいたくなるような相互不理解が露呈するから、今度はそれを処理しなければならなくなる。しかしそうなれば、治療場面の外での行動化を治療構造のなかに保持《コンテイン》することに成功したことになる」（傍点は筆者）。

まず以上のように成田先生は説かれている。さきにご紹介した森先生は面接時間の中での面接内容とクライエントの面接外行動とを結びつけようと試みている。これは精神分析療法の定石ですね。成田先生のアプローチ——神田橋條治先生の技法の一側面と言われているようですが——はこれに似ていても少し違う。面接外の行動化をすべて治療（者）

と関係づけることによって、これらを治療局面・治療構造の中に吸収してコンテインするテクニック《ほうべん》だと言われているわけです。このようなアプローチに対し、患者はあとで治療者を責めてくる。先生に言われて混乱したというように。これは当然の発言というべきでしょうね。患者は、自分の行動化は親兄弟、配偶者、恋人、職場の人などの言動や、おおむねこれらの対人関係に触発された空虚・一人ぼっち・焦燥・自己嫌悪・自暴自棄の感情から生じたとたいてい思いこんでいるのに、「治療者のせい」といわれたのですから。これは患者にとっては寝耳に水で、一時はキツネにつままれたようではあっても、やがて混乱を感じるのは避けられないということになります。だがこれは、患者のこの混乱を逆手にとって無理を承知で行動化を取扱い続けようとする工夫です。それでもフロイトの基本的な考えに沿ったものだと思います。もっともフロイトは、毎日分析をしていたのですから、分析室内外の「繰り返すこと・演じること」を取扱うのは、こんにちのわれわれよりもあるいはたやすかったのではないかと考えられます。日本精神分析学会では、治療者のとるべき態度として、ちかごろ好んで holding《かかえること》と containing《つつむこと》という言葉が使われます。前者は、ウィニコット Winnicott, D.W. 由来、後者はビオン Bion, W.R. 由来です。この二人の分析学者の理論には私は全く不案内です。そこでいつもの手で『精神分析事典』を繙読《はんどく》していただければ幸です。holding については北山修先生の、containing については松木邦裕先生のともに見事な解説が載っております。とはいえ holding にせよ containing にせよ、行うには難《かた》いことのように思われます。心の力業の連続を必要とするのではないかと勘ぐるからです。この二つの用語をあえてフロイトの本文にさかのぼらせれば、患者の「やり通すこと」を見守るのに相当するでしょうね。

私の家族面接を holding とか containing という用語に引き合わせてみるとあまりぴったりしません。患者を親（または親代理者）や配偶者が、かかえ、つつむ――患者もいささかなりとも親をかかえることができるようになることが望ましいのですが――ことができるようになることが私の治療の眼目です。そもそも holding とか containing とか呼ばれる人間の働きは、本来親の機能に属し、親に求められるべきものでしょう。家族面接における私のはたらきはどのようなものでしょうか。患者・家族のひとりひとりに正対することを旨としておりますけれども、私の治療的営為は、親・配偶者を治療協力者・共同治療者にしたてようとする工夫の連続であり、私の治療的アプローチは、側面的支援、後方的支援に止まる。もっとも患者が重症であり、親もなすすべを知らないときは、もう少し踏みこんで、建築になぞらえれば、土台づくりに参加する心構えも必要になりますが。もっとも私はかつて、神経性無食欲症の治療においては、「治療者の発揮するなごみ、くつろぎ、かそけき包みこみ、芯の強さといった雰囲気的なものが長期にわたる治療のなかで、治療技術と並んで大きな力をもつと考えられる」と書いたことがあります。[14] もちろんこれはビオンのビの字も知らないで書いた文章です。傍点部は私の実感で、十全なるcontainingではないのです。右の文は個人面接の文脈の中で書いたものではありませんが、個人心理療法に終始せざるを得ない症例に対しては、ほとんど病態のいかんを問わずこのような心構えが依然大切であると信じております。

＊

さて精神分析療法においては、治療者が人為的に関係念慮をもち続けるという側面が大いにありますね。面接室外の諸言動を面接と関連づける、あるいは成田先生のように技法として面接の中に吸い上げることも、さらにはあらゆる転移解釈もそうです。成田先生は上掲書で境界例における「二者関係の肥大」を説いておられる。それは正鵠を射た指摘です。しかしことは「境界例」あるいは「関係性」の肥大にとどまらないで、人為的関係念慮を抱くことが習慣化すると、治療そのものの過大視、治療者自身の過大視に陥る危険が大きいと私は信じております。見られている、見はられている、ウワサされるなど——要するに他人のあらゆる言動が自分と関係があるとみなすのが病者の関係念慮・関係妄想です。彼らは何処《どこ》にいても、何処にいってもそうだと申します。これはつまりは「自分は世界の中心にいる」という心的構造です。統合失調症を長年見続けてきたひとは、「あなたはＶＩＰでもないのに不思議だなあ」と患者に向かって呟いた経験をお持ちの方が多いと思います。コンラート Conrrad K. は、この自分は世界の中心《ヴェルト・ミッテルプンクト》にいるという感じを、統合失調症の体験野におけるきわめて意味深い体験だと主張しました。[1] 彼はこの体験をAnastrophé《アナストローフェ》（逆転回）と名付けました。

彼によると、多くの患者は「万事、自分のまわりを廻っているような感じがします」（Ich habe das Gefühl, als drehe sich alles um mich.）とはっきり述べるし、この感じをこちらから質問すれば、患者はこの体験形式の存在を認めてくれるというのです。この倒置体験《アナストローフェ》をコンラートがとり出してくれたことによって、被害・関係妄想と誇大妄想との重ね合せ・移行を現象論的に無理なく理解することができるようになりました。統合失調症の世界は、偶然性が認められなくなる必然性の世界です。

治療者が患者と過ごす時間は、本当に短いものです。それ以外の時の彼らは肉親を筆頭として数えきれぬほどの他者、生物《いきもの》たち、ありとあらゆる物、さらにはさまざまな土地と風景と交流し合い、病気やら事故やら他人の死に出会い、経済的な浮沈を経験しています。目まぐるしく変わる社会・文化・風俗にも刻々どっぷりひたされています。どうにもならぬ運・不運というものもある。これら無数の治療外因子が患者の心的障害の成行きを相当大幅に規定しています。しかもこの治療外因子の患者に与える影響は時に逆説的であって、病気やら事故やらの不幸が治療促進的に働くことは、フロイトもつとに気づいていました。(4・5) こう考えてみますと、個人面接で理解されるのは、患者の生活とくに心的生活の一斑に過ぎません。転移・逆転移を主軸として治療関係をみるという相にとどまり続けるならば、治療者の見方を主起点とする治療者・患者双方のこの自己関係づけの循環は、とめどがなくなるオソレが生じます。そうなると患者の万物との交流の諸相(編者注)――すなわち現実生活がとてもみえにくくなります。「一方を証するときは一方はくらし」（道元）ということになる。偶然性を排除した必然性の世界（＝転移）が限界をこえてひろがる危険性があります。これは複眼視ならぬ単眼視のたどる行方です。フロイトは症例ドーラの経験以降、治療論において、転移に特等席を用意しました。(2) それ以降こんにちにいたるまで、精神分析療法の枠内では、つねに第一等の席が、転移に対して設けられている次第です。こうした特別席に治療者が座り続けていると、アナストローフェ的体験が起ってきます。患者の言動はほとんどすべて、治療者の言動と関係があるとみなすことは、治療者が広義・狭義の転移という通路を通して、おのれが患者たちの中点にいるかのような錯覚に陥りかねません。転移と逆転移の表象とその細部にわたる徹底的な追求の集積は大したものだと思いますけれども、治療者がフロイトお墨付きの第一等のこの特権的な席につねに居続けると、この特権的な視座のみならず、いつの間にかおのれ自身が特権者になり変ってしまうというからくり・おとし穴が存在すると私は思います。もうさきに述べたことの繰り返しになりますが、転移・逆転移を中心概念とする治療者は、時に、いやしばしば、この概念を括弧に入れて、つまりはとらわれのない素人の自然な態度に戻って患者の家族そして自己の心の動きを逐一追ってみることが必要だと思います。転移・逆転移の表象を、早とちりやひとり合点に終らせることなく治療的に活かすためには、そういった「メガネのかけはずし」を欠かせないと思うのです。

本論文解説の残りは次回にゆずります。最後に、『精神分析入門』の改訳（新潮文庫）中に私の心に残ったフロイトの主張を以下に点出いたします。(3)

「……精神分析の観察の材料は、他の学問ではとるにたりないものとして捨てて顧みられないようなこと、いわば現象界の屑《くず》のようなものから成り立っているのです。」

「問題の解決が分析を受ける者自身の手に委ねられるという点に精神分析の特殊な技法がある……。」

「精神分析は謎の解決をできるだけ被験者自身に行わせるという技法に忠実なのだ。」

これらのフロイトの発言をあえて我田引水いたしますと、患者・家族の一言一句のもとにしばしば私が留まるのは、私も現象界の塵《ちり》を大切にしているといえる。そして新造語「表面分析」の中で示したように私の見方・解釈をも含んだ問いを患者・家族に積極的に投げかけるのは、彼らの解釈能力・解決能力を当てにしているからなのです。上記二番目、三番目の文章は「錯誤行為」と「夢解釈」の章に出ています。「技法論」には、このような言明は見当りませんが患者・家族みずからが問題解決に向かう――これをもっとフロイト流にいうなら、彼らの自己分析を通して解決に向かうということになりますが――ことを治療者がさまざまに援助するということは、フロイトの精神から外れたことではないといってよいでしょう。

文献

（1）Conrad, K.：Die beginnende Schizophrenie. Georg Thieme, Stuttgart, 1958.（山口直彦・安克昌・中井久夫訳『分裂病のはじまり』岩崎学術出版社、一九九五）
（2）Freud, S.：Bruchstück einer Hysterie-Analyse. G.W., Bd. 5, 161-286, 1905.
（3）Freud, S.：Vorlesungen zur Einführung in die Psychoanalyse. G.W., Bd. 11, 20,42,98, 1916-17.（高橋義孝・下坂幸三訳『精神分析入門（上）』新潮文庫、二八、六〇、一三四頁、一九九九）
（4）Freud, S.：Jenseits des Lustprinzips. G.W., Bd. 13, 33-34, 1920.
（5）Freud, S.：Abriss der Psychoanalyse. G.W., Bd. 17, 106, 1940.
（6）藤山直樹「中立性についての断片『技法論文（Freud, S.）』に学ぶ」精神分析研究、四六巻二号一五四 - 一五九頁、二〇〇二
（7）丸田俊彦『間主観的感性』岩崎学術出版社、二〇〇二
（8）松木邦裕『対象関係論を学ぶ——クライン派精神分析入門——』岩崎学術出版社、一九九六
（9）森さち子「治療者の意図しない自己開示としての謝罪とその治療機序罪悪感をめぐる間主観的な交流」精神分析研究、四六巻二号一七三 - 一八二、二〇〇二
（10）森田正馬「神経質ノ本態及ビ療法」呉教授在職二十五年記念文集　第二巻、一九二二
（11）成田善弘『青年期境界例』金剛出版、一九八九
（12）小此木啓吾「解題およびメタサイコロジィ解説」一九七〇（『フロイト著作集6　自我論・不安本能論』人文書院、一九七〇所収）
（13）柴田宵曲『評伝　正岡子規』岩波文庫、一九四一、一九八六
（14）下坂幸三「神経性無食欲症に対する心理的援助の基本方針」精神科ムック　No.6、一九八四（下坂幸三『アノレクシア・ネルヴォーザ論考』金剛出版、一九八八所収）
（15）下坂幸三「精神病理学的接近と心理療法的接近の協働」臨床精神病理、第二三巻第二号一二一 - 一二七頁、二〇〇一（下坂幸三『心理療法のひろがり』金剛出版、二〇〇七所収）
（編者注）道元「現成公案《げんじょうこうあん》」（水野弥穂子校注）『正法眼蔵（一）』岩波文庫、五四頁、一九九〇

第六章　「想い起すこと、繰り返すこと、やり通すこと」について・続き

本章ではフロイトの論文「想い起すこと、繰り返すこと、やり直すこと」についてもう少し解説して、このエッセイを締めくくることにしましょう。

フロイトは「治療中に起る悪化」について述べたのち、「……分析治療に導入すると、患者は病気に対する意識的な態度をおのずから変える。……病気それ自体、彼にとってはもはや軽蔑に価するものではなくなり、むしろ一箇の価値ある敵対者――人格の基本特性《ヴェーゼン》の一部（これは正当な諸理由《モチーヴェ》に支えられており、当事者のその後の人生にとっても豊かな価値を取り出すのに役立つ）――となるべきである」と言っています。治療中に起る変化を介して病気の、症状の有意味性が患者にみえてくるということです。それが即、抵抗・抗立ともなるわけですが、この抗立が起らなければ分析療法ははじまらないということになります。

症状の意味を考えるということは、治療的接近の違いを超えて、これまでは心理療法各流派の主要なテーマでした。しかし、薬物療法が隆盛となったこんにちの精神医学界では、このことが軽視されていくのではないかといささか心配です。フロイトは、ここでは、症状は価値がある、人格の大切な一片のあらわれでもあると注意してくれているのです。

フロイトが治療した症例エリーザベト嬢については、第三章でもふれましたが、ふたたび、ここでこの例を取り上げます。

「フロイトが三六歳の時に治療したヒステリー患者、エリーザベト・フォン・R嬢の病歴。これはフロイトが催眠術を放棄し、ほぼ自由連想に近い形で治療した最初の例としても特記されるべきだが、この娘は、両下肢のヒステリー性の疼痛に悩んでいた。彼女の長い物語に聴き入り、また彼女のさまざまな挙動の意味を考慮した結果、この知的でつつしみぶかい娘が、亡くなった姉の夫にずっと以前からひそかな恋心をよせており、しかもそのようなエロティックな感情が全く抑圧されてしまい、当人はそれとは気がつかなくなってしまっていることを洞察したフロイトは、機を捉えて、『事情を味もそっけもない言葉で要約して、だからあなたは前から義兄《にい》さんに恋をしていたわけです』と彼女に告げる。その瞬間、彼女は大きい叫びをあげて、必死に抗弁する。右の解釈以外に正しい解釈があり得ないことを彼女に証明することはたやすいことであったが、フロイトはそうするかわりに、誰も自分の感情に対して責任を負うにおよばないこと、および、彼女の発病それ自体が、彼女の道徳的性質を示す十分な証拠であることの二点をあげて彼女を慰めた。

括弧内は、現在行われている邦訳の引用である。ここでは trockene Worte が味もそっけもない言葉と訳されている。誤訳ではない。しかしこれではちょっとマイナスの響きが強すぎる。trocken という言葉は、邦訳に示されたマイナスの意味ばかりでなく、事実に則して簡潔かつ的を射ているという意味をも持っている。フロイトは、むしろこういう気持をこめてエリーザベト嬢に解釈を与えたのだととるべきだろう。乙女心を無視した鈍感な発言をしたわけではない。しかしそれは、メスのような鋭さをも備えていたことはたしかである。つつしみ深い娘であった彼女が叫び声をあげたということは、このことを証している。精神療法が効果を挙げるためには、たいていの場合、どこかで、こういう感動場面が必要になるもので、フロイトの trockene Worte は、あえて、その招来を狙ったものであろう。この局面で、愚図愚図と婉曲話法を用いたとしたら、さしたる効果は得られなかったに違いない。エリーザベトに衝撃を与えたあとの二つのなぐさめ。真率でしかも間然するところがない。切開後の処置として十二分であろう。私は、この症例を何度読んでも厭きない。しかもこの山場に達するたびに感動をあらたにする。フロイトの真理への愛と人間愛とが一揃いになって印象深く提出されているからであろう。……」

以上は相当前に私の書いた拙論の一部です。[7]フロイトへの思い入れが強すぎてしかも高調子で気恥かしい文章です。フロイトに贔屓《ひいき》するあまり、trockenという形容詞のもつポジティヴな意味を強調しすぎているからです。trockenに的を射るという意味はありません。私の思いこみによる誤解です。それはさておき、フロイトは、エリーザベト嬢の高い道徳性を評価する一方で、それが発症の条件でもあると考えたわけですね。このエリーザベト嬢に限らず、「ヒステリー研究」に登場する患者たちは、ほとんどすべて好ましい人格の持主であったと述べられています。しかしながら、このような好ましい心理特性の一片が病気の基礎をなすこともあるとフロイトは考えていたのでしょう。実際、好もしい性格と病気を起しやすい性格とは、相重なるというべきか紙一重というべきか、そうした場合が少なくないと思います。境界例と呼ばれる患者たちは一途、一本気、何事もはじめたらとまらないといった気性――これを不安の強さに対する防衛とみなすことも可能だし、そこに情報処理能力の低さをみとることもできるでしょうが――の持主が多い。それは挫折・発症・再発を繰り返しやすい特徴といえますが、そこに愛すべき性格特性を見出すこともできます。まことに長所は短所、短所は長所なのです。

フロイトはこのへんの文脈で、おおむねつぎのように述べています。治療においては、患者に対して病気《クランク》であること《ザイン》への自覚を要請する。しかしそれは若年者（jugentliche und kindliche Personen）の場合に、症状に対する耽溺をもたらしてしまうことがある。また治療の進展につれて、これまではより深い処《ところ》にあった、新たな欲動興奮が繰り返される場合がある。さらに治療中の感情転移の外でなされる患者たちの行動は、一過性の生活の支障を引き起す場合があるが、それらは手に入れるべき健康を持続的に駄目にしてしまうことすらあるとも言っています。第四章でもふれましたように、自由連想を実施するとき、統合失調症を入念に除外しなければならぬとフロイトは説いたのですが、こうした鑑別診断とは別の次元で、自由連想には以上のような大きな副作用があることに注意してくれているのです。もっとも自由連想に限らず、こんにちにおいても若者の心的障害に対してもっぱら洞察を目指す個人心理療法を行う場合には、上記の耽溺と一時的ないし持続的な生活障害という副作用は起りうると思います。

フロイトとは異なり、そうした心的障害とは何なのかという診断の問題にここではこだわることにします。考えられるのは、この種の患者たちは、境界例的ではなかったのか、あるいは感情病ではなかったのかということです。ここではあえて附会のソシリをおそれず感情病の問題を取り上げたいと思います。もっとも感情病と境界例との差異・同一・重畳の問題は重要かつ新しいテーマです。ガンダーソン Gunderson, J.G. は、境界例に関する新著の中で、境界例と鑑別すべき感情病として、もっぱら双極Ⅱ型障害を挙げております。[4] それはつまり躁うつ病の一型なのですが、躁が軽度であるため、臨床家に見逃されやすいのです。しかもこれが思春期・青年期に起りますと、「気分の不安定性」と「行動化」を起してくるために境界例と見誤られやすいのです。ガンダーソンが境界例との鑑別に双極Ⅱ型を挙げたのは、アキスカル Akiskal, H.S. の研究に由来しています。さてアキスカルの研究はなどと言っていると脱線を重ねることになります。感情病（気分障害）に関する最近の日本語文献に当たれば、どなたも彼の見方を知ることができます。ですからあえて文献として引用もしませんが、境界例とみえる人々を、双極性障害ではないかと疑ってみる視点はすこぶる重要です。

これからさきは、露骨な話になり恐縮ですが、臨床心理士の方々も現実には多くの感情病者にこんにち出会っているはずです。しかしながらそれとは知らずに出会っていることもあるのではないかとかんぐっております。臨床心理学の領域で、感情病について論議されたことを私は寡聞にして知らないからです。

ところで飯田眞、笠原嘉、木村敏、広瀬徹也といった諸先生は感情病について優れた論文を書かれました。若手の精神科医も、臨床心理士も、英文論文ばかりではなく、上記の先生方の論文を繙《ひもと》かれることをおすすめします。

ちかごろ阿部隆明先生は日本では「未熟型うつ病」が増加したとして、その特徴を明瞭に述べています。[1] こうした新概念が提出されるのはよいことであって、アキスカルの立場もそうでしたが、これまで境界例とみなしていた患者を、「未熟型うつ病」の範疇でとらえてみると、新たな側面が見えてくる場合があるのです。しかしながらこれまでの見方も簡単に捨て去るのではなく、二重ないし三重の見方が同時に進行する時期があってよいと思います。

ところで阿部論文は、うつ病の増加に対する社会文化的背景について納得のゆく論を展開しています。これに異論はありませんが、私は「戦後民主主義《アメリカニズム》」のもつ負の部分が境界例だのニュータイプの感情病だのの発生の素地を形成しているのだと年来考えております。この民主主義の内包する暗い影は、病いの発生に深くかかわるばかりではなく、その経過ならびに患者・家族への治療者たちの援助の方法にいたるまで、好ましくない影響を与え続けていると思うのです。こういう諸問題について断定的な物言いをするのは不謹慎でもあり、学問的でもないことは承知しておりますが、ここまで筆が走ってしまったという次第です。

心理療法にたずさわる人はだれでも、おのれが生きている時代の主流の中に浸って流されるのではなく、盛行《せいこう》の思想からつねに距離を保たなければならぬことは周知のとおりです。フロイトはもとよりそのような人物でした。ところが日本の心理療法の世界では、戦後民主主義を相対化し、これを批判した方は見当らないようです。ご承知のように他の学問領域においては、相当古くからこんにちにいたるまで、民主主義に対する多くの立派な批判書が内外から出版されています。それらの書をも参照しながら、患者・家族・治療者をひとしなみに覆っている戦後民主主義のマイナス面を描きたいという微志はもっているのですが、果たしてかなうかどうかはわかりません。

さてこうした大風呂敷は止めまして、はっきりした症状のさし当たり見出せぬ、つまりは「抑うつなき」抑うつ患者に、自由連想もしくは薬物療法を用いない心理療法を続けたらどうなるかを想像してみます。治療が始まれば、患者にはこれまでの大小さまざまな対象喪失体験がはっきり想起されるようになりますし、目下の無力感・無能感もしばしば強まります。とにかく洞察促進的な心理療法は、多かれ少なかれ、抑うつを増大させるように働きます。抑うつをあらたに引出すように働くことも少なくないでしょう。

ご存知の方もあるでしょうが、私は摂食障害者に対して、家族面接を中心とした心理療法を一貫して行っております。はじめてお目にかかる両親は、疲れてはいますが、抑うつ状態といえるほどの人はほとんどいない。ところが家族面接の回を重ねるごとに、抑うつ的になり、その態度は重症ではないものの「うつ病」というほかはない状態に陥る両親は少なくありません。患者たちは、おおむね治療歴がありますが、治療的な家族面接を受けた親は皆無といってよいのです。治療者に非難されたり、親のとるべき態度を指導されたり、治療者に会おうとしても、本人の許可がなくては駄目だと敬遠されたり……。しかも一回か二回のわずかな面接で、治療者からこのような仕打ちを受けてきた親が多いのです。しかし親はこのような仕打ちには反撥はしてもあまりへこたれませんね。治療者ハナニモシラナイクセニという親の矜持が頭をもたげてくるからかもしれません。

私の家族面接は、子どもも親も苦しんでいるという事実に則して、家族全体への心理的援助を心がけるわけです。私のもとを訪れる患者は、たとえば「親ニハ迷惑カケナイ。親ハヨケイナ口出シヲスルナ」といいながら傍《はた》迷惑な行動化を繰り返しているような人たちです。そうした子どもを親たちはずっと抱え、かつ支えていかなければならないのですから、彼らには手厚いサポートが必要です。家族面接の場では、親の言い分と子どもの言い分を充分に聞き、それぞれに理があるといった心構えを維持することが基本になりますが、親は子どもよりも長い人生を送ってきている、その分、子どもよりは分別があるはずだという当然至極の認識がわれわれの治療的面接の基本となっています――もとより例外というものはありますが。こうした面接を私と私の仕事仲間たち――臨床心理士が多いのですが――は日常的に行っている。親はこうした機会にはじめて出会うのですから、たいへん安堵するようです。それにもかかわらず、いやむしろそれ故にというべきでしょうか、上述のようにうつ病に陥る両親が時にいるのです。

「親が治療に参加するようになれば、患者の障害の重大さも実感されるようになるし、患者の在り様と両親の在り様との関連についての洞察も生まれてくる。治療によって繰り返された患者の衝動的振舞いによって、母親はあたかも始終あしがらみをかけられたようになり、困憊してしまう。さらにそれまでは陰伏的であった夫婦間の葛藤も顕在化してくる。これらはいずれも抑うつへの契機となり得る」。

この文は、「患者の治療中に現れる親の抑うつについて」と題した臨床心理士である岡本万里子と私との共著のエッセイの一部です[5]。家族面接という形式をとった心理療法的アプローチが、うつ状態、さらにうつ病出現の契機になりうることを出発点として、親の抑うつとそれに密接に関連する親の行動化が治療的意味をもつことをも論じたものです。

このことも心理療法を介して、ひとはうつになる、時にはうつ病にもなりうるということの脇がためのひとつとして引用しました。この問題は、遺伝的傾向の問題も絡むでしょうし、このように単純にまとめてはいけない、もっとつっこんで考察する必要がありますが、そこまでゆくとますます脇道に入ることになります。上掲の論文では、やや立入った見方が述べられております。

感情病の場合、それが躁病相であれ、うつ病相であれ、はたまた混合状態――これを故宮本忠雄先生は、アキスカルらとは独立に感情病の基本形態とする見方を提唱されました[6]。それは気分の日内変動がすでに微細なリズムではあっても両極性の循環現象ととらえるところから出発しており、私はこれに賛成です――であれ、飲酒、浪費、性的脱線、犯罪といった行動を起すことは古くから知られています。うつが一見したところ前景にある場合は、これらの困った行動は、一種の自己治療の試みとみなすことができるかもしれませんし、躁が後景から出現したのだともいえます。

このように感情病に関する古くからの経験を辿ってきても、躁病相をとらえにくいようなタイプの双極性障害の問題にぶつかることになります。宮本忠雄も来日講演をしたアキスカルもクレペリンの躁うつ病概念を再評価したといえそうですが、われわれに軽い躁病相が見えにくくなったのは、社会病理の反映もあるのでしょうが、躁うつ病という立派な概念が使われなくなったこととも少しは関係するのでしょう。

以上をまとめてみますと、フロイトがざっと粗描した「行動化」と持続性の生活障害とは、おそらくフロイトの時代とは異なり——その時代は躁うつ病は、現在よりも激しく明瞭な形姿をとっていたと想像されます——今日的な感情病においてよりしばしばみられるのではないかというのが私の推量です。

*

「患者の行う反復強迫（強迫的な繰り返し）を制御し、想い起しに対するひとつの動因に造り変える主要な手段は、転移の操作《ハントハーブング》の中に在る。われわれは、反復強迫の当然さを容認し、一定の領域内で自由にさせることによって、これを無害のものとし、それどころか役に立つものとする。われわれは反復強迫に対して、遊び場《トウンメル・プラッツ》としての転移も解放する。この場では反復強迫は、ほとんど完全に自由に展開することが許され、被分析者の心的生活の中で隠されていた病因的な衝動にまつわるすべてのことをわれわれの前で演じることが義務とされる。……」

第五章では、分析場面で、被分析者が想い出すかわりに、それを演じる《アギーレン》・行為化することの重要性をフロイトが強調したことに触れました。このアギーレンは強迫的に同じパターンで繰り返されるわけです。この反復強迫・強迫的反復を治療を進展させるうえで欠かすことができないとフロイトはいっているのです。反復強迫の充分な展開のために、転移という狭いけれども、その中で駆けたり跳んだり自由にできる「子どものための遊び場」Tummelplatz（＝Kinderspielplatz.この意味は Wahrig の独独辞典によっています）が解放され、治療の場ではそれがおおっぴらに通用するということです。

前回、精神分析の世界では、フロイトが転移に特等席を設け、それはこんにちの精神分析にそのまま受け継がれている。そのことには、弊害もありうるだろうといった考えを述べました。

今回は上の文のようにフロイトが転移を Tummelplatz に、playground——これは Strachey の訳でもあります——に喩えたところに目がとまりました。前回は転移偏重を批判しましたが、私とて転移を無視するわけではありません。個人面接において患者の転移感情を巡って私の考えを伝えるときには、「変なことを思いつきましたが」「私の錯覚かもしれないが」「私の空想かもしれませんが」などと前置きして、実際の解釈の中味は、おおむねいささか覚束なげに、音声もやや低めにして伝えるようにしています。転移の解釈は、多かれ少なかれ意外という感覚を与える――患者にとっては、先生ハ誰ソレト似タ感ジとすすんで転移解釈をしてくれる人もいますが――ものだし、「一挙に」洞察を与えかねない重みをもつものだと思います。われわれは、フロイトのように毎日患者に会えるわけではありませんから、転移解釈に限らず、大仕掛けな解釈は、ゆるゆる小出しにするべきでしょう。ことに最近の治療対象者は、未熟で他罰的な方々が少なくありませんから、小さな洞察の連続を目指すのが無難です。

前置きをする私の解釈の仕方については、すでに解説したこともありますが、そこでは、それは「患者の予想される意識的な反応を同時に読み取りながら解釈を加える技法」であると定義したり、「いずれにしても狭義の解釈は、その資料は患者から得たものではありますが、あくまで治療者である私という主体が、感じ、思いつき、考えたものであることをまずは患者に伝え、解釈の内容が患者という別個の主体の心の中に如実に起っているかのような押しつけを避け、患者の自尊心をいかなる意味においても傷つけまいとする配慮が必要であると考えます」と述べています[8]。

それではフロイトの trockene Worte による解釈を持ち上げたのと正反対だと批判される向きもありましょう。器量が違うのですというほかはありませんが、冒頭の文は精神科診療所をはじめてから、数年後に書いたものです。フロイトの写真集をしょっちゅう眺めたり、『精神分析年鑑』Almanach der Psychoanalyse の覆刻本を手に入れたりして喜んでいました。フロイトをお守りとしてひとりで仕事をしていた時代です。つまりは信仰的に書き上げたものです。trockene Worte を批判したい気持がありながら、それを抑えつけてフロイトの振舞いを誉めたのでしょうね。無理をしたのです。

臆病であり、見方を変えれば狡《ずる》いとも言える私流の解釈の仕方の当否はさておき、フロイトのトゥンメル・プラッツ《遊び場》（邦訳は広場）としての転移という表現に出会って――これは文字通り「フロイト再読」のおかげです――私は、分析的な解釈に伴いがちな「重さ」というものをずっと嫌っていたということに思い当たりました。

子どもは、遊び場で、本気でありながら遊んでおり、遊んでいながら本気である。それを大人たちはほほえましく、時には、はらはらしながら見守っている。それが特別にしつらえられた遊園地では、子どもも大人も一緒になって遊ぶという次第となります。子どもの遊び場にせよ、遊園地にせよ、そこに重たさはないようです。物哀しさはあるようですが。

フロイトの解釈の与え方も、彼の年齢の変遷に応じて変化はあったでしょう。その伝え方のニュアンスについては、私はフロイトその人の研究家ではありませんから、わかりません。しかし転移を子どもの遊び場とみなすなら、転移の解釈には、よい意味で大人が子どもにねんごろにさとす時のような一種の軽さとか明るさが必要となるでしょうね。それは解釈の慎重さと矛盾することではなく両立しうることだと思います。

それにしても治療中に生起してくる行動化にフロイトがとことんプラスの意味を与えたことの意義はすこぶる大きい。今日、行動化を多発する心的障害がありふれたものとなりましたが、行動化の意味を、しかもそのポジティヴな意味を一貫して探求してきたのはフロイトとこれに続く精神分析派の人々でした。このような探求の連鎖のおかげで、精神分析派以外の治療者も、そのことに自覚的であるかどうかは別として、行動化に取組めるようになったと考えます。もっとも、こんにちの患者は、治療をはじめる以前から行動化を起しており、心理療法をはじめると一時的にはそれがさらに激しくなることが少なくありません。フロイトの時代にも治療という遊び場に収まりきらなかった人はいたようですが、いまは、そういう場には収まらない人の大群がいます。彼らには、工夫した薬物療法を行いながら——この点はフロイトの時代とは異なります——、行動化の意味を考え、その制止を計るという後の二点はフロイトの時代と異なりません。

行動化の意味だけは詮索するが、その抑止については、ほとんど策を練ることをしない治療者は少なくないようです。

嘔吐を常習とする摂食障害者をこれまで多数治療してきましたが、彼らの吐物やらこれに伴う便所の汚れやらは、母親が始末し、本人は知らぬ顔というケースが多く見られました。しかも彼らのそれまでの治療者たちは嘔吐の事実は知っていても、吐物はどのように始末するのか、便所の汚れはどうなのかといった当然予想してよいはずの質問をし、これに対する対策を考えるということをしていないようでした。

ごくさいきん不機嫌になると家中に水を撒きちらしたり、いろいろな物をこわす女子患者を診ました。この後始末もすべて母がする。すでに数年にわたって心理療法と薬物療法を受け、両親ともに治療者にも会っているのですが、当人も母も後始末のことが話題になったことはないと言い、父は「これ以上娘の心に傷をつけたくない。こうなるのはかならず原因があるので、家内は……祖母（父方祖母）は……それか全然変わらないのです」と述べます。

本人と母親の顔を等分にみながら、たといどういう事情があろうが、後片付けは当人がするもので、母親は手を出してはいけないと伝えますと、本人はすぐうなずきましたが、母は一瞬ポカンとしました。したがって同じことを二度いわねばならない始末となりました。この父親の原因追及好きにもほんの少し歯止めをかけました。

要するに問題行動の意味を考えることと、その抑止のための具体案を考えることとはなんら矛盾しないのです。もっとも具体案といっても患者と治療者だけで打てる手はかぎられている、大多数において家族の知恵をかりる必要があり、この具体案実施の主な荷い手となるのも家族です。もちろん打つ手を探しあぐねるときもありますが、患者・家族・治療者の三方であれこれ鳩首《きゅうしゅ》する過程そのものが、さし当たりの具体策たりうるのです。

フロイトは一見意味詮索の元祖のようにみえますが、本論文においても、ご承知のように分析治療中は職業を変えるなとか、決定的な愛情対象を選び出してはいけないと患者に釘をうっています。彼は意味の探求と行動の抑制という心理療法の基本をなす二つの方向に、ちゃんと目配りをしていたわけです。こんにち、心理療法の統合が叫ばれる——それは困難なことだし、難点もあると思います——一方では、意味探求派と具体的対策派との二極分化が依然としてみられるようです。これは好ましいことではありません。

長年臨床に携っておりまして、具体的対策に充分な工夫を加えないと治療が進まない人たちがふえ続ける一方ですが、意味の探求の重要さがいささかでも減ったわけではありません。もっとも意味探求に終始していれば、患者の抑うつを助長し、さらに行動化を促進するだけに終る危険性が高いといえましょう。こうみてきますと、フロイトの見出した反復強迫・強迫的反復の現象は、きわめて意味深いといわなければなりません。

さて、このたびのフロイトの引用文で読者にもうひとつ注目していただきたいのは、患者の反復強迫を想起に変えるのは、転移の Handhabung（操作）に在るという箇所です。第一章で、邦訳について、Arbeit さらには Behandlung がことごとく「操作」と訳されていると批判しました。そこで操作に対応するドイツ語として Operation とか Manipulation といった単語しか浮ばなかったのは、私の語学力の乏しさ故です。ところが上掲の箇所に限って言うなら邦訳の通り操作が適訳なのです。しかも転移を把握《ハント・ハーベン》し、これを操作するのが反復強迫理解の主要手段なのです。古澤・小此木両先生の翻訳におびただしく操作という言語が使用されてしまった理由はなんなのか、ここにいたって私には、その疑問が氷解したように思われます。

＊

最後に「やり通すこと・一貫して取組むこと」について一言いたします。

「われわれは、患者に時間《とき》をゆだねなければならない。その時間のなかで患者は抵抗の存在にもかかわらず、精神分析の基本原則のもとで、分析という仕事を続けていくことによって、それまでは未知のままに気づかれなかった抵抗に沈潜《ジッヒ・フェルティーフェン》し、抵抗に一貫して取組み《ドゥルヒアルバイテン》、ついには抵抗を克服する。」

これはかなり意訳しましたので、原文を下に併記します。

Man mußdem Kranken die Zeit lassen, sich in den ihm unbekannten Widerstand zu vertiefen, ihn durchzuarbeiten, ihn zu überwinden, indem er ihm zum Trotze die Arbeit nach der analytischen Grundregel fortsetzt.

以上がフロイト自身が説いた「一貫して取組むこと」の中味です。精神分析には初心者である医師が患者に抵抗を指摘したが、なにひとつ変化しなかったと、時に嘆くことに対して、抵抗を取り上げたからといって、ただちに抵抗が止むものではないと戒めたあとに続けた文章なのです。

ここで述べられている抵抗の解釈は、邦訳を読んでいただければわかりますが、反復強迫となってあらわれる行動化に対する解釈、すなわち転移の解釈です。転移の取扱いが実を結んで、患者の行動化が言語化に道を譲るには、患者の自由にまかせる「時」が必要だというのです。

治療者による抵抗の指摘・解釈に媒介されて、患者が行う抵抗への沈潜（これは邦訳にしたがったのですが、集中・没頭といった訳語でもよいでしょう。日常語とするなら集中がよいかもしれません）と抵抗への一貫した取組みによって抵抗を克服することが可能になる。こういう時期は、初心者には治療がはかどらないようにみえても、患者の心の中ではじつは、Durcharbeiten《やり通すこと》という自己分析が営まれているということですね。抵抗の克服というのはDurcharbeitenの結果であり、抵抗への集中《ちんせん》は、Durcherbeitenの前提であり開始でもあります。前回に触れましたように、フロイトはこの語をとりわけ強調したのですから、このように読みとっても間違いではないでしょう。

さて、邦訳は治療者が患者の抵抗に沈潜し、その抵抗を徹底操作するというように意味がさかさまになっています。フロイト以後の精神分析学は、邦訳がまさに意味をとり違えた方向で進んできたのかもしれませんが、そのために治療が時に侵入的になったり、あるいは、被分析者の自己分析能力を時に低める働きをしたのでなかったとしたら幸いです。

文　献

（1）阿部隆明「日本におけるうつ病の増加とその社会文化的背景」精神経誌、一〇五巻一号三六‐四二頁、二〇〇三
（2）Akiskal, H.S.：Soft Bipolarity-A footnote to Kraepelin 100 years later. 2000.（広瀬徹也訳「臨床精神病理」二一巻一号三‐一一頁、）
（3）Burton, S.W. & Akiskal, H.S.(ed.)：Dysthymic Disorder. 1990.（佐藤哲哉・坂戸薫・佐藤聡訳『気分変調症』金剛出版、

一九九二）

（4）Gunderson, J.G.：Borderline Personality Disorder: A Clinical Guide. American Psychia-tric Press. Washington, 2001.（黒田章史訳『境界性パーソナリティー障害　クリニカル・ガイド』金剛出版、五二-五五頁、二〇〇六）

（5）岡本万里子・下坂幸三「患者の治療中に現れる親の抑うつについて」（下坂幸三・飯田眞編）『うつ病　家族療法ケース研究5』金剛出版、一九九三

（6）宮本忠雄「躁うつ病における混合状態の意義――臨床精神病理学的検討――」臨床精神医学、二一巻一四三三-一四三九頁、一九九二（宮本忠雄監修『現代精神医学の二〇年』星和書店、一九九五所収）

（7）下坂幸三「フロイトの公の顔」大学時報、二九巻一五五頁、一九八〇（下坂幸三編『精神療法の条件』金剛出版、一九八八所収）

（8）下坂幸三「精神療法のかんどころ――開業医の経験から――」上掲書

第二部　常識的家族面接を説き明かす

第一章　説き明かし・常識的家族面接

私の家族面接のやり方というのは自前のものでして、あまり横文字の家族療法とは関係がないんです。自前の家族面接あるいは家族援助のよさっていうのは、私は個人療法はやっていましたけれども素人から入りましたから、家族療法のことをよく知らない人でも入りやすいということがあると思うんですね。色々なテクニックを覚えちゃってから家族面接をするのと、素手で入るというのには差があると思うんです。素手で入っていって、だんだん実際の経験の中から出てきたものを、図々しくも常識的家族面接と称してやっているわけです。

私のやり方にもし利点があるとすれば、以下のようなことがあるんじゃないかと思います。まず比較的無理はしないんですよね。ご家族や患者さんをあまりびっくりさせないようなやり方を好むということです。また個人面接を家族面接と並行して行なう場合も多いですから、個人面接との接点も少なくないということで、実際に治療を行なっていくうえで難しくないんではないかと私は考えているんです。

常識とはなにか

さて常識的家族面接を説き明かすとか言ったんですが、要するに私が無手勝流で患者さんや家族にたくさん会ったわけです。特に拒食・過食という摂食障害の患者さんを含めたご家族に長い間会ってきまして、そこから家族援助の技法を考えたと、こういうわけなんですね。

なぜ常識的という名前をつけたかというと、システム論的というんじゃないから、まあ自分の常識で始めたよという感じだったと思いますが、一九九一年の精神神経学雑誌に「常識的家族療法」という小さなエッセイを書きまして、それがコンパクトに書かれていると思います。

そこで何をもって常識とするかがまず問題になります。治療者だけが自分の言うことを常識的であると思っていても仕方がないわけで、たとえば患者さんやご家族にこちらの発言を聞いてもらったさいに、まあまあ治療者はそんなに突拍子もないことは言ってないな、いちおう納得はできた、と感じてもらうところまでいくということが目安ですかね。さらにその納得が多少身体感覚的なところ、腑に落ちるというところまでいって、この治療者に話を聞いてもらってよかったということになる。その逆もありますね。治療者が患者さんやご家族の発言を聞いて、そんなに引っかからないな、まあまあ納得できた、腑に落ちたなと、そういうところまでいく必要がある。これもまた目安ですよね。

そこで腑に落ちるということについて考えてみますと、常識というのはコモン・センス（common sense）の翻訳であって、もともとは日本語じゃありません。明治三五年の三省堂の英和辞典で初めて出たそうですが、いつ日本に入ってきた言葉かはよくわからない。しかしそのコモン・センスという英語も共通感覚（sensus communis）というラテン語――まあこれはもともとアリストテレスの言葉ですけれども――からきています。では共通感覚とはどのようなものであるかというと、われわれには五感というものがある。「聞く」、「嗅ぐ」、「味わう」、「見る」、そして「触る」という五つの感覚があるんですが、そういう五感すべてを統合するものがあるというんですね。それをアリストテレスは共通感覚と呼んだわけです。このようにコモン・センスというものの底には、何か身体感覚につながるようなものがあるわけです。だからお互いに常識を共有するというのは、私の言葉で言い換えるならば、お互いに納得がいく、腑に落ちるということになる。患者さんも、家族も、そして治療者もお互いに共通の感覚が持てるようにしていくということがあると思うんですね。

最近、小林秀雄の『常識について』というエッセイを読みました。これは非常にすぐれたエッセイだと思います。小林によれば、われわれは明治時代になるまで常識という言葉なしで過ごしていたのだけど、それ以前に常識に当たる言葉はなんだったのかというと中庸だというんですね。論語の中に「中庸ノ徳タルヤ、其《そ》レ至レルカナ」とあります（巻第三雍也《ようや》第六）（編者注）。『中庸』という本もあります。これはおそらく孔子の薫陶を受けたひとりが書いたものなんでしょうが、かなり学理的というか、理が勝ちすぎているところがあるんですね。中庸という言葉を日本で研究したのが、江戸時代の儒学者伊藤仁斎でした。この人はラカンのような口癖のある人で「孔子にかえれ」とか「孟子にかえれ」と言いました。当時は朱子学の研究が盛んだったのですが、それよりも孔子や孟子そのものを研究しようと提唱したのです。伊藤仁斎は中庸を「過不及《かふきゅう》無《の》ウシテ、平常行ウベキノ道」と定義しました（『童子問』巻の中、第四章）。行き過ぎることもなく足りないこともなく、平常われわれが行わなければならない道を中庸というのだ、というのです。小林秀雄に言わせるとそれはコモンセンスそのものだというわけです。江戸時代の人はコモンセンスを中庸という言葉で代用していたというのです。

　さて、今お話した中庸とはうらはらに、たいていの患者さん、特に若い患者さんは極端がお好きですね。猛烈にやって、それで成果があがらなければもうダメだとやめてしまう。一〇〇か〇か、黒か白かという強迫的心性です。境界例の人もそういう傾向がありますね。行き過ぎるかやめてしまうかということです。

　こういうのはよくあるんですが、たとえば二～三日前に診た患者さんは、アルバイトでめざましい働きをして「すばらしい、あなたは店長になれる」と言われて、びっくりして落ち込んでしまった。そして「ああいうことを言われるんじゃもう嫌だ、行かない」と言いだして、あくる日から行かなくなってしまった。でも最初は店長になれそうなめざましい働きをしているわけです。やり過ぎちゃうわけですよね。そして駄目になるともう引っ込んでしまって、部屋にこもってお母さんに上げ膳据え膳をしてもらう。そして少したつと、なにか目標を掲げてはまた飛び出していくという、そういうことを繰り返すわけです。まあ現代の若い人はみんなそういう傾向があると思うんですよね。

　われわれの若いころはそういう極端なことを他所から強制されたものですね。私は早稲田中学だったんですが、軍国時代で、靖国神社に毎日上半身裸で参拝に行くなどという、大変に極端なことをさせられていました。ところが奇妙なことに、そんなことをさせられていながら、私はたいへん満足感があったんです。平和な時代になりますと、身体を張らなくても、ボタンひとつで簡単に何でもできますから、極端感を味わうことができないんですね。だから今の若い患者が過激さを求めるのも無理はないかなと思います。患者さんも家族も両極端がお好きな方が多いですが、それをそのまま認めて、「あなたは極端でないと手ごたえがないんだね。そうじゃないと存在感覚を持てないんだね」ということをしっかり押さえたうえで、「たしかに頃合《ころあ》いをよくするっていうのはとても難しいことなんだ。むかし中国に孔子さまっていうおじさんがいて、中庸っていうのは国を治めたり、戦争をしたりすることよりも、もっと難しいと言ったんだよ。だからほどよい所にいるのが大変に難しいことはわかるけれども、本当はそれが大事なんだよね」と言ったりするわけです。

さて孔子さまの話をしたので、今度は常識とはいっても少し洋物の話をします。皆さんもご存知かと思いますが、一六三七年にデカルトが『方法叙説（Discours de la Méthode）』という書物を著しました。デカルトという人は大変な秀才で、二〇歳前後で本という本はみんな読んでしまった。しかし、どの本も当てにはならないことがわかったというんですね。そこでデカルトは、世間で働いているいろいろな人たちの世間知のほうが、学者の知よりもましなのではないかと思ったわけです。つまり世間の人は常識を持っている、そしていろんな難局を乗り越えている、そういう世間の人に会って、そこで本では得られない真理に触れようと思ったわけです。そのときにデカルトは、これからは自分自身の中か、あるいは世間という大きな本の中のどちらかに見つかるかもしれない学問以外は探すまいと心に決めたと書いています。デカルトは旅に出て、あちこちの宮廷やら軍隊やらを見て、気質も身分もさまざまな人たちと付き合ってみたわけですね。さまざまな経験を求めたわけです。しかしいろんな人たちに会ってはみたけれども、デカルトはそこでも失望したわけで、まあ世間の人たちは学者先生とそれほど変わりはないという感情を持ったみたいなんですね。ただし世間という大きな本の中に入って勉強したことは非常に良かったとデカルトは言っています。今度はそれを土台にして、自分自身をよく見つめてみることにしたというんです。そしてその後彼が発見したのが、有名な「我思う、故に我あり」というわけですね。だからデカルトは三段階を経ているわけです。

　われわれが行う治療は、哲学的真理に到達することが目標ではありませんから、「われ思う、ゆえに我あり」ということまでは必要ないんで、いろいろな世間さまの知恵を教えてもらうということが大事ですね。

　一対一の面接ですと患者さんから教えてもらう、あるいは患者さんに教えるということになります。ですが患者さんの特徴は、だいたいどの患者さんでも視野が狭いことですね。患者さんから見た家族や社会はとても狭いものなんです。そのような面接をいかにぐるぐるやっていても、下手をすると患者さんの狭い見方を助長し、拡大再生産することにもなりかねません。

　私は家族面接をするようになってから、患者さんのご両親から世間のことをいろいろと教えてもらいましたね。狭い診療室にいながらも、広い世間のことが見えるようになったし、色々な考え方がわかるようになったわけです。私の視野が広がったわけですね。たとえば家族に対する見方なんかでも、個人面接をしていたときに比べて、お父さんが悪いぞ、というような一方的な狭い見方から開放されてきたと思います。盗人《ぬすっと》にも三分の理ということとわざに例えては、たいへんに申し訳ないのですが、患者さん、ご家族それぞれに理があるものです。しかも人間というものは誰でも、自分の言っていることが正しい、まあ少し弱いところはあるかもしれないけれど、正しいと思っている動物なんですよね。ですから患者さんやご家族の、「自分の言っていることは正しい」と思っているところを聞き届けるというのが、家族援助の第一歩ですよね。患者・家族の言い分をそっくりそのまま聞いて、「患者さんはそう思っている、お母さんはそう思っている、お父さんはそう思っている、それぞれに理があるんで、間違ってないよ」と言うわけです。そう言ったからといって、「お医者さん矛盾しているじゃないですか」とは言われないものです。「みなさんそれぞれ正しい」と言うと、何となくそれで納得するわけです。

　デカルトに話を戻すと、世間さまという書物をよく勉強したことが彼のコギトにつながったわけなんですね。デカルトという人は最近の哲学者と違ってとても読みやすい。良識（フランス語のボン・サンス）を大事にしています。

お読みになってみるとよいでしょう。

「治療」ではなく「面接」をする

家族面接を始めたころ、私はモットーとなるような言葉がなにか必要だと思ったんですね。そのころ私は西田幾多郎を、わからないながらによく読んでいまして、そこには「一即多」「他即一」なんて言葉が書いてある。一の中に多が含まれているとか、多の中に一が含まれているとか、そんなようなことを言っているんですけれども、それはなかなか悪くないと思いました。その影響とは言いませんけれども、このごろ私の面接に対するとらえ方は、たとえ患者さんひとりだけを診ていても、家族と患者さんとのやり取りを戯曲仕立てで念入りに再現してもらうならそれは家族面接である、逆に家族で面接していても、患者さんがおもに喋って、家族が聞き役に徹するならばそれは個人面接であるというように、より型にとらわれなくなってきたように思います。

それから西田は「連続の非連続」「非連続の連続」とも言っています。これも味わいの深い言葉だと思うんですが、たとえば個人面接というのは連続を尊びます。前回A君はこう言って今回はこう言ってという、歴史的なつながりを重んじるんですね。他方で家族面接では連続がないわけじゃないけれども、面接の場におけるご家族のみなさんの言動を丸ごとつかまえて、これから先に活かしていく。どちらかといえば非連続に重みがかかるでしょうね。しかし西田に言わせれば「過去と未来が現在において同時存在的」であるわけですから、非連続をみていくことは連続をみていくことにつながるわけです。まあこんな言葉をモットーにして、私は家族面接をしているわけですね。

さて家族面接をするにあたって「さあ家族システムを変えるんだぞ、家族療法をするぞ」と意気込んで始めると失敗につながることがあります。とにかくごく単純に患者さんとご家族に会うんだという心構えがよいと思います。拡大家族面接ということで、患者さんのお爺ちゃんお婆ちゃん、きょうだいに会うという場合もありますけれども、私は最近なまけものになりまして、基本的には患者さんとご両親——まあさらに言うなら、ご両親のうちのいずれか一方の場合が多いかもしれませんが――に会うことが多いんです。ほかのお身内に会うのは例外的な場合ですよね。では下坂は両親にしか会わないのかというと、そうではないんですけれども、拡大家族面接はかなり大がかりなものですから、来てもらわなければならない人数も多いし、時間的な負担も大きいわけですよね。片方の親と患者さんだけでいいよ、ということだと気軽にできるんです。ですから節約のために両親と会うということです。

両親に会うとき、若い治療者が気張ってしまうことがあります。これはまあ無理もないんで、治療者は両親に見下されるわけですよ。それこそ先ほど述べたデカルトじゃありませんけど、若い治療者は世間知には乏しいし、軽く見られる。しかしこれは当たり前ですよね。せっかく診てもらいにきたのに、若造のセラピストに当たってしまって、ご両親ともあまり機嫌がよくないわけですよね。「私は話が苦手でしてね」とかお父さんが渋い顔をして言ったりするわけです。そういう時にもびびらないで、自分は新米の若手に過ぎないから、年配者の話を拝聴するんだよという、こういう形で面接に臨むとよいわけですね。面接者の側でも、一回の面接が非常に役に立つものにしなければいけないとか、気張らないことが大切ですね。ですからこれは言葉の矛盾ですけれども、「療法」という言葉を頭の中から取っちゃうほうがいいわけです。私が好んでいるのが、家族にただお会いするというニュアンスの「家族面接」という言葉で、そういう言葉のほうがニュートラルで、面接をなさっていて楽なんじゃないかと思います。ゆめゆめ「療法」をしないように心がけるということです。

だいたい日本語の「療法」という言葉には、ちゃんとお薬を出して治すとか、傷の手当とか、そういうニュアンスのほうが強いですよね。外国でセラピーと言ったときには、もとの意味からいうとサービス（奉仕）というような意味ですよね。日本語の「療法」よりも意味が軽いんではないかと思います。つまり「治療」はしないんだと、「面接」をするんだと、そういうことです。つまり患者さんやご家族のおっしゃることをこちらの腑に落ちるまでよく聞く、それからこちらの言うことを患者さんや家族の腑に落ちるまでよく聞いてもらう、そしてそれを束ねるということですね。「三人寄れば文殊の知恵」という言葉がありますが、患者さん、お父さん、お母さん、そして治療者が寄れば文殊の知恵以上になるというわけです。

私はすべての年齢層に対して家族面接をしているかというとそうではないんですね。思春期、青年期、それから中年期の患者さんが多いですが、境界例に対する家族面接だと思って下さい。

境界例とはなんぞやということですが、行動化、それもわれわれから見て好ましからざる行動化をしょっちゅうする人たちのことです。どんな行動かというと、拒食・過食、アルコール依存、手首を切る、何度も自殺未遂をする、異性をとっかえひっかえする、数日間家出する、毎日朝帰りなどいろいろあります。

こうした行動はたしかに好ましからざるものではあるんですが、しかしそれにも理があるわけです。彼らは心の中に不安とか苦しいことがあると耐えられないで、それを外に押し出そうとする。そうしてネアカになりたいんです。心の中に対人関係のわだかまりとか、お父さんお母さんに叱られたとか、失恋したとかして、心の中に苦しみの黒雲が広がってきたときに、昔の青年はそれを煩悶《はんもん》して苦しむ、そしてそれを七転八倒して何とか自分で解決しようとした。まあ煩悶する、憂愁、孤独というのがかっこいいという時代があったわけです。しかし今はネクラは駄目なんですね。ですから苦しみを抱え込んだときにそれを外に放出するわけです。その放出の仕方がこのような行動になるんです。コンビニに行ってモリモリ食べるとか、ゲーセンに行くとか、友達を携帯で呼び出すとか、仲間と連れ立って歌舞伎町に行くぞとか、そういうことをして心の中を平らにしているわけです。まあそれなりの自己治療なわけです。ただ彼らの自己治療は周りから見ると非常に困ると、そういうことなんですね。

もうすこし病理的な見方をすると、先ほど言った一〇〇か〇か、黒か白かといった強迫的な気持ちが底にあるわけです。それから「我輩はもっとやれるはずだよ」「親が選んだ学校が悪いから、こうなっただけ」とか、「社会が悪いからこうなっただけ」とか言って、悪いやつがいなければもっとできたはずだとか、そういう自己愛的な意識があります。まあ患者さんは「自分は駄目だ」とか「何もできません」とかいろいろ言うんだけれども、「でも少しくらい夢もあるでしょう?」とかこちらが水を向けると、ものすごく大きな夢を持っていることがわかる。そういう自己愛的な意識と、強迫的な意識は、根っこのところでつながっているわけですよね。まあ私はこうした境界例と呼ばれるような患者さんたちを治療の対象としているんです。

親の保護機能を回復させる

さて療法の実際ということですが、私は家族面接だけに終始するのではなくて、個人面接も随時行います。また最初のころに集中的な形で、患者さんとご両親に同席面接でずっと来てもらうと、それでご両親が安心して「あとは先生に任せますよ」と言われて、後は患者さんだけが来るということもあります。それでもやはりたまにはお父さんやお母さんに来てもらったほうが安全なようですね。

つぎに法律用語じゃありませんが、親の権利つまり親権を尊重して、親の顔をつねに立てるということが挙げられます。これは親の顔を立てるだけじゃなくて、患者の顔も立てなければならない。双方の顔を立てて、面子をつぶしてはいけないということです。よく家族面接なんて余計なことは必要ないよ、家族なんて巻き込まなくていいじゃないかという方がいるんだけれども、そういう方の面接の内容を聞いてみたりすると、すさまじい「家族療法」をしていることがわかったりする。家族とちょっと会っただけで「お母さん少し過保護すぎるから、何も言わないでいたらどうですか」とか、「お父さんそんなに仕事ばかりしていては駄目ですよ」とか、そういう大「家族療法」をやっている人がたくさんいるんですね。家族面接に関心を持たない人のほうが、はるかに大「家族療法」をやってしまうんです。そういう「家族療法」はとても乱暴な「家族療法」で、ご家族を落ち込ませるだけ、患者さんの状態を悪くするだけで何の効果もありません。

顔を立てるっていうのはどういうことかというと、たとえば私はこういうことをよくするんです。私のところには若い患者さんがよく来ます。具体的には摂食障害の患者さんが多いものですから、姿かたちをけっこう気にしていて、お化粧も工夫しています。爪の化粧なんかもなかなか凝っているので、それに対して私は「きれいですねえ」とか

「なかなかすごいね」「色合いがいいですね」とか感想を言ってみたりします。また髪型もちょっと奇抜だったりするので「格好いいですね」とか言うわけですよ。でも親御さんがそこにいると、お母さんは顔をしかめているわけです。だから「お母さんからみると変な格好ですかねえ」「お母さんからすると奇抜ですかねえ」とか言ってお母さんを立てて、他方では「なかなか格好いいじゃん」とか言って本人のことも立てるわけです。さらに親御さんに向かっては、「親御さんから見ると奇抜に見えるんですね。まあ私も奇抜に見えていたけれども、今日お嬢さんを見ているうちに、かっこいいという気持ちも起っちゃったりして申し訳ありません」とか言ったりするわけですよ。まあ両方立てなきゃいけない。

それから患者さんがしょっちゅう髪形を変えるということは、変えるたびに色が濃くなったり、形が奇抜になったりするわけですけれども、それによって心機一転ということがあるわけですよね。患者さんは落ち込んでうつになっていたんだけれども、髪形を変えて一気にうつの気分を上げましょう、というのがあるわけです。そこで患者さんに「髪形を変えて超パワーを出そうと思ったの?」と尋ねると「そうだよ」とか言いますから、それによって患者さんが心機一転しようという気持ちを持っていた――できるかどうかは別ですよ――ことが親にも伝わるわけです。このように患者さんとご家族双方の顔を立てつつ、爪の化粧とか、髪型とか、些細なことを取り上げていく。そしてそれに治療者が持ついささかの知識を照らし合わせていく、という過程を通して家族面接の風通しがよくなって、患者さんが思っていること、親の思っていることがきちんと伝わるようになっていくわけですよね。

もうひとつ例を挙げれば、ガリガリの摂食障害の患者さんが「この夏は泳ぎに行くぞ」とか言いだすことがあるわけですよね。親御さんは「その身体でとんでもない」と言って反対するんだけど、患者さんは「私は平気よ」と言い張る。そこでこちらは「うーん、その身体でどうかなあ。ちょっと親御さんの味方をすると、海岸にオバケが出たぞっていう感じになるかもねえ」と言ったりするんです。患者さんは「そうかなあ、私はあんまりそうは思わないけどなあ」とか言う。ここらへんすったもんだやって、「じゃあ今度は海に行って、パラソルの下で優雅に海を眺めているくらいでどうですか」くらいのところに落ち着かせるわけですね。

親の顔を立てるっていうのを、どうしてわざわざ強調する必要があるのかっていえば、こういうことがあるんですね。つまり親御さんは患者さんが病気になると、患者さんの示すさまざまな行動化によって大変疲れてしまうわけです。今の患者さんは昔の青年のように、ひとりで煩悶するということはありません。煩悶というのはひとりでするわけで、周りに与える影響は大きくありませんよね。でも最近の子どもさんは煩悶する代わりに行動化をする。周りを巻き込むわけです。だから親御さんはとても普通の気持ちではいられなくなってしまうわけですよね。治療の場にあらわれたときには本当に切羽詰っている。わらをも掴みたい、いらだたしい、あるいは怒りが頂点に達している、そういった状態でいらっしゃるんです。いわば親御さんも病気みたいな――もちろんこれは患者さんの面倒をみようとして必死になればなるほど病気みたいになってしまうという意味で、いい意味での病気ですが――状態で、正常な心理でいらっしゃるわけではありませんから、そういうことをよく理解しておいてあげる必要がある。このお母さんは目を吊り上げてべらべら喋ってるなとか、お父さんはちっとも喋れなくてみっともないとか、そういう風にみないで、親御さんも苦しんでいらしているんだよという視点が大事ですよね。実際に親御さんを立てるようにしながら何回か家族面接を重ねると、そういうお父さんやお母さんも、だんだんと落ち着いてこられます。むしろ落ち着いてからのほうが、その親御さん本来の姿に近いわけです。親御さんがそうした状態になれるようにする努力を怠ったまま、家族病理なんていうことを軽々しく言ってはならないわけですよね。そういったわけで、とにかく親御さんを安心させる、安堵させるのに力を注ぐ必要があるわけです。

さて親御さんが落ち着いてくると、親としての役割を立て直して、それまでは手におえなかった坊ちゃん嬢ちゃんに対応していくことができるような力が、だんだんとついてくるわけです。動物の世界をみてもわかりますように、親にはそもそも子どもを育てていく力が備わっている。人間の場合は子育ての期間がとても長いから、親は疲れてしまいますけれども、やはり子どもを保護する機能、庇護する力をちゃんと持っているわけですよね。それが損なわれてしまっているわけだけれども、面接を通してそれを回復できるようにしてやることですよね。親御さんが患者さんを保護しようと思いますと、「余計なことを言うな」とか、「ウザイんだよ」とか患者さんが反発して、なかなかうまいこと保護機能・庇護機能を発揮できないんですけれども、治療者に支えられて親御さんが安心して、患者さんとの接し方についても若干知恵をもらうと、それが発揮できるようになるわけです。

さて境界例患者についていいますと、彼らの行動化は非常に強力なわけですよね。ですからお父さんお母さんが屈服してしまって、子どもさんが親御さんの上に立って、威張ってしまうという形になりがちなわけですよね。しばしば子どもさんが親を顎で使うということになります。そこを治療者が親御さんを支え続けて、親御さんと知恵を絞って、どういう応援をしていくといいかを考えていくと、このような関係はちゃんと逆転させることができるわけです。これは親が子どもを保護できるようにするのであって、屈服させるわけではありません。精神分析が好きな人なら、親が子どもを抱える（holding）環境を作る、とでも言うでしょうね。家族療法の文脈で言えば、世代間境界をはっきりさせるということになりましょうか。でもこれは本当は儒教の教えの根本なんですよね。

皆さんは儒教の教えは昔のものだと思うかもしれませんが、昔といってもアメリカとの戦争に負けるまで、あるいはその後までも、日本では日常生活の信条としてあったわけです。長幼の序とか、夫婦別ありとか、親には孝行をしろとか、そういうことですよね。家族の中の階層を大切にした常識的な教えです。儒教の教えには神秘的なところはないのであって、孔子は暮らしの哲学者ですよね。つまり怪力乱神《かいりきらんしん》については語らないんで、『論語』には耶蘇《やそ》教（キリスト教）のような、イエスさまがよみがえるとか、世界の終わりが来るとか、ああいう怪しい超常現象については何も書いてないんです。孔子は弟子の子路《しろ》から「死とは何でしょうか」と聞かれて、「未だ生を知らず、焉《いずく》んぞ死を知らん（生のこともわからないのに、死のことなんてわからないよ）」と答えたといいます。私はおじいさん代表として、『論語』はなかなかいい本で、『論語』をもとにした家族援助の方法も可能であると思っているんです。それは何かというと、『論語』の考え方は、私の父親の時代にはまだ余命を保っていたんです。われわれの世代にもまだ残っている。われわれの子どもの世代、孫の世代ということになると、だいぶ怪しいけれどまだほんの少しは残っているんですね。それをすくい上げて治療に利用しようというわけです。

このごろオールという言葉があって、まあこれは徹夜、オールナイトで遊び通すと言う意味なんですが、中学三年生の子どもが毎日オールして、家にはへとへとになって帰ってくる。お母さんはうつになっちゃって、お父さんはときどき患者さんをぶん殴る、というのがあったんですけれども、こういう子に対してあるとき「あなた親孝行っていう言葉を知ってる？」と尋ねてみたんですね。そしたらその子から「親孝行って何ですか？」とか逆に聞かれたから、親孝行とはなんぞやということをあれこれ説明して、「少しオールを減らして、お母さんが安心して顔色もよくなるとか、そういうことじゃないの」と言いました。そしたら患者さんは「わかりました。でも先生も親の味方ばっかりしないで、たまには私の味方もしてよ」とか言うから「さんざんしてるじゃん」と言って具体的に指摘してやると、「ああそう言われればそうか」とか、こういうことがあって、こういう治療のことを戯れに「親孝行療法」と言ってみたこともあるんです。儒教の教えは日本文化の中にごく最近まであったものです。そういったものをごく隠し味風に治療の中に入れてみるのもいいと思うんですが。

家族面接において親のもつ潜在的な保護機能を活性化して、保護機能の活性化を図るというのは、それだけ聞くと大変なことをするようですが、具体的に言うならなんのことはない、治療者がよく親の言い分を聞いて、そこには理があるのを認めること、そして繰り返して「お父さんそう思ってらっしゃるんですよね」「お母さんそう思ってらっしゃるんですよね」と確認することに過ぎません。しかしそのことが私の家族面接の基本であり、またしばしばよい効果をもたらすわけです。

でも親の保護機能を充分に活性化するためには、親御さんの側の細かい事情、葛藤、苦しみ、そして患者さんに対する怒りなどについて、治療者が充分に把握しておく必要があります。親御さんの怒りの程度にもいろいろなものがあって、なかには「もうこの子にはうんざりだ。死んでもらってもいいんだ」というような場合もしばしばあります。

しかし家族面接の場で親御さんの側からそう言えることはあまりないんで、親御さんの怒りを充分にすくい取るためには、ご本人さん抜きの面接を行うことが欠かせません。でもそれをする時期が早すぎてもいけないんですね。やはり患者さんに、この治療者はまあまあ親の話も自分の話も公平に聞いて、そこにそれぞれ理があるのを認めてくれる、聞き届けてくれると、そういう印象を事前に持ってもらう必要がある。それさえできていれば、「親御さんだけ来てもらいたいんだけど、どう？」と治療者が頼むとすぐにＯＫしてくれます。

お父さんお母さんだけ来たときには、まだ子どもの前で出し切れていない怒りを充分に語ってもらったり、過去の夫婦間の葛藤とか、それからお母さんの新婚時代の嫁姑の問題とか、親自身が経験した苦しみについて語ってもらったりすることができるんです。親だけの面接では「本当にあの子なんかいないほうがいい。死んでほしい」というような言葉をじゃんじゃん言ってもらう。むしろこれは言ってもらったほうがいいようなところがありますね。「そういうことを言う母親は悪い母親だ、鬼婆だ」などと言っては駄目で、「そうですねえ、お宅の子どもさんは本当にすごいですねえ。あの世に行ってもらうといいかもしれないけれども、こっちは医者だからそう言うわけにもいかんですよねえ。まったくお母さんの言うとおり」というようにユーモアを交えながら、よくお母さんの言うことを聞くんです。そうやってお母さんが胸のうちを吐き出すと、不思議なことに保護機能を取り戻すことができる。それが抑え込まれて「あなたはお母さんなんだからそんなことを言ってどうする、しっかりしなさい」などと治療者に言われると、その恨みが患者や治療者に向かうことになります。そのあたりは精神分析で言われているとおりではないかと思います。やはり親には鬱屈したものをすこし外に出してもらわないといけません。患者さんの場合のように、それを出しすぎるのも困りものですが。

心理教育での留意点

それから子ども抜きの面接では心理教育ができますよね。もちろん子どもを前にしての心理教育というのもありますけれども、親だけの心理教育では、より立ち入った内容について触れることができます。境界例に関して言えば、「親がほっとしたときにまたなにかやらかしますよ」とか「健気なことを言ったあとはたいてい悪いですよ」、「楽しいことが続いたあとも悪いですよ」といったことです。回復は決して直線的ではなくて、照る日曇る日があって回復していくわけです。身体の病気のようにはいかないということです。「具合が悪いときにハラハラしすぎてもよくないけれど、よくなってきたときはちょっとハラハラしているそぶりをしたほうがいいですよ」とかそういうようなお話です。油断したころに万引きをするなんていうことはよくあるけれども、そういう状態からの立ち直りはだんだんと早くなってきますよ、とかあらかじめ親に言っておいてあげたほうがいいですよね。

退行の問題についての説明も必要ですね。今の若い人の退行は非常に強いです。私が診ている拒食・過食の患者さんはとても強い退行を起しています。「赤ちゃんがえり」ですね。最初は親の助けなどいらん、自分は自立するんだ、仲間と暮らす、アメリカへ行く、うざったい親から離れれば元気になると言ってつっぱっているわけですが、治療が進んでお父さんお母さんの応援がなければうまくいかないということがわかってくる。そうすると今までの絶対的自立願望から絶対的依存にひっくり返ってしまいます。それでどうなるかというと、まず二六時中お母さんにべたべたするようになる、布団に入る、お母さんのおっぱいに触る、股ぐらに頭を突っ込んじゃうとか、お腹の中に入れてくれとかいろいろなことを言うようになる。あるいはお漏らししてしまうとかウンコをしてしまうとかあるわけです。女の子の患者さんがお母さんにやる場合はまだいいですが男の子もやる。女の子や赤ちゃんがやるのと違って少し性愛化されていますから、お母さんはたいへんなんです。病院で退行が起ると医者も看護師もたいへんなので、教科書的には入院中、退行が起らないようにしましょうということになっています。ところが家族面接はそうではないんです。お父さんお母さんに保護能力・庇護能力があれば、かなり強い退行を受け止めることができます。バリントが悪性の退行と良性の退行とを分けましたけど、それはまあお医者さんの都合ですよね。いい若者が赤ちゃんがえりして気持ちわるいけれども、それは通らなければならない道なんですよ、でもお母さんがくたびれるといけないから、布団に入ってきても疲れたら蹴りだしたらどうですかと言って、できる範囲でやってゆく。そしてお父さんにもそういうことを理解してもらうのが大切ですね。一番大事なことはお母さんが嫌なことまで我慢して子どもにべたべたさせないでいいよ、ということです。

このように、看護師さんや医者はとても支えきれないことでも親はできるということを覚えておく必要があります。患者さんの退行は厄介ですけれども、家族の手を借りながら治療をしていく場合には、大いに役立てることもできるわけです。ですから患者さんが両親の庇護機能の中に入っていく、素直な形で退行するという過程を通り抜けることができると、かなり具合が良くなる場合が多いということは、皆さんも覚えておかれたほうがいいと思います。

それから、病気の見通しを立てるということについて考えてみます。摂食障害の例で考えてみますと、拒食をしていて全く食べないという時期があります。そういうときは、気持ちの方は意気軒昂です。そのうち過食の時期に移行しどんどん食べる。すると気持ちは下がる。拒食・過食があまりないときはお利口さんにしているかというと、万引きしたり家に帰らなかったり自殺企図をしたりとか、そういうことがある。食べない時期があるよ、沈み込む時期があるよ、それから拒食過食がよくなったと思ったらどこかの兄ちゃん姉ちゃんと一緒に暮らしちゃったよとか、そういうことがあるわけで、波乱万丈の時期を経て落ち着くんですよと私は言うようにしています。ですから、拒食症とか過食症とかレッテルを貼らないで、拒食期とか過食期という言い方をし、過食期は気持ちが沈んで暗い状態が続くけれども、しばらく経つと明かりが差し込んできますよという話をします。そういうふうに親御さんだけの面接では心理教育を個々のご家庭の事情に合わせてやっていくわけです。

家族面接の要領

次に家族面接の要領ですが、初回から数回は家族同伴を原則とし、本人が来ない場合は家族の面接をします。家族面接への導入ですが、摂食障害の場合は、過食の人は本人だけで来て、拒食の人はだいたい親御さんと来ますね。私は病院の一般外来でも診察をしているのですが、まず本人が診察室に入ってくることが多いですね。「おうちの方は」と聞くと「母が来ています」と言って、「ではお母さんもどうぞ」と言うと「はーい」と言う子もいるけれども、そこで抵抗する子どもさんもいます。そういう子の言うことはだいたい決まっていて、「お母さんがいると本当のことが言えない」「緊張してしまってどうしようもない」「そばに寄るだけでぞっとしちゃう」、あるいは「すごい親だから先生が見たらびっくりしちゃうよ」などと言います。そういうときは「でもここは病院だよ、きみ。あなたが緊張しちゃって、思うようなことが言えなくて、お母さんがそばに寄るだけでいやだってところを見せてもらわなくちゃ。それを見せてもらわなくちゃ病院じゃないでしょう」と言って説得するのです。「すごいお母さんなの？　鬼のよう？　それは見たいもんだね」と、あの手この手でやっていくわけです。それでも駄目なら少し話した後で、頃合いをみて「そろそろお母さんもどう」と言うと、たいていはOKしてくれます。いけないのは先に本人に会って、今度はお父さんお母さんに会うからあなたは出てなさいと言うことですね。慣れないうちは五〇分の面接のうち最初の三〇分でご本人に会い、後の二〇分でご両親に会うという練習をし、慣れてきたらのっけから一緒に会うというようにする必要がありますね。ある精神科の偉い先生が、あるケースで親御さんに会おうとしたけれども患者さんが拒否したので患者さんを尊重して会わなかったと書いていましたが、それでは駄目なんです。その嫌だという気持ち、それから親が入ってきたときの動揺、そうしたものを捕まえなければ駄目なんです。嫌ならやめましょうではどうにもならないんで、そこは押さなければいけないですね。それがコツです。

面接の仕方は私の場合は古典的で、患者さんの症状や問題行動を中心にして話を広げていきます。患者さんにそれを話してもらうし、それに対するお父さんお母さんのご意見を聞く。患者さんがどのような症状に悩んでおり、どのような問題行動を起しているか、といういわば現症を細かく聞いていくのです。昔の記述精神病理学みたいなことをやるわけです。そういうものを細かく拾うと、患者さんもわかってもらえたなと思うわけです。最近の患者さんの症状は、フロイトが診ていた患者さんの症状とは少し違うように思いますね。フロイトが生きていた時代には旧式の道徳が建前として通っていましたから、攻撃的な気持ちとか貪欲な気持ち、性的な欲求といったものはだんだん心の奥底にしまわれてゆく。そのうちに忘れられてゆき、しまったことすらも忘れてしまいます。それをフロイトは抑圧と言いましたが、そういうものは現代の患者さんには薄いようです。心の奥底にしまわれないまま、症状の中にその人のあり方が染み出ている。ですから症状や問題行動を細かく追う必要があります。

そのさい、たとえばきれい好きな治療者で、拒食は診られるけれどもゲロするような過食は診られないというのでは困るので、世間さまのいろいろな行動に出会っても平気でいるだけの肝っ玉が必要になってくるわけですね。たとえば過食の細かな様態を聞いていくと、本人は喜んでいろいろ話してくれます。どれくらい食べて、どのようにゲロして、うんと食べたときは頭の中の強迫的な観念がぱっととれていいし、思いきりゲロすると胃がきりきりと痛んでこれも悪くない、下剤を飲んでトイレに行くと病気が治ったような気がするとか、いろいろ快感も言うわけです。徹底的にやらないか徹底的にやるかということで、食べ出すと徹底的にやるんだけれども、他の物事でも始めるときりがなくなる。人間関係でも自分を抑えて相手に合わせていないと、いったんキレたらとめどもなくなるのが怖いというように、過食の心理と対人関係の心理はくっついているわけです。ですから症状を中心に面接を展開するというのが常識的だしオーソドックスだと思います。昔の家族療法の本を読んでいますと、「家族面接をしていたらお父さんお母さんの問題が浮かび上がってきましたから、これからお父さんお母さんの面接に切り替えます」ということを宣言してやったりしている。それはばかばかしいことです。そんなことはやることじゃなくて、本人がいてもかまわないから、話の焦点をお父さんやお母さんにずらしていけばよいのです。何事も自然に、なしくずしにやればよい。

まあひょっとすると皆さんには耳にタコかも知れませんが、私は個人面接にも家族面接にも通底する技法として、なぞり／なぞられる関係というものを、患者さんやご家族と作り上げることを目指します。簡単なことなんですが、要するに患者さんの言ったことをそのまま「～ということなんですね」となぞる。お父さんお母さんの言葉も多少要約するにしても、「お父さんお母さんがおっしゃるのは、お子さんが今にも死んでしまいそうだから入院させたいということですね」「患者さんは、大丈夫ちょっと疲れやすいだけだから元気づけの注射をしてくれということですね」というようにしっかり言葉で返すわけです。言葉で返すことを精神分析では「明確化（clarification）」と言い、これは当人の無自覚な発言をクローズアップするために行うことですが、ここではそうではなくて文字通り言葉でなぞるだけです。

しかしこちらは丁寧に噛みくだいて言ったつもりでも、ご家族には誤解されていることも少なくありません。あるご家族に「下坂先生ががんばれとおっしゃったのでがんばっています」と言われてびっくりしたことがありました。私は「がんばれ」とは言ったことはないんだけども、「たしかに先生がそうおっしゃいました」とおっしゃるんですね。けんかしてもしょうがないので「うーん、そう言いましたか。それはきっと言い間違いでムニャムニャ」としどろもどろで訂正したわけです。それでとぼけた顔してご家族に「今まで私はどんな話をしましたかねえ」というようなことを聞きますとおっしゃってくれますね。言ったことがそのまま返ってくることもあるし、ゆがめられて返ってくることもあります。そのときは、「どうも説明が悪かったようで、私が言いたかったことはこういうことなんですよ」とおさらいをします。とにかく家族一同が集まってそれぞれの見方、考え方を述べるだけでひとりひとりの視野が広がります。それを治療者がなぞることで、広がったものがさらにしっかりと定着されるわけです。システムを変えるのではなくて、家族の成員の視野が広がる、お父さんはこんなことを考えていたのか、子どもはこんなふうに感じていたのかというように、視点が移動・転換する、そういうことが起りやすいのが家族面接なんです。

まあこれは少し脱線ですが、このあいだ安永浩先生の『精神医学の方法論』という本を読んでいましたら――安永先生はそこで精神療法の各論に触れているわけではありませんけれども――患者さんの見方・考え方の転換が起るのがサイコセラピーであるとはっきりお書きになっているんですね。私もそれに同感なんです。

そのような転換が起った例はいくらもあるんですが、ここで挙げるのは本にも書いた軽い患者さんの例です。軽いとはいっても私が診る前に心理療法を三年間やって、治らなかった例なんです。まあ要するに拒食の子ですから、食べないわけですね。お母さんと一緒に来院したんですが、その子はお父さんが自分のことをちっとも心配していないと言うのです。お母さんはそんなことないよ、お父さんは心配してときどき電話をかけてくるんだよと言うんですが、その子はそんなことあるわけないでしょと言うんです。その次の回にお父さんが来て、こう言うんです。「お恥ずかしいことに酒量がふえてしまった」と。「娘のことを思うと心配で、お酒を飲まずにいられない」「家にもしょっちゅう電話をかけるんですよ」とこうおっしゃったんですね。その子は黙って聞いていたんですが、その次の個人面接で前回の家族面接の評価をしてもらったら、「あの面接はとってもよかった。お父さんが自分のことを心配してくれているのがわかった」と言ったんです。その子の心の中には自分のことを全然心配していないお父さんというイメージがあったんですが、それが自分のことを心配して深酒してしまうお父さんというイメージに変わったんですね。精神分析では「内的対象（internal object）」という言葉を使いますが、個人面接ではこうしたイメージの変化が起るまでに時間がかかります。家族面接ではそれが早く起ってくるわけです。これは患者さんだけではなくて、お父さんお母さんにも視点の転換が起ります。「わが子にはこんな取り柄があったんだ」とか「変なことをやっていたけど、あれは人間関係が苦しいので、自分の気持ちを持ち上げるためにやっていたんだ」とか、そのような転換ですよね。そういうことがみなに起る。治療者の側にも起ります。さきほど例として挙げた家族療法の治療者じゃありませんけど、悪いお父さん、お母さんだと思って治療をやっているわけですよね。ところが一生懸命にお父さんやお母さんと会って、一分の取り柄がないかと思ってずっと診ていると、それが見えてくることがある。そのとき治療者の側に視点の転換が起ったわけです。

なにを観《み》ていくか

個人面接では、もちろん動作も見ますが聴く働きが中心になります。一方、家族面接では目の前でホームドラマが展開されているようなもので、見ることが中心になります。家族の動きがよくわかるんですね。患者さんは口では治療者に合わせて従順なことを言いますが、ときどき足でお母さんを蹴ったりだとか、お母さんが口をひらくとギロッと睨んだりだとかいろいろするわけです。当然のことながら患者さんの母親に対する態度と治療者に対する態度は全く違うんです。そういうのを分析的に言うと分割（スプリッティング）と言いますけれども、それを可視的に、ヴィジブルにすることができる。目の前で起っていることですから、時期をみてそれを確認したうえで、治療的な介入を行うのもたやすいわけですよね。たとえば患者さんが「うちのお母さんは猫をかぶっているんです。家ではひどいんですよ」と言ったら、「そうなの？　そうなんだろうけどね、でもここでお母さんが本性を現しちゃって、すごいところを見せっちゃってもいいの？」と返すと少し鼻白みますよね。そしたら次にお母さんが本人と言い争いになって「この子こそひどいですよ。大ゲンカをしてても友達から電話がくると『あ、〇〇ちゃん！』って急に変わるんですから」と言うと「お母さんだってそうじゃん」。「どっちがすごいの？」と患者さんに聞くと「私の方かもしれない……」とそういう話になるわけです。まあホームドラマですね。それを見物していればいいんです。まあそんなに止めなくても、おまわりさんに助っ人に来てもらわなければならないほどには暴れない。そしてそれを見物するんだけれども、それに対して治療者が一種の通訳みたいな役割を果たすことも必要ですね。「お母さんはすぐ文句を言うんです」と患者が言えば、「そう、すぐ文句を言うように聞こえるんだ。でもそれはあなたが～するから心配でたまらなくて言ってしまうという面もあるかもしれないね」というように、ちょっと付け足してやるわけですね。他方では本人の言うことも説明が足りませんから、ちょっと付け足してやる。そういう役割を果たすわけですよね。システムを変えるというような大仰なことではなくて、通訳ですかねえ、その程度のことです。でもこのような、なぞり／なぞられる関係っていうのは、とりわけさし当たって患者さんや家族に言ってあげられることがない場合には、意外なくらい役に立つんです。

それから悪平等を避けるということが非常に大事です。たとえばお母さんと患者さんが来たときに、お母さんがとめどなくしゃべるような場合、たいていの治療者はお母さんを制止したくなるわけです。「ご本人さんのお話を聞きたいからお母さんは少し黙っていてくださいね」と言うのは自然なように思えますが、視点を変えてみますと、お母さんはたまりにたまっていて一生懸命治療者に訴えたいんです。ですから一時間あるとすればお母さんが四五分や五〇分しゃべっちゃっても構わないわけ。そして親の話をよく聞くこと、それが親といいつながり、therapeutic alliance（治療同盟）を作るコツです。お父さん、お母さん、ご本人と三人で来たら、各二〇分ずつ割り当てるとか、そういうのは駄目。とにかく目下喋りたい人に猛烈に喋らせるというのがコツですね。そういう関係というのはおそらく家の中でもあるから、患者さん自身も慣れてますよね。患者さんには「あなたの話も聞くけれど、今はお母さんが訴えたいことがたくさんあるんだから聞こうね」と言い、時間がなくなってしまったら「ああ、お母さんの話ばっかりになっちゃったけど、時間が来てしまって悪かったなあ。あなたの話は一〇分くらいだったけど、でもぜひ今度また聞かせてね」というようなことを言うんです。あとね、面接のときに猛烈に喋る人っていうのは、患者さんを応援してくれる――いちばん応援してくれる――っていうことが間々あるんです。これは治療にとっては相当に助かることなんですよ。そういうところにも目をつけないといけない。家族面接ではもう何とか本人に喋らせたい喋らせたいと思ってうずうずしている、とても良心的な方がおられるんだけれど、あまりそういう姿勢にならないほうがいい。医者の場合はうまい手があって、一方でお母さんの話を聞いてアイコンタクトを取りながら、患者さんには血圧を測ったり脈をみたりハンマーで神経学的検査をしたりする。そうして本人に対しては身体的な診察の中に、少し恥ずかしい言い方だけど、慈愛の念を込めるわけです。家族面接をなさる方の中には、先ほども申し上げたように平等ということをおっしゃる方が大勢いらっしゃるんだけど、私はかえってそれを避けたほうがいいと思います。

それから、これからどうしたい、患者さんはこれからどうなりたい、ご家族はどのように援助したいという、「これから」を繰り返し聞くことが大切です。患者さんが「自分はもうおしまいですよ。なにも希望はありません。死ぬしかありません」と言うなら、「じゃあこれからはあなたは死ぬしかないね。そういうふうに絶望しているわけだね」と確認する必要がありますが、そういうのは稀でたいていは治ったらどうしたいというのがあるし、親にも子にどうなってほしいというという希望があります。その志向性、アイデンティティのあり方が見えてくるわけです。先ほどビッグドリームということを言いましたが、最近の患者さんは「今はどうにもならん」と最初はこう言うんだけれど、「自分は本当は歌手になりたい」「俳優になりたい」「同時通訳になりたい」「アメリカに行って名をあげたい」とか、テレビに出たいっていう方が多いですね。それを真面目に聞く必要があります。それを言っているご当人はそれほど美男でも美女でもないしテレビはどうかなあと思うんですが、実際にテレビをつけてみますといろいろな人が出てますからね。つまり彼らの夢にはリアリティがあるのです。それを大事にしてゆく。そうした夢は変遷しますからそれを随時つかまえるようにします。これは分析の文脈でいえることかも知れませんけれど、臨床心理士になりたいとか、精神科医になりたいとか、それはプラスの意味で治療者に同一化しているわけですよね。でもそれもいつの間にかしぼんで、「やーめた」ということになったり、「やっぱりやる」ということになったり、とにかくそういうことを全経過を通じて聞いていく必要があるわけです。

それから前に戻りますが、症状や問題行動を絶えず聞いていく必要があります。「死にたいよ」とかしょっちゅう言う人だったら、「今死にたいのはどのくらいかしらね」とか、治療の経過の中で繰り返して聞くわけですよね。精神分析の場合でいうと、下手をすると症状のことなんかどっかへいっちゃって、治療で取り上げるのが治療者と患者の関係の話ばかりになってしまったりするんですけど、ああいうのは私は好みません。たとえば主訴とか、症状とか、本人の望みとか、何をしたとか、かにをしたとか、そういうことを絶えず重要な話題として取り上げていくと、そういうことですね。

極小の課題を出す

家族面接ではいろいろ課題を出しますよね。欧米流のいわゆる家族療法では、比較的大きめの――時には奇抜な――課題を出して、それが現実にできようができまいが、とにかくそれをするのはいいことなんだ、というやり方をしますが、私の場合は実行可能な極小の課題を出します。その多くは実学的、実践的な課題なわけです。いわゆる家族療法に多い、「症状をもっと出しましょう」というような、しゃれた課題ではありません。

だいたい今の若いひと、それから境界例的なひとは、到達目標というものに囚われていますよね。これから英語の学校に通うとか、パソコンを習うとか、エステティックに行くとか、そういうのがぜんぶ到達目標なわけですけれども、そういうのがある時は良くて、そういうのがないとペシャンとなってしまう。

それに到達目標がたとえあっても途中をすっ飛ばしてしまうわけですよね。高層建築の高速エレベーターのようなもので、一歩一歩感覚がないんです。ですから「自分は同時通訳になるぞ」とか言うけれども英語はできなかったりする。「向こうに行けばできるようになるでしょ」とか言うわけですよね。それから「アメリカに行って音楽をやる」と言うので、「あなた音楽の才能あるの？」と尋ねると、「やったことはないけど、アメリカに行けば何とかなるんじゃないか」といった調子で、途中がないわけですよ。それじゃあ何がないかというと「後片付けをしたことある？」と尋ねると「ないよ」というわけです。「皿洗いは？」「ごみ出しは？」「お風呂掃除は？」と重ねて聞けば、みんな「ないよ」というわけですよ。そんなふうなんですよね。つまりそこいらへんの途中の部分はみんななくて、到達目標だけがあるんです。これは今の若い人もそうだと思うし、境界例の人は特にそうですよね。子どもに対して、あなたは勉強さえしていればいいよとか、あなたはピアノのすごい才能があって、芸術をする手なんだから、家事をしちゃいけませんとか、そういう親切なことを言ってくれちゃうお母さんがいたりするわけです。

まあそういう次第ですから、極小の課題としては、そういう方がやれること、まあ二階に引きこもっている患者さんだったら、お母さんが食事を持っていくのでなくて、せめて階段の下まで取りに来いとか、そんなことから始めるわけです。便所掃除なんて案外いいんですよね。閉じこもったところだし、臭いしね。ある種の患者さんは臭いの案外好きなんですよ。お坊さんも偉い人が便所掃除をする。小僧さんは廊下を掃除して、偉くなると便所掃除。格が上がるんです。そんな話をしてこういうところから始めてもらいますが、けっこう達成感があるものです。私は地道という言葉が好きですが、とにかく半歩半歩が大事ですね。こういう世間のおじさんおばさん誰にでもできる、ありきたりの指示を出すんです。つまりできる指示を出すのであって、できない指示は出さない。そのうえで「自分は将来どうなるんだろうか」「やっていけるのだろうか」とか、患者さんはそんなことばかり言ってますから、「まあそういうことを心配するのもいいけれども、将来いろいろのことができるようになろうと思ったら、階段の下まで食べた食器を持ってきなさい」とか、「おはようくらい言いなさいよ」とか、「便所掃除しなさい」とか、言ってやるわけです。「そういう小さなことを積み重ねたうえで、あなたのやりたいアメリカでの旗揚げとかができるようになるんだよ。そういうのを抜かしてできるわけないじゃん」とか言うわけです。私が好むのはそういう指示の仕方ですよね。

病院ですと境界例の患者さんの行動制限をしますが、境界例の人は制限されたことにチャレンジして破ることが快感なんです。そうすると生きているという感覚が得られるわけですから、それなりのメリットがあるわけですよね。だから制限があれば、まあ必ずといっていいほど破るんです。したがって入院している患者さんに行動制限をする場合には、どういうことが守れて、どういうことが守れそうもないか、ということについてあらかじめ話しておくことが重要です。あなたがこれから入院する病院の一般原則というのはこういう風なものである、しかし「あなたにとってはきっと非常につらいけれども、これを守れば、あなたは少し心の苦しみに耐える、こらえる練習になるからいいと思うよ」といった風に、あらかじめいろいろと説明する必要があるんですね。まあ個室でも入れれば別だけれども、普通の患者さんが守れるような程度の限界設定であっても、境界例の患者さんにはちょっと守るのが無理な場合もあるんじゃないでしょうか。ですから行動制限がなぜ必要なのか、本人が行動制限を守れそうか守れそうにないか、そういう話をじっくりしたうえでの行動制限のほうがいいと私は思っています。

まあ行動制限は行動促進でもあるわけで、これするな、あれするなと言っていくことは、じーっと我慢する力を促進することでもあるわけですよね。ですから行動促進を通して行動制限をし、行動制限を通して行動促進をしていくというわけです。最近の患者さんでいえばイギリスに留学してみたいですとか、アメリカに留学してみたいとかですね、こういうのが非常に多いですよね。しかしとりわけ境界例患者の場合、一人暮らしをするに足るだけの自立能力を備えている人はまれなわけです。このようなしばしば非現実的な患者さんの希望に対して、患者さんの病状とか、日常生活能力について家族の方から詳しく聞いたうえで、「じゃあ留学は無理でも、親と一緒の旅行ならいいんじゃないの」といったふうに治療者が提案していくわけです。これは親同伴の旅行という、ささやかな行動を治療者が勧める、促進することにより、留学（一人暮らし）という非現実的な行動を制限する、そしてそれを通して患者の我慢するという能力を促進していくという、ぐるぐるまわりというか、循環的な過程ですよね。こういった介入を行っていくことが、こうした患者さんを診ていくうえでとても大切だと思うんです。

またこうした治療を行うさいに、ほとんどの患者さんが経験しなければならない、抑うつの時期についての説明を、患者さんやご家族にしていくことも重要です。皆さんご存知かもしれませんが、メラニー・クライン発達段階理論では、人間は一生「妄想―分裂ポジション（paranoid-schizoid position）」と「抑うつポジション（depressive position）」を往ったり来たりするというわけです。患者さんは抑うつ的な時期を経て本当に落ちついてくる、だから抑うつ的な時期は大事なんです。大事なんですけれども、患者さんは抑うつ期に亡くなったりすることがありますからね、この時期をしのいでいくことが重要なわけです。このときは治療者もご家族も焦りますが、「お互い焦ってしまうし、またなかなか先が見通せないように思われるかもしれませんが、いずれトンネルの先が見えますよ。まあ私は嘘はついていないつもりです」とかそういう説明をするわけです。それからＳＳＲＩ（選択的セロトニン再取り込み阻害薬）に代表されるような抗うつ薬とか、それからハロペリドールとか、そういった薬はききますから、いろいろと工夫する必要がある。さらに先ほどの心理教育じゃありませんが、「階段には踊り場っていうのがあるでしょ。ちょっと上がると停滞する時期が続いて、またちょっと上がって停滞して。それと同じようなものですよ」といった説明をする。まあこの時期は大変だけれども、こういう抑うつ的な時期をお父さんとお母さんと相談しながらやっていくということです。

また抑うつ時期は患者さんは反復して同じことを言いますね。「死にたい」「太っていないか」なんだかんだと繰り返し聞く。それで親はまいっちゃうんだけど、患者さんの立場からすると同じ質問でもそれは日々新たに生み出されているんです。その同じことを親に確かめて親に言われると満たされて安心する。「さみしくてかまってもらいたい気持ちもあるんですよ」と、親の前で患者さんの気持ちを代弁してあげることもありますね。親のほうは「かまってもらいたいはいいけれど、もうかまうのにも疲れたよ」とか言ったりするんですけどね。「そうでしょうねえ、でもあなた（患者）はかまってもらいたい、お母さんは疲れている、そういう状態ですかねえ」とか、そういうふうにひとつひとつ確認しながらしのいでいくわけです。患者さんがかまってもらいたいのも当たり前、お母さんが疲れているのも当たり前で、見ればわかるようなことなんだけれども、その当たり前に見て取れるところを言葉で確認していくのがとても大事なんです。

心的現実の扱い方

個人面接をやる場合にも家族面接と似たような視点を組み入れることもあります。個人面接で患者さんが話をする場合には、物語を書いていく——まあ私小説の場合は別でしょうが——場合と同じで、自分という主体を抜かして話をしてしまうということになりがちです。しばしば自分が何をしたかは棚上げにしたうえで、お父さんやお母さんが何を言ったとか、お姉ちゃんがこんなことをしたとか、そういう話をすることになってしまうのです。やはりこれは困るんですね。そういうときは「あなたという主体が抜けてしまっているから、あなたを入れ込んで話して下さい。あなたがこう言ったからお母さんがこう言った、というように」と言います。患者さんは「そんなことはない。お母さんがのっけから怒鳴ってきたんだ」と言いますが「そうかなあ。その前にあなた何かしなかった?」と聞くと「そういえば帰ってきたときにドアをバタンと閉めた」とかそういうことが出てくるわけです。できるだけ戯曲ふうに話を構成してもらうことが必要ですね。患者が親の言動を説明するときに患者の発言を省略させないということです。

台本のように会話を丸ごと再現してもらうわけです。

精神分析のとても大切な概念に「心的現実（psychic reality）」という言葉があります。心的現実とは患者さんが心の中で体験した現実であって、大事なものには違いないけれども外的現実とは違うわけです。しかし個人面接をしていて、うちのお父さんがどうだとか、うちのお母さんがこうだとか、患者さんが言いますね。それに治療者がフンフンとうなづいて聞いていると、やがてそういうものを治療者と患者が共有することになります。共有することによって、その話は心的現実から外的現実――治療者という他者が間に入った物体的な現実――へと変化してしまうわけです。

だけどそれを押しとどめる方法というのはあると思うんですよね。それはまずよーく聞くんだけれど、大きくうなづかないことですね。むしろこんな感じ（小首をかしげるしぐさ）で、とてもよく熱心に聞いていくと、そういうのがいいんじゃないでしょうか。そうしていないと、「下坂先生はやっぱり親が悪いって言ったよ」とか、親に向かって言ったりするんですよ。そういうことが実際にあって、こちらはびっくり仰天しましたけど。ですから「そういうふうにあなたは受け取ったわけだ」とか、「そういうふうにあなたは感じたんだね」とか、「あなたはそういうふうに体験したわけだね」とか返すわけです。そうすると患者さんは「先生私の言うことを嘘だというんですか？」とか言ってくるから、「いやいやそんなことないんだよ、でもあなたはそう感じたんでしょ、そう受け止めたんでしょ。そう言ったまでだよ」とか返事をしたりします。それから治療者が「親の肩を持ってもいいかい？」とかのっけから言い出して、「あなたの言われたことは～だけれども、その当時にお母さんの置かれた状況は～だったよね、だからお母さんは疲れていたんじゃないのかなあ」というようなことを患者に伝えることもあります。でもやっぱり個人面接にはちょっと限界があって、心的現実と外的現実の区別をきちんとしていくには家族面接が必要でしょうね。

最近診た患者ですが、お父さんの仕事の都合で、家族で外国に行っていた方なんですね。ところが患者さんが小さいときに急にニューヨークから南部に転勤になって、お父さんはそこでとても忙しくて、お母さんのほうも南部の英語はよくわからないし、知り合いはいない、それからスーパーも遠いと、そういうことで途方に暮れていたんですね。とにかくお母さんはとっても大変で、お父さんも帰ってこないので、毎日カリカリしてヒステリックになっていた部分がある。患者さんは成績は良かったんだけれども、数学の点だけ悪かったので、お母さんは「数学ができればいいのにねえ」と呟いたと。お母さんもそれは覚えているわけです。そこで患者さんは、小さいころ寂しい思いをさせられたうえに、お母さんは自分がどんなにいい点をとっても、もっともっとと要求してきたと、こう言うわけですよね。お母さんの方は、たしかにそう言ったかもしれないけれど、お母さん自身が数学が不得意だったので、この子はできるようになればいいと思っただけで、そんなに強く言ったわけでもないのに、と当惑しているんです。以上を確認したところで、患者さんから「どう思いますか」と尋ねられたので、私は「お母さんは数学だけ上がればいいと言ったんだよねえ。お母さんは数学ができなくて苦労したからそう言ったんだと。それも本当でしょう。でも本人からすれば、お母さんからもっともっとやりなさいと言われたような気がしたと。それもまた本当でしょう。まあ両方のお話を聞くと、回避できないような、とても可哀想な状況だったみたい。両方とも言っていることは本当だねえ」とまあこんなふうに返事したんですね。このように家族面接を用いると、たとえ幼児期の体験とはいっても、親の体験と本人の体験を照らし合わせることができるんです。

回復することへの恐怖

最後に経過中の留意点についてすこしだけ補足します。心の障害というのは、まっすぐに良くなってきてやれ安心、うれしいと、本人も親も喜ぶという、そういうものではないんですよね。いろんな症状や問題行動が、その人を支えているわけです。本来の苦しみに目が向かないようにうまく覆ってくれているわけですよね。このように症状には大切な意味があって、役に立っているんだということを発見したのはフロイトです。家族療法の文脈では、家族のシステムに問題があって、そのゆがみが本人の問題行動となって析出するという言い方をしますけれども、私はそこに社会病理の視点を入れる必要があると思います。家族病理の問題がそこに凝縮して析出しているというのは狭い見方だと思いますね。

さて昔からフロイトが言っているように、症状が良くなってくると、だんだん患者はそれに逆らうようになります。なかなか症状を手放したがらない。フロイトはいみじくもそれでいいんだと言いました。あんまり症状を治さなくていいよ、症状を温存しながらその心の中のありようを消化し、こなしていくことが大事だよと、そういうふうに言ったわけですね。フロイトが言っているのは、第一次疾病利得とか、第二次疾病利得とかいうことなんですが、最近の患者さんはものすごくそれが強いですね。まあボーダーラインをしていれば、地道なことは一切しなくていいですから、「治ったらこれをやるぜ」とか言っていればいいんですから、ある意味では大変に気が楽ですよね。お父さんもお母さんも、お金をいくらでも出してくれるし、病気をしているといいことはいっぱいあるんですよ。逆に回復するのは患者にとって、とても危険でつらいことです。

摂食障害の患者さんを例にとると、摂食障害を起したことによって患者さんは家族の中で真ん中の位置を占めることができる。今までは成績もよくて手もかからない子で家の中ではかすんでいたのが、ネガティブな意味ですが家族の中心になる。そして自覚的にか無自覚的にか、症状を梃子《てこ》にしてお父さんやお母さんを顎で使うことができるわけです。二階から飛び降りて死んでやるとか、食べずに死んでやるとか、一晩で冷蔵庫の中を空にしてしまうとか、もういろいろあって親はびびってしまうわけですね。ですからお嬢さまお坊ちゃまいかがいたしましょうか状態になって、患者さんにとってある意味では大変に都合がいいわけです。ところがだんだんよくなってきますと、やれよかったと安心して、お父さんの帰りが遅くなったり、お母さんは友達と遊びに出かけたりするようになる。そのうち「あなたもそろそろバイトをしたらどう」「よくなったら仕事に就きなさい」となるわけですね。そういう大変なことが待っているので、病気して食べたり吐いたり下痢しているほうがずっといいわけです。というわけで回復してゆくことが怖い。摂食障害では家族の中心からずれてしまうことのいやさというのも大きいですね。本人自身が言えることもありますが、たとえ個人面接のとき――回復恐怖という主題について取り上げることは、家族面接でもできないわけではありませんが、やはり最初に取り上げるさいには個人面接のときのほうが患者さんの抵抗感は少ないと思います――にそういう心情が明らかになっても、「そういうことをお父さんお母さんに言ってみない?」と勧めると、「でもちょっと言いにくい」とか言う場合もありますね。そういう時でも「じゃあ患者さんの心情の一般的なたとえとして僕が言うから、あなたはそれにくっついて、そうだって言ってくれる?」という形で勧めると「じゃあ言います」ということになる場合が多いんです。そこで私が代弁することになった場合には、「たとえ症状がおさまってきて、身体の状態が回復しているように見えても、心はまだまだひ弱なままですから、お父さんお母さんにはこれからもしっかりと見守っていてもらいたいんですが、そうしていただけますか?」というお願いをご両親に対してするわけです。まあアメリカの社会では――今はそのまねをして日本でも――自立ということをよく言うんですが、私の治療の目標は非自立ということでありまして、なるべくいわゆる「自立」をさせないように、最後まで人にすがったり、すがられたりすることができるような関係を作れるようにしていく、という治療目標を持っているんだ、と言うと怒られそうなんで小声で言います。まあそんなわけで、ご両親には比較的長く面倒をみてくれるように頼むわけです。

たとえば最近の娘さんで、男の子が好きなんだけど怖いという子がいました。その子が恋愛をしたんですが、セックスをしたあと気を失って救急車で運ばれたんです。しかしセックスはいやではなかったと言って、その後また恋愛ができるようになりました。そのときその娘に勧めたのは、とにかく嫁に行ってもすぐ実家に帰れと。亭主がいない間は実家に戻っているといいだろうとか、お父さんお母さんとしょっちゅう連絡しなさいとか、こういうことを言いました。この子のお母さんも子離れが悪くて、「○○ちゃんがいなくなったら寂しいわ」と言っているので、それならくっついていたらいい、新婚旅行もお父さんお母さん一緒についていったらどうですかと言いました。できるだけ分離させないようにしたんですね。そうしたら不思議なことに恋愛がうまくいって結婚することになったのです。

昔の摂食障害の人は「つまらない女になりたくない」とか、モーパッサンではありませんが「女の一生はつまらない。男の下に入っておさんどん（台所仕事）をして、何もいいことがない」とか、「男に生まれればよかったのに」とか訴えることが多くて、そういうのを昔は成熟拒否と言ったものですが、今ではそんな訴えは全然なくなってしまった。だから下坂はおかしなことを言っていたとか、怒られちゃったりしているわけですが、今だってそれの現代版はあるわけですよね。それは「ＯＬはいやだ」とか、「普通の女にはなりたくない」とかいう発言で、今の摂食障害の患者さんはみんなこれと似たようなことを言います。ＯＬの生活を知らないくせに、ＯＬは嫌だとか言っているんですね。とにかく普通の生活は嫌だ、普通じゃない生活がしたいということです。まあ今は国を挙げて個性尊重なんて言ってますよね。じゃあ個性というほどの個性を持ちあわせていない、世の中のほとんどの人はどうすればいいんだと思いますが、とにかく普通じゃないということにプラスの、普通ということにマイナスの意味づけが、国を挙げてなされているということです。

ところが摂食障害の患者さんは、病気が治ればただのお姉ちゃん、ただのお兄ちゃんになってしまうわけです。患者さんは普通は嫌だ、何か頭角を現さなければなければならないということですから、これにはとても耐えられない。何か非凡なことができないのなら、むしろ激痩せとか、ヤク中にでもなったほうがいいと思っているわけです。そこをうんと理解してあげる必要がある。平凡が嫌なんだねって理解してあげる。そして平凡になれよとは言わない。その代わりに「むかし孔子さま曰《いわ》く」と言って、中庸の話をする。「中庸というのはいいんだけれども、それがなかなか難しいことなんだよね」とか言うわけです。そしてこれは行動療法に近いかもしれないけれど、一歩半歩地道に日常生活を送っていってもらう。日常の暮らしを非常に大事にして、それをひとつひとつ積み上げてもらうことが大事ですね。私はよく「バイトより便所掃除のほうが大事だよ」と言います。そして日常生活をしっかりとやらせる。平凡恐怖に対しては、それを繰り返し理解してあげて、「なるほど平凡は怖いよね」というような応対を繰り返す。「人は平凡にしか生きられないんだよ」とか、そういうことは言いません。まあここで述べたような介入をやっていくうちに、だんだんと患者さんの回復すること、平凡になることへの恐怖心が薄らいでいくのだと思います。

質疑応答

〔質問二〕境界例の常識的家族面接において、親の保護機能のアップや視点の拡大についてはよくわかったのですが、内的対象が一挙に変化するということについてもう少し教えて下さい。

〔回答二〕内的対象像という中でも一番大きいのは、お父さんとお母さんについてのイメージですよね。家族面接をしていて、私がお母さんにお会いした時に「明るくて元気なお母さん」というイメージを持つことがあるわけですよ。ところが患者さんにそのお母さんの絵を描いてもらうと、角を生やした鬼のお母さんを描いたりする。だからしょっちゅうではないかもしれないけれど、鬼としてのお母さんのイメージがあるわけですよね。そういう場合にお母さんとご本人の両方に会っていると、お母さんが鬼になるというんですけれども、ご本人がお母さんを鬼にさせている場合もあるし、お母さんはほかのことの悩みで鬼になっている場合もありますよね。お母さんやお父さんご自身の親が入院していて、介護で大変だったとか、お父さんがあまり応援してくれなかったとか、いろいろ事情があるわけですよ。でも患者さんは、お母さんが自分のことを嫌いだから鬼になると思っていたりするわけです。そういう事情を、ご両親から子どもさんに面接で話をしてもらうと、「ああお母さんが鬼になっていたのも無理はないかなあ」とか、「私に対して鬼になっていたわけじゃなかったのかもしれないなあ」とかわかるわけです。それと面接でお母さんとご本人の具体的なやりとりを再現してもらうと、これはお母さん――まあもともとキレやすい人なのかもしれないけれど――キレるのも無理はないなということがわかる場合も少なくありません。つまり「自分がお母さんを鬼にしていたのかな」と患者さんにわかる場合もあるわけですよね。そうすることで、お母さんは一生懸命なお母さんだったんだと、ただ一生懸命すぎて、ときどきキレることもあるお母さんなんだとわかる。それは「鬼」ではないですよね。そこでイメージの変換が起るわけです。それと同じことは個人面接でも起るかもしれませんが、起ってくるまでにとても時間がかかる。家族面接では一気に変わるわけです。さきほどの例で言えば「自分のことをまるで心配してくれないお父さん」というイメージが、「自分のことを心配してくれて、ちゃんと電話もかけてきてくれているお父さん」「心配のあまり酒量がふえてしまったお父さん」というイメージへと変わる。ただしさきほどの患者さんは、お父さんのお酒の量がふえたということをポジティヴにとってくれたわけですよね。でもネガティヴにとる患者さんもいるかもしれない。「なんだこのオヤジ、酒ばかり飲んでやがって」とか言って、内的対象像を悪化させる患者さんもいるかもしれない。そこはまあ治療者の腕でしょうね。途中は修羅場があってもいいんだけれども、なんとなくご家族のムードを終局的にはほんわかとさせる、なごみが生まれるようにもっていくというのが治療者の腕ですよね。

〔質問二〕　先生はシステム論は肌に合わないとおっしゃっていますが、どう肌に合わないのか。システム論的な家族療法が先生の立場から見てどう不満なのか、その背景を教えて下さい。

〔回答二〕　システム論が肌に合わないというのは、まず私が物理・化学・数学に弱いというのがひとつありますね。それとね、昔のシステム論は分析の解釈以上に乱暴なところがあったんですよ。あまり素材が集まらないのに、この子が問題を起すことによってご両親の間をつなぎとめようとしているんです、なんてことをはっきり言ってしまう。それが効を奏する場合もあるでしょうが、私の好みではないですね。実際に家族にそういうところがあって、あとで親がこの子が病気になったおかげで家の中に問題があったことがわかりました、と言うのならいいんです。それを先取りして言うやり方は私は取りません。それにお父さんお母さんの仲を親密にさせるためということは、結局お父さんとお母さんの仲が悪いということですから、システム論が悪者をつくらないというのは私は信じませんね。これは家族に悪者をつくらないかのように装って、家族を操作するやり方です。今の家族療法では流行らないですけど、昔の家族療法では大セラピストがご託宣を垂れるわけですよ。家族が全員集まらにゃならんとかね。私はそういうのが嫌いなんだな。そういう解釈は、フロイトが嫌った粗大な解釈だと思います。

〔質問三〕今日は家族面接のお話だったわけですが、一方でフロイトを中心とする精神分析のお話もされていました。おそらく先生は家族面接も個人面接も超越した常識的面接論として、家族・個人面接が相互に影響しあうような面接をなさっているのではないかと思います。そこで、家族面接をやったことによって先生の個人面接がどう変わったかについて聞かせて下さい。

〔回答三〕私には家族面接への執着があります。家族面接の中に個人面接が埋め込まれている。昔は家族面接と個人面接を交互にやったりしましたが、今はそういう形式的なことはしなくて、やはり家族面接が中心です。

それから個人面接がどう変わったかということですけど、患者の内的現実がよくわかるようになりましたね。内的現実は内的現実として、外的現実としっかり区別できるようになりました。その意味でより分析的になったとも言えるわけですね。たとえばある患者さんが「お母さんがもう下坂先生のところへは行くなと言っている」と言うんです。お母さんとはいい間柄だったので不思議だなと思っていたんですが、お母さんが来たときに聞くと「本人があんまり下坂先生のところへ行くのがいやだとしつこく言うものですから、そんなにいやなら行かなくてもいいと言った」というのです。患者はそれに飛びついたわけですね。お母さんがやめろと言ったのは事実なんですよね。ただ本人がそれをうんと膨らませたわけですよ。このようなコンテクストの切捨てが起っている場合には、まあどんなに個人面接がうまい人でもそんな事情はわかりませんね。お母さんが反対したとしか思えないでしょう。このように患者さんの内的現実はとても狭いんですよね。家族面接を用いると、それと外的現実は違うということをはっきりと映し出すことができる。そして今度はそれを個人面接をする場合の参照枠として使うわけです。そういう意味で、私は精神分析的だと思っているんですけれども、まあ精神分析をやっている人はそうは思わないでしょうね。

それから常識的といいながら分析を使うじゃないかと言う人がいるかもしれませんが、常識的という場合には、ある程度力動的な見方が基本にあってしかるべきだと私は思います。ただし深い無意識を探るというのではなくて、せいぜい前意識を扱う程度ですね。本人は表ではこう言っているけれども、裏ではこういう気持ちがあるよっていう、そういう二つを言うわけです。私の面接は三段階方式で、たとえば本人が「私は痩せているけれども、もう元気になりました」と言うときに、とりあえず「それは良かったね」とこういうふうに返すんです。しかしそれじゃあ終らないんで、「だけどまだ、このすねのあたりは……」とか言っておいて、そのうえで「だけどあなたとしては回復しているんだよね」と続けるわけです。だから「もう元気になったから構わないでくれ」という患者さんの気持ちは拾うけれども、患者さん自身だってそれで済まされちゃ困る部分もあるわけですよ。だからそこも買う。そのうえでまた元に戻って、患者さんとしては元気になったということなんだよね、と締めるわけです。つまり患者さんの言うことを丸ごと受け取って、その裏をちょっと指摘して、最後に「あなたの言いたいことはこうだよね」とか言う三段階方式、その程度のことなんですよね。まあ私は精神力動的な見方というのは、戦後は一般的なものの見方というか、それこそ常識になったと思っていますから、これも常識的家族面接の中に入れてもいいんじゃないでしょうか。

〔質問四〕行動化への対処の話がたいへん興味深かったので、もう少し詳しく聞かせて下さい。

〔回答四〕行動化は、私が診る例では母親への暴力とか万引きが多いですね。お母さんへの暴力の場合、暴力の規模をよく知る必要があります。髪の毛をひっぱるとか、蹴飛ばすとか、肋骨を折るとかですね。そしてそれがどのように起るか。わりと多いのは八つ当たりです。比較的適応能力が高くて外でアルバイトをしているような子は、ほぼ自動的に周囲の人に合わせているんです。自分の中に反対意見があっても抑える。しかし合わせきれなくなると自分が周りにヘンに思われているのではないか、つまはじきにされるのではないかという不安がいっぱい出てくるわけですね。それで家に帰ってきたときには頭の中が不安ではちきれんばかりになっていて、ところが母親の顔を見るといつもの通りで、のほほんとしているように見えるわけですよ。そこで「コノヤロー」ということになって母親に当たる。もう母親が何をしたなんて問題じゃない。顔を見ただけでムカつくわけです。分析ではもっと難しく projective identification とか言うのかもしれないですけれども、要するに八つ当たりなわけですよ。もちろん母親や父親のちょっとした言葉に反応する場合もありますけれども、たいていは八つ当たりです。

今の教育家や臨床心理の人は、親が子どもの気持ちを理解しないからそういうことが起るんだと書いていたりしますけれども、あれは嘘です。先行した体験があって暴力が起る。お母さんに暴力を振るうのは仕返しが怖いからなんです。母親は仕返ししませんから。父親は怖いですからあまりやりません。母親に暴力を振るうことで自分の心の動揺を外に出してしまおうとしているのです。そういうことをはっきりさせながら話をしてゆき、「お母さんに暴力を振るっては駄目だよ！」ということをしっかりと鬼のような形相で言います。それでも駄目なら他に対策を講じなければなりません。

万引きの場合は、お母さんだけがお店の人や警察の相手をすることになる場合が多いわけです。軽い犯罪、出来心だからとか言ってね。しかし必ずお父さんを呼ばなければなりません。会社から飛んで帰ってきてもらって、警察やお店の人に平謝りに謝ってもらう、そういうところを患者さんに見せる必要がある。そして患者さんをちゃんと座らせて、正面から「駄目だよ」と言ってもらう必要があります。ただ万引きの心理にもいろいろありますから、そこは治療者が具体的にいろいろ聞かなければなりません。過食の人の場合でいえば、「どうせ吐いちゃうんだから、お金を払うのはもったいないからやった」とか堂々と言う人もいれば、「人恋しくなるとやっちゃうよ」と言う人もいますし、あと「お味噌の袋を指で突っついていたら、なんだかお母さんのおっぱいを触っているような気がして、それで盗った」と言った患者さんもいます。とにかく治療者がそうしたことをいろいろ聞いたうえで、正面から――側面からはだめ、つまり皮肉や当てこすりは禁物です――「駄目だよ」と言うわけです。つまり当然のことながら、行動化の意味を本人から聞く、そしてそれだけじゃまったく足りないわけで、そのうえで正面から「駄目だよ」と強く念を押すということが大切なわけです。

さっきもお話したように、万引きに限らず、行動化に対処する時には、お父さんに間に入ってもらうことが重要なんですよね。母親に対する暴力に対して、「あれは二人の間のトラブルですから」とか言って不介入を決め込んでいるお父さんも間々ありますけれども、それじゃあ駄目なんです。ただお父さんはそうすることに慣れていませんから、ゆっくり入ってもらうんです。そうするためにはお父さんを立てる必要がある。このごろはお父さんは家の中では粗大ゴミとか、役立たずとか、いろいろ悪口を言われているけれども、職場では有能な場合も多いんですよね。そこを買わなければいけない。お父さんの仕事について面接で話してもらうわけですよね。たいていのお父さんは、自分の仕事の大変さについてあまり家では言ってないんですよ。「疲れた」と不機嫌に言っている姿とか、酒飲んでいる姿とか、野球を見ている姿とか、患者さんが知っているのはそんな姿ばかりですよね。だから仕事について話してもらうと、お母さんにとっても、患者さんにとっても初耳である場合があるんですよ。お父さんにそういう話を充分にしてもらったうえで、「ご本人さんに対する意見が何かありますか」とか聞くと、「いやあ、別に」とか「私はどうも、家内に任せ切りなものですから」とかおっしゃって頭を掻いていたりするものですから、「でもとにかく一言」とか促すと、「意志が弱いんじゃないですか。昔は意志が強かった子なんですけどね」とかおっしゃるわけですよ。そこで治療者は「ああそうですか、じゃあ今は意志の強さが違う方向に出ているのかもしれないけど、やがてお父さんのおっしゃるような方向に行くんじゃないかと思いますよ」とか言うわけです。まあそうやってお父さんを立てて、そのうえで行動化に対処していくわけです。そういう意味で、境界例の患者さんはお父さんが間にはいると非常に良くなりますね。

（編者注）中庸は zhōng yōng という畳韻《じょういん》（耳あたりの良さを求めて、同じ「声」、同じ「韻」を重ねて作られた熟語）の語で、中を引き伸ばして発音したに過ぎない。孔子後学になって、中の持つ諸概念のうちより、極端に走らず、時に応じた適切な方法をとるとする意と、庸のもつ常という意味を取り出して結合させ、中庸をば中より一歩すすめた日常の実践道徳の徳目として確立させたのである。（廣松渉他編『岩波　哲学・思想事典』岩波書店、一九九八）

第二章　心理療法家の心構えと『論語』の教え

論語をこのたび初めて精読したという駆け出しの人間がここでお話するのは臆面もないことでございますけれども、私が論語を読んで心理療法家として感じた点をお話して皆様方のご批判を受けたいと思っています。

六七歳で亡くなった私の父は明治二〇年の生まれでしたけれど、「子の曰《のたま》わく、学びて時にこれを習う、また説《よろこ》ばしからずや。朋あり、遠方より来たる、また楽しからずや」「巧言令色、鮮《すく》なし仁」などと時おり口ずさんでおりました。それは好機嫌の時で、それに小唄や端唄《はうた》が交じるといった具合でした。(編者注1) 父には漢学の素養は全くなく、大学は独法科の出身でした。それでもこのような論語の口ずさみは、小唄と同じく父の好機嫌をいっそう好機嫌にするようでした。しかし「朋あり、遠方より来たる」がなぜ好きなのかわかりませんでした。父のもとへ訪れる友人は近くの洋服屋とか菓子屋の主人におおむね決まっていましたから。おそらく口調が好きだったんでしょうね。「巧言令色」のほうはわかります。父は口下手なほうでしたから。そんな次第で、父のごく貧弱な論語の暗唱は父の心の健康に役立っていたようでした。

*

孔子が仁をもって最高の徳としたことはご存知のことと思います。仁については難しい論議があることだろうと思いますが、私は素人ですから、論語を「最上至極宇宙第一の書」とした伊藤仁斎（一六二七‐一七〇五）の説にもっぱら拠りながら仁について解説したいと思います。仁斎は仁の定義として、孔子が樊遅《はんち》の問いに与えた、仁とは人を愛することだ（「子の曰わく、人を愛す」）という言葉を中心に取り上げています。それを仁斎は解説しまして、「慈愛の徳、遠近内外、充実通徹至らず所《ところ》無き、之《これ》を仁と謂う」（伊藤仁斎『語孟字義』）というわけです。また孔子は仁を修める方法をあまた説いたけれども、仁の意義そのものについてはほとんど説かなかった。これについて行き届いた注釈をなしたのは孟子であると仁斎は言って、孟子の説を引用しています。すなわち「惻隠の心は仁の端《たん》なり」、あるいは「人皆忍びざる所有り。之を其《そ》の忍ぶ所へ達するは、仁なり」、つまり人間なら誰でも他人の不幸を見るに忍びないという心があるものだ、この心を今まではかわいそうとも思わずに見過ごしていたことにまで押し広げてゆけば仁となる、といった次第です（『童子問』巻の上、第四二章）。もっともこれは仁の発端ということで、仁者というのはこのような心が「遠近内外充実通徹至らず所無し」という人物ですから、ざらにはいないわけです。

このようなことをふたたび論語に当たってみます。「子貢問うて曰く、一言にして以て終身これを行うべき者ありや。子の曰わく、其れ恕《じょ》か。己の欲せざる所、人に施すこと勿《なか》れ」つまり一言で言うならば、人が一生にわたって行えることは「恕」だと孔子が言ったわけです。「恕」はすなわち思いやり、惻隠の心です。仁斎の著『童子問』によると、孟子の言うように仁と恕の関係ははなはだ近い、仁というものは努力すればできるというものではないけれども、恕すなわち思いやりは努力すればできる。仁は徳を備えた者でなければ不可能だが、恕は努力して行おうとすれば多くは可能である、努めて恕をなしているうちに自然と努力によって不可能であるはずの仁を得てしまう。一件の恕をなす時はすなわち一件の仁を得る、二件の恕をなす時は二件の仁を得ることができるというわけです（『童子問』巻の上、第五八章）。論語を見ますと誰それは仁ではない誰それも仁ではないと、仁であるかないかの判定は厳しいのですが、他方「子の曰わく、仁遠からんや。われ仁を欲すれば、斯《ここ》に仁至る」とも述べています。これは孔子晩年の言葉のよしですが、この仁を欲するということは一件二件に恕を以て対する、これを終生積み重ねてゆくことになるのだと、仁斎に倣《なら》って私も思っています。

論語に「曾子曰く、夫子《ふうし》（孔子）の道は忠恕のみ」とあります。曾子の批評に従うなら、仁はほぼイコール忠恕ということになります。忠恕とはなにか。貝塚茂樹の注釈によりますと、忠は自己の良心に忠実なことであるが、それだけでは他人には通用しがたい。他人の身になって考える知的な同情が必要で、それが恕である。忠と恕が結合して一体となっているのが仁なのである。仁斎によりますと、忠とは自分を尽くすことであるから、他人に接するに誠実で人を欺く心はない、恕とは他人の心を推し量ることであるから、他人に対して寛容であり薄情で残酷なところはない。忠であってそのうえ恕であったら仁に到達できるとあります。

仁斎による孔子・孟子の学問の基本のまとめをご披露します。「聖門（孔子の弟子）学問の第一字は是れ仁、義以て配《はい》と為《し》、禮《れい》以て輔《ほ》と為、忠信《ちゅうしん》以て之が地と為《す》」（『童子問』巻の上、第三四章）すなわち、義（自分や他人の不善を恥じ、憎む心）は仁の配偶者であり、禮は仁を守る、だから禮を仁の助けとする、己を尽くすことを忠と言い、自分の言葉を実行することを信と言い、このふたつが学問の基本である、だから忠信を仁の下地とするとよいというわけです。皆さんご存知のように「仁義礼智信」(編者注2)という言葉がありますが、もとよりそれぞれが独立してあるわけではありません。普遍的な愛、もしくは思いやりである仁を支えたり助けたりするものが「義禮忠信」だというのです。したがって義禮忠信を欠いた仁はありえないのです。

*

私は西欧由来の心理用語であり、意味不明で治療者にないものねだりをしかねない新造日本語である「共感」という言葉をあまり好みません。しかし「思いやり」「あわれみ」、あるいは漢語としての「惻隠の心」という表現はむしろ納得がいきます。もっとも心理療法の場におきましては、「思いやり」「同情」「あわれみ」について十分に自覚的でなければならない。また治療者が抱いたこれらの感情に対する、分析ないしは知的なとらえなおしも行われなければなりません。心理療法の本を読みますと、共感は必要だけれども同情は好ましくないと書いてあったりします。私の考えは逆で、自覚的な同情は「共感」に優ると思っています。それはより自然な感情を出発点としており、共感のように誤用乱用され限度をこえて拡大されることがないからです。

さて、孔子の教えにおいては恕または忠恕を、たとえば患者といった一者を対象としないで次第に複数の者に及ぼすこと、それが仁に近づけるわけですが、私は家族援助を専門としていますから、この思いやりの複数化が必要だということを痛感しております。専門の方は先刻ご承知のように、思春期青年期にある近ごろの心的障害者たちは自らを省みることが薄く、身近な他者を激しく責めることが少なくありません。ちなみにこれは脱線ですけれども、孔子は義を重んじる仁者ですから、仮に孔子がこのような若者たちを見ましたら、単に思いやるだけでなく手厳しく批判もしたと思います。私は、そのような子どもといろいろ話していてある時期に「親孝行をしなさいよ」と言ったりすることがあります。そうすると子どもだけでなく親もびっくりするんです。そしてそこからよい展開になることが多いようですね。どうも親は子どもに孝行してもらいたい、子どもは親にすがって親の庇護の下にいたい、そうした期待や願望がすべて抑圧されてしまい、言語化されないところに問題があるのではないかと思います。

とにかくこのような患者たちを抱える親、特に母親の心労はたいへんで、彼らに対してははなはだ惻隠の情を感じずにはいられません。共感とは異なる「あわれむ」という感情が自ずと湧いて治療が一歩前進した例をひとつこれからお話いたします。

ある統合失調症の娘の母親。この方は主語も目的語もはっきりしないまとまりの悪い話し方をされます。そしてあたかもこのまとまりの悪さを取り繕うかのようにオホホとよく笑われるのです。娘はこの母を指して「何を言っているのかよくわからない」と申します。この娘は東京にいて母親は遠方に住んでおられますので、母親は症状の問い合わせの電話をよくかけてまいります。それが判を押したように私の夕食時です。それも今申し上げましたようなしゃべり方で要領を得ません。私はほとんど腹を立ててそれを押し殺して応対しておりましたが、ある時このひとの電話を聴きながら、このひとはこれが精一杯なんだ、これしかできないんだという考えが湧きあがりました。その後の私はこの母親に対して、本心からやさしい応対ができるようになりました。そうしますと不思議なことに、いやむしろ当然と言うべきでしょうが、以後彼女の話のまとまりはややよくなり、多すぎる笑いも減りました。彼女の話のまとまりの悪さ、過剰な笑いは生来のものに加えて、対人的な不安の表出ならびに防衛であったのでしょう。ですから、あわれみ・同情に触発された私の言動の好ましい変化に応じて、彼女の不安も減っていったのだと思います。今になって思いますと、仁斎流に言うならば、その時の私はひとつの恕によってひとつの仁を得たと言えるでしょう。

さて、再三申し上げたこの恕ですけれども、子貢への答えの中では「己の欲しないことは人に施してはいけない」という文章とひと続きです。この文章は私が思いますに、恕のあり方の基準のひとつを示していると思います。多くの心理療法家は共感共感と口癖のように申しますが、己の欲しないことをひとに施して意外と平気でいる人が少なくないように存じます。患者にとってありがたくない診断面接なるものを型どおりに行う、各種の心理検査をワンセットにして機械的に行う、約束した面接時間に治療者が遅れる、それから患者・家族に対してさまざまに礼を失する、症例報告を行うために当の患者の許可を取る。私はこれらはいずれにしても患者や家族を傷つける行為だと思っています。これまで申し上げたような事柄は、己の欲しないことをひとに施している代表だと存じます。従いまして孔子由来のこの格言は、今日の心理療法の世界にぜひ復活流行させたいものです。

ところで診断面接という言葉が出ましたが、偉大な人間通である孔子が行った人間診断の代表は「子の曰わく、其の以《な》す所を視《み》、其の因《よ》る所を観《み》、其の安んずる所を察すれば、人焉《いずく》んぞ廋《かく》さんや、人焉んぞ廋《かく》さんや」です。この文を心理療法に引きつけて超訳（?）をしてみますと、「人間をよく知ろうとするならば、その行動振る舞いを目でよく見る、そしてその行動の拠って来たるところをよく考えてみる、さらにその人が落ちつこうとしている未来の着地点を十分に推察してみる、この三点に配慮すればその人柄は明確になる」。なお、視・観・察の順に人間観察は浅きより深きに及ぶのです。この三点把握は患者・健康人に通底して適用できる、簡にして要を得た見事な人間診断術だと存じます。

＊

さて、孔子の求める学問は道徳の学です。六経《りっけい》の勉強を弟子たちに奨めていますが、道徳の実践があくまで第一義的な学習なのです。「子の曰わく、弟子《ていし》、入《い》りては則《すなわ》ち孝、出でては則ち弟《てい》、謹《つつし》みて信あり、汎《ひろ》く衆を愛して仁に親しみ、行いて余力あれば、則ち以て文を学ぶ」この「行いて余力あれば、則ち以て文（書物）を学ぶ」ということは心理療法に携わる者の手本とするべき振舞いですが、その実践は必ずしも容易ではありません。まずある理論にとらわれ、その理論を吟味しないで即座にその理論を臨床に適用する人はこんにち少なくありません。私は臨床好きの人間だと自認していますけれども、この孔子の教えどおりの暮らしに入れたのは四五歳で開業してからであります。日々臨床に明け暮れ、現実に余力のある時にしか文を学ぶことができなくなったのですから。理論に偏りがちな治療者は論語を味読する必要がありそうです。

江戸中期に名医の評判の高かった香川修徳《かがわしゅうとく》（一六八三 - 一七五五）という医師がおりました。彼は仁斎に儒学を、後藤艮山《ごとうごんざん》に医術を学んだのですが、聖道と医術はその根本をひとつとすると「儒医一本」の説を立て自ら一本堂と号しました。実証を旨とし、思弁的陰陽説や五行説を排し、病気の症候と経過とを忠実に観察しながら治療を行いました。彼の学説は『一本堂行余医言《いっぽんどうこうよいげん》』二十二巻にまとめられていますが、その巻の五にはさまざまな心的障害が取り上げられ、私が専門にしている神経性無食欲症についても見事な記述が見られます。この題名にある「行余」はもとより論語の「行いて余力あれば」から来ております。孔子は「鬼神を敬してこれを遠ざ」け、さらには「未だ生を知らず、焉んぞ死を知らん」と明言する言わばプラグマティストですから、自然科学思考を武器とする医学の方法と抵触するところはなにもない。医術には人文科学的側面もまた必要とされますが、論語はこの方面を長いあいだ補ってきてくれたと言うべきでしょう。医は仁術と言われるゆえんです。

また「子の曰わく、これを知る者はこれを好む者に如《し》かず、これを好む者はこれを楽しむ者に如かず」、これは孔子の素晴らしい学問論ですね。知る・好む・楽しむという順に学問をする人間の進歩進展を端的に表しているとみてよいでしょう。孔子の場合は道徳の実践が即学問であり、徳者はこれを促進するものです。これを心理療法の実践に当てはめますならば、知る・好む・楽しむという段階を経ることが望ましいし、私の臨床経験もこれに近い段階を経てきたように思います。もっとも私の開業生活のはじめのころは、好むの中に苦しむということが多分に混ざっていたように思います。治療者の心の中に大小の苦しみが混じることは避けられないと存じますが、苦しみがいつも楽しみを上まわるようならばその心理療法のプロセスのどこかに無理がある。場合によっては治療者の苦悩好みや悲観主義が土台にありまして、苦悩を伴わない心理療法は本格的ではないと錯覚している方もいらっしゃる。しかしながら治療状況のむつかしさを直視しながらも、同時に治療者の悲観的な見方につねに配慮されなければ治療は首尾よくはかどりません。私は長いあいだ臨床経験を重ねてきましたが、歳をとってから心理療法を楽しむ能力がいささか向上したと思っております。もっとも治療者だけが密かに楽しんでいるだけでは駄目であって、患者・家族の苦悩が大きいものであっても面接局面の中に適切なユーモアをしばしば織り込むことができれば、患者・家族・治療者の三方がそろって治療を楽しむことができるはずです。

*

人口《じんこう》に膾炙《かいしゃ》した孔子の言葉で心理療法家にとって大切な言葉が三つほどあるようです。その一は「これを知るをこれを知ると為し、知らざるを知らずと為せ。是《こ》れ知るなり」、その二は「過《あやま》てば則ち改むるに憚《はばか》ること勿《な》かれ」、その三は「中庸の徳たるや、其れ至れるかな」であります。これを私は日ごろ実行できていないですね。知ったかぶりも得意なほうです。しかし、その一もその二も患者・家族に対しては自覚的につねに守っています。患者・家族の知識や技能、ある種のセンス、これにはお洒落のセンスも含まれますが、これらはなんらかの点において治療者よりも立ち優っているものです。これをしっかりと認め、教えてもらうべきことは教えてもらい、賞賛すべきは賞賛する。当然のことですが、ことに自己愛的で傷つきやすい人々に対しては欠かすことのできない治療的態度です。とりわけ治療者が知らないことを患者が教えるということは患者にとってうれしいことですし、治療者にもありがたいことです。たとえば私は若者言葉や若者の流行について患者から教えてもらっています。ですからこの歳でも若者の言葉を使うことができます。若者の言葉を使いますと歳をとってからも若い患者さんを診ることができるわけですね。過ちを認めてこれを改めるということも言うは易し、しかしこの行動を取れないがために治療者が患者・家族の不信を買うことになることは少なくないと思います。その三の中庸の徳は患者への説教に使います。たとえば次のようにです。

「君は極端好きの方だね。何事も極端に走らないと手応えを感じないというか、それこそ極端に言うと生きている感覚が持てないというか、ほどほどとか生ぬるさなんていうのは体にカックンと来ないので一番嫌いなんでしょう。しかし古い話だけど孔子様という人はね、中庸という言葉を使って、ほどよい中ほどが一番よいと言われた。でもそれは君はとても嫌いなんだよね。極端好きがもう少し減ればよいのだけどそれは君は嫌いなんだよなあ……」。

こんなことを言うわけですね。極端好みは強迫的心性を底に持ったあらゆる病態に見られます。境界例もその代表のひとつでしょう。彼らの極端好きは一朝一夕に修正されるものではありませんけれども、極端に走ることが彼らが最も好む生き方であることを確認したうえで、わかりやすくやんわり孔子の権威を借りて中庸の徳について説明することは無意味ではないと思います。

＊

論語を通読してみますと孔子はいつも日常的で身近な具体的な事柄を取り上げています。この点に注目したのはやはり仁斎です。その主張に心理療法家として大いに共鳴しましたので紹介させていただきます。『童子問』の中の一節ですが、伊藤道治さんの現代語訳をちょっと変えて紹介します（『童子問』巻の上、第二四章）。一童子が、先生が説くところはあまりに卑近すぎるのではないですかと疑問を投げかけたときの仁斎の答えが以下のごとくです。

「身近なればその道は自ずから実のあるものとなり、高遠になれば空疎なものとなる。身近なことを軽蔑する者は道を認識することができない。道というものは大地のようなものと言えようか。この世界において地よりも低いものはない。しかし人の行くところはすべて地であり、地を離れて立つことのできる者はない。まして華嶽《かがく》（編者注3）をのせても重いということもなく、川や海をのせても洩《も》らすということもない。万物をその上にのせていることを考えれば、地が低いところにあるというので見下すことはできない。思うに天も同じである。人々は青々とした天を知ってはいるけれども、自分の目の前の空間もみな天であることを悟らない。天は地の外側を包み、地は天の内側にあり、地上はすべて天である。人の左右前後みな天である。人間はこの天と地のあいだに囲まれて生きている。天を遠いと言うことはできない。だからごく身近なところに万事を求めるべきで遠いところに求めてはいけない。遠いところに求めると的外れになってしまう。学者はその学問が身近であることを恥ずかしく思って、強いて高尚な議論や変わった行動をして世間に大きな顔をし、ある者は異常なことを追い求めてそれを神秘なことと言い、いつも天を引き合いに出して高尚だと言うようになる。卑近ということを口にすることを恥ずかしいと思わなければ、道を求めてゆくことができて学問も明らかとなり、もし道から外れてもひどく外れることにはならない」。

以上が孔子の教えの基本を仁斎流に味付けした考えです。彼が地をきわめて重視し、目の前にある空間が天であるとしたのは、われわれの生き方の盲点をついています。原文で言いますと「人惟蒼蒼《ただそうそう》の天を知って、目前皆是《みなこ》れ天なることを知らず」です。今日のわれわれは現実に土を見、土に触れる機会が乏しくなったことも手伝ってか、地・土の大切さがわからなくなっています。そして足を地につけることも、地上を地道に歩むことも流行らなくなってしまいました。そのうえ驚異的な科学の進歩は、人の地道な歩みを実体的にも比喩的にも不要としてしまったかのようです。

しかしここにひとつの大きな落とし穴があるようです。健康人も患者もひとしなみに進歩向上を目指すことは昔と変わりがないように見えます。しかし今日の人々は地道を行くことを忘れて、骨を折らずあたかもリニアモーターカーのように足を地面から浮かして目標に素早く直進しようとする方々が多い。この傾向は境界例の人たちに特に目立ちます。私はただいたずらに前進・発展・向上を目指すのではなく、患者・家族・治療者の三方がそろって足を地につけて地道にゆったり歩むように工夫を凝らすことが、心理療法の大道をゆくということだと考えています。目前みなこれ天であることをわきまえて、面接のつど浮かび上がる卑近な問題をひとつひとつ丁寧に扱ってゆくことが肝要でしょう。私は論語のことはよく知りませんが、今後も引き続き孔子や伊藤仁斎の文字を通して教えを乞うてゆきたいと思っております。

（編者注1）江戸後期から幕末にかけて流行した、三味線伴奏で歌われる小歌曲。小唄の源流と言われている。

（編者注2）これら人のつねに守るべき五つの徳目を指して五常《ごじょう》ともいう。孔子が重視したのは仁・義の二徳目であるが、孟子はそれに恭敬、是非の心を意味する礼・智を加えて四徳とし、前漢の董仲舒《とうちゅうじょ》がさらに誠心の信を付け加えた。

（編者注3）中国の五岳のひとつに数えられる、中国陝西省東部にある名山。

心理療法としつけ

まずひとつの例。摂食障害の若い娘。この患者は、一般外来に来たのですが、「お父さんは嫌いだ、顔も見たくない」といい、父親に向かって「家から出て行け」と叫びます。それに対して父親は早々に自室にこもるそうです。親が子どもに対して家を出て行け、という話は聞いたことがありますがこのケースの場合はあべこべです。しかもこの種の言動に走る若い患者は、近頃珍しくはありません。心理療法としつけが今日の大切なテーマとなる所以です。

私は今日の青年の心的障害、わけてもボーダーラインケースを主に治療しています。彼らは自分にとって意味があるものと意味がないと思われるものをはっきり分けます。あるいは自分の好きなことと嫌いなことを分け、嫌いなことには見向きもしないといってよいかもしれません。意味あるものとはたとえば英会話、外国留学、音楽修行、マスコミの仕事などであり、意味のないものとは家事、とりわけ後かたづけなどです。もっとも今日では一般の若者も上に述べたことと同じような価値観を持っているようです。それでは一般の若者の場合とボーダーラインケースとはどう違うのでしょうか。私見によれば、上記の二分法の境界がボーダーラインケースの場合はくっきりしすぎているようです。ボーダーラインケースだけでなく、一般の若者に対しても、今日の豊かな社会を土台とする規範の喪失とハイテク技術の進歩がこの困った二分法の成立を促進していることは確かですが。しかしながら日々無意味と思われることへの従事の集積が、いずれ有意味な行動の実現の下準備となるのです。考えてみますと、さまざまな遊びやスポーツも始めから面白いわけではありません。遊びやスポーツの基礎もつまらないことの繰り返しが多かれ少なかれ先行するはずです。こうして大なり小なりつまらないことを繰り返すことを通じて、初めて遊びを楽しむことができ、スポーツを楽しむことができるのです。

意味があり楽しい行動のみを選択して生きていこうとすれば、いつまでたっても実感を獲得することはできません。無意味でつまらぬことのようにうつる日常生活のしきたりを実行することなしに、ひとは実感を得ることはできないのです。この実行には大小のほねおりを伴いますが、わが身の働きを如実に感じさせてくれるものです。人間はいきものですから、日常の単調な身体を使う営みを軽視しているとイキが悪くなってしまうのです。ボーダーラインの人々は暴力、自傷行為、摂食、過食、やみくもなセックスにはしりますが、それらは歪んだ形ではあっても実感を一挙に得ようとする試みでしょう。しかし彼らが「有意味行動の追求→挫折→行動化→有意味行動の追求」の悪循環を繰り返しているかぎり、安定した実感をものにすることはできません。ひるがえって治療者も対象者にチャンと挨拶することができないようでは、実感を伴った心理療法を行うことはむつかしいのではないでしょうか。

さて躾という漢字は国字であり、身と美とを合体させたものです。つまり身だしなみです。こういうしつけという国字を考えてみますと、これは患者にというよりは治療者にまず必要なことのようです。たとえば、若い男性の治療者にはしばしば〝大股開き〟が見られます。このことに彼らは無自覚です。しかし、このような行儀の悪さに反応する患者は少なくないと思われます。

私事にわたりますが、私は高齢であるにもかかわらず、思春期青年期の患者をいまだに治療しています。年をとると、若い患者の治療は無理だということをよく耳にします。私は、若者文化をできるだけ理解しようとし、それだけではなく下手なりに若者言葉も使います。これも若者の治療が可能である一条件でしょうが、身だしなみにも一応気を配っています。それは何のことはない、身なりをやや派手にしていることです。これが若者とのコミュニケーションに役立っているかどうかはわかりませんが、私はこのような身だしなみが役に立っていると思いこんでいるのです。この思いこみでも、診療の自信の助けに少しはなっているようです。

仏教の世界では、日常茶飯事をひとつひとつこころをこめて行うことがすなわち仏道を行ずることであるという考えがあります。有意味だ無意味だといった分別をしないのです。わけても禅宗の場合がそうです。道元の『正法眼蔵《しょうほうげんぞう》』には、難解で深遠な説教の間に、「洗面」とか「洗浄」とか題して、その題の通り最も卑近な日常についての作法が細かく説かれています。「洗面」の巻を見ますと、楊枝つまりこんにちの歯ブラシの使い方が細かく書かれています。その中身は具体的で丁寧で、こんにちの歯科医が指導する歯の磨き方とほぼ同じです。ちなみに道元は、ここでお国自慢をしています。宋の国の出家者も在家者もほとんど楊枝を使わない。そのために耐えがたい口臭を発しているというのです。それに比べ、日本人は誰でもが楊枝を使っていると書いてあります。

口臭について言えば治療者のしつけに属するでしょうか。道元はやや強迫的な方だったようですが、口臭の問題には心理療法家も神経質であってもよいでしょう。閉じられた部屋の中で長時間対象者と向き合う仕事ですから。治療者の身体の状態はさまざまに変化します。口臭を無にすることは不可能でしょう。それに対するひとつの対策は、面接の合間に折々口をすすぐことと患者とできるだけ離れて座ることです。私がこれまでに経験したさまざまな病院の治療室は、患者と治療者が適当に距離を取るためにはどれも手狭すぎました。「洗浄」の巻をちらりと見てみましょう。そこでは長い爪と長髪が戒められてあり、大小便の用のたし方が仔細に渡って書かれています。患者の長髪をとがめていたら商売にはなりませんが、治療者の長爪長髪は今日においても要注意でしょう。

さてここで再び患者のしつけの問題に戻ります。冒頭に述べた父親を追い出すという一見勇ましい娘さんの場合、私は父親にすぐ自室に引っこむのではなく、その場に踏みとどまるように要請しました。これが娘に対するしつけの始まりの始まりだと思います。治療が進めば父親自身がその娘を言葉を使ってたしなめることが可能になるでしょうが、それはだいぶ先のことでしょう。ボーダーラインケース一般に対して申しますと、患者を交えた家族面接において、患者もやりやすいし家族もいささか助かる、ごく簡単な家事をひとつしてもらうことを原則としております。ただし、ボーダーラインの人は一度に二つ以上のことをするのは苦手ですから、一つができるようになったらば、さらに他の一つを加えるというように、日常生活にゆっくり自分で責任をもってもらう必要があります。ボーダーラインの患者はしばしば焦ってバイトを始めますが、それが長続きしないのは皆様ご承知のとおりです。それには「始めに力み過ぎる」癖のほか、いろいろな要因がからんでいますが、家では何もしなかった患者がある日突然バイトを始める。これではバイトが続かないのは当然でしょう。

以上ボーダーラインケースには簡単な家事を実行させることの益を説きました。ボーダーラインケースに見られる二分法の考え方は、窮極には打破される必要がある。そのためには言語的治療のみならず、家事を行い、おのれの日常生活に少しずつ責任を持ってもらわねばなりません。ここでひとつ注意しなくてはならないことがあると思います。ボーダーラインケースの生活史を見てみますと、発症前は一つ事に熱中しているか身の回りのことをきちんと整えすぎていた人もいます。ところが発症後しばらく経つとこれまでの暮らしぶりとは打って変わり、締りのないだらしのない生活を送るようになることがしばしばです。そうなると当然家事はしません。発症前と発症後の暮らしぶりを一口で言うならば、発症前は締りのありすぎる生活、発症から一定時期を過ぎた後は締りのない生活に移動したと言えるでしょう。

ボーダーラインケースの人柄は実は強迫的な心性にとことん浸透されています。したがってその強迫性は、ある程度緩められる必要があるのです。ですから治療者は、患者に対しても家族に対しても一見怠惰に見える生活のプラスの点マイナスの点を充分に吟味し、怠惰な生活の意義を評価する必要があるでしょう。そのような手続きを充分行った後に初めて簡単な家事を勧めるのです。そうでなくて単にしつけしつけという方向に治療者の目が向くならば、患者の強迫的な心性を強化することになりかねないと思います。

考えてみますと心理療法としつけというテーマを真剣に考えざるを得なくなったのは、ここ数年のことでしょう。しつけということは、心理療法家の本来の役割からはいささかはずれています。本来の役割といささかはずれているという自覚は持ち、しつけの真の実行者はあくまで患者の両親であるということを忘れないようにしたいものです。しかしたとえば、患者の強迫性ないし肛門性を中心とする精神力動を充分読み取りながらしつけの問題を考えるというところが、他のかたがたと異なった心理療法家のしつけへのアプローチということができるかもしれません。

第三部　変容する社会と心理療法

第一章　現代女性の位置と摂食障害

一　現代女性を囲む情勢

昨今の摂食障害者の驚異的な増加とこれに伴う軽症例の増加とは疑うことのできない事実だと思う。私は現代社会の特徴を把握する能力を欠いているが、こんなにも摂食障害がありふれた行動障害となったということは、こんにちの社会にありふれた現象と一種の相関関係にあると考えるのが常識であろう。

現代社会について論じることはできないとしても昭和一桁生れの私の目に映った世相の表面的な変遷なら私にもわかる。このような変遷と摂食障害の増加との関係をここでは考えてみたい。私の日常の見聞ならびに患者とその家族とから聞いたこと。それらが世相判断の資料である。それは都市のサラリーマン家庭の暮らし方の一端を述べるということになるだろう。しかしそれはさほど片寄った材料であるとはいえない。日本各地の都市化現象とサラリーマン化現象とは、現代の日本社会の大きな特徴とみられるから。ちなみにNHK世論調査部が一九八四年一二月上旬、全国の一六歳以上から七〇歳以上にわたる国民三、六〇〇人を対象に、個人面接法を通して得た「現代の家族像」の調査結果によれば、現代家族の半数以上（五八％）がサラリーマン家庭に属し、それはいわゆるブルーカラーの家庭（二八％）と、いわゆるホワイトカラーの家庭（三〇％）とにほぼ二分されている。生活維持者が家業として農業・林業・漁業に従事している家庭は、九％と一ケタにまで激減してしまったとある。この資料をみてもサラリーマン家庭というのは、こんにちでは平均的な家庭像となっているといってよいことになる。

私が見聞している世相を述べるといっても、摂食障害が女性に圧倒的に多い障害であるということを考えるなら、現代女性の置かれている位置に焦点を当てる必要がある。このことを意識して、まず以下のことを列記しよう。

（一）生まれてくる子はぜひ男子であってほしいという望みはかつてのように公然とは語られなくなった。だから、かえって、娘があるとき、お前が男ならよかったとか、本当は男子を期待していたと大人たちから伝えられたら、その伝達内容は、かつての時代よりも深刻に受けとめられることになる。また、かつては男子にもっぱらふりあてられていた親の期待が、女子に直接に寄せられることもふえている。

（二）音楽、日本舞踊、バレエ、美術、スポーツといった稽古事を幼少期から始める女子が少なくない。これらの稽古事は、ほとんどは親の意志によって始められるのだから、最初から葛藤含みであることが多いが、これらの稽古事がともかく続けられる場合は、当人と親との誇りとも拠り所ともなる。とはいえそれは所詮、稽古事であって、大半の娘はこれをいずれ断念しなければならぬ羽目――受験準備が断念の最大の理由となる――となる。これらの稽古事を内心の最大の拠り所としてきた娘たちにとっては、この断念は大きな痛手となりうる。

かつて花嫁修業として課せられたお花とお茶の稽古は、結婚成立への実質的な前提であり、したがって一時的なものとして自他に納得できた。そこに錯覚や幻想の入りこむ余地はなかった。しかし如上《じょじょう》のこんにち流行の稽古事は、なんらこのような実質の前提となるものではない。そのためにかえって、当人――時には親をも――の錯覚・幻想を助長しやすい。稽古事を一時の稽古事として限定してみる目を失った当事者の行手に待ち受けているのは、いわば断崖もしくは底無しの空洞である。

（三）女子においても有名校を目指すことや高い学歴を得ることが男子とほとんど同じく一般になった。当然、学校生活の進路を巡って親娘の間柄が以前にまして葛藤に満ちたものとなることが多い。そして成績の上らぬこと、かち得ていた成績を維持できぬこと、所期の学校へ行けなかったことなどは、男子学生と同じ規模の挫折体験となり得る。

また個性尊重の精神からであろうか、当人の柄には合わない特殊な学校へ入学するものもふえた。これは（二）に述べたことと一部は重なる。当人は当然入学後に苦しむ。このようなときは、親が正面から反対していてくれたらと思わせられることがある。つまり進学を巡る葛藤がここでは生じないことが問題である。この点では男子のほうが選択の幅が狭い。親は内心は反対でも「女の子だから」と合理化して許してしまう。親はたとえこのようにさほど真面目な気持でなくても――これは大上段にいえば一種の女性蔑視――、当人はさし当たり大真面目である。これは確度の高い伝聞だが、音楽大学の女子学生のうち、自分に才能がないことがある程度わかってもそれであきらめることはなく、外国に留学すればなんとかなると思う学生が近頃ふえたという。もっとも外国留学すれば箔がつくとさきに考えたのは明治維新後の男達だった。それに類似の考えが女子の間にひろまったのだと考えれば、これもそれほど異とするに足らない。

（四）学校卒業後は就職することが常道となった。就職していないことは肩身の狭いことであり、風変りにみられることである。これは現代の女性の暮らし方と戦前の女性の暮らし方との大きな差であろう。職業婦人という言葉は、周知のように戦前は一部の階層――単なる富裕層というだけではなくて、働くことは世間の垢にまみれることと考えるような家庭群――の間では蔑称の一種であった。「良家の子女」は花嫁修業はしても職業にはつかなかったのである。

（五）就職するということは、大多数の女性にとってOLになるということと現実にはほぼ同義である。『常用外来語辞典』（三省堂編）によれば、オーエルすなわち、オフィス・レディは、女子事務員の美称であり、一九六四年に、東京オリンピック開催に当たって週刊誌『女性自身』が読者投票の結果選定したものだという。つまり和製英語である。OLの生活の実態の種々相を私は知らないが、「つまらないものだ」という風説そのものは実態的である。男子の間でも会社員はつまらないという噂がちかごろ実態的であるのと同様に。

（六）さきに述べたことと関連するが、その対象は何であれ、つまらないか・面白いかといった観点を重要な軸として生活していくということは今日風である。いうまでもなく、この観点の成立は、生活苦からの解放を前提としている。したがってこのような生活の眺め方の拡がりは男女、老若を問わない。しかし一方では性別分業制がほぼ旧態のままに続いていること、男女の職業生活上の不平等、月経、妊娠、分娩、授乳といった生物学的条件にも根差した負担等と他方では男女同権意識の普及とを考慮に入れるならば、つまらないか、面白いかといったこの二分の感覚は、現代の若い女性において最も鋭いといってよいであろう。すなわち家事もＯＬ生活も結婚も育児も「つまらない」としばしば感覚されるはずである。

以上（一）～（六）までの現象は、表面的には、女性の外的地位の向上を意味しており一応好ましいことだが、かつて男性社会において顕著であった競争、成功、達成といったいわば「男性原理」が、こんにちの女性社会の中へ広範に滲透するようになったことをも意味する。

いうまでもないことだが、戦後、新憲法において「家庭生活における個人の尊厳と両性の平等」がうたわれたからといって、女性の外的地位がにわかに向上したわけではない。高度経済成長期以降に展開した工業化社会、大量消費社会が、はじめてそれを可能にしたといえる。

戦前までは、家庭生活・結婚生活における一定度の充足――家父長制、男尊女卑、絶対的といってよいほどの性別分業、儒教主義的道徳観、歴然とした貧富の差などを当然の前提条件とした充足である――が、女性の自足にもっぱら役立っていたと思われる。こんにちでは、これに加えて愛情生活、学校生活、職業生活ならびに趣味的生活における個人の願望にほぼ見合った充実を欠いては、女性の自足感、充溢感は得難い状況になってきている。現代女性は、外的地位の向上に伴う自由度の拡大、多様な生き方の可能性を目の前にして、内的にはむしろ不安定で、選択のむつかしい、混迷に陥りやすい場にいると推量される。何に向かって、どのように自己を形成していくかと同時に、現実には何に対してどのように自分があきらめていくかというもうひとつの自己形成もまたしなければならぬ。この諦念に基づく自己形成は、家庭においても社会においても顕在的ないしは陰伏的に男女差別がこんにちなお相当に存在する以上、その是非は別として、男子以上に必要とされているという現実は無視できない。とにかく女性の役割が、往昔《おうせき》と比べてこんにち固定的なものではなく、浮動し流動し複雑化しているために、女性としてのアイデンティティを形成していくことはたやすい道程ではないと考えられる。

二　学校生活・職業生活と発症

多くの摂食障害の研究者たちは、摂食障害をアイデンティティ障害としてとらえている。私もこれまでその立場を(8)とってきた。しかし、アイデンティティ障害といっても、摂食の異常をはじめとするさまざまな症状それ自体が患者なりのアイデンティティ形成の必死の試みであるというところに摂食障害の特色がある。

まずは本症の発症状況について考えてみたい。無食欲―― bulimiaで終始したのは男子例しかしらない。これについては後述する――に先行――あるいは同時――して学業や職業への熱中がしばしばみられることは周知のことである。しかもこの熱中は、相当の身体衰弱が出現するまでは続く。この熱中を私は発症そのものとして従来とらえてきた。それも間違いとはいえないであろうが、患者の目指すところに理解を示した見方ではなかった。病理観をひろげ過ぎた見方ともいえる。「今度は頑張ろうと思った。食事したり寝てたりしたら成績は上らない」「この前、×番をとったので、それ以下にはなれない」「食べないと頭が冴える」といった言表は、はなはだしばしばみられる。患者の言葉を文字通りとるなら過剰な頑張りがはじめに起り、それを持続させる努力の中で、それは節食と学業・仕事への熱中といった一見二つにうつる表現をとる。これらの例は、「一念発起して寝食を忘れる」という形容が文字通りぴったりする発症状況である。そして彼女らの狙いは、これまでの「並み」の在り方を脱却して凌駕し続けること、達成し続けることである。凌駕や達成の証しは可視的なものの数量的なものでなければならない。内的な充実感に乏しい彼女らは、外界にある確固とした誰の目にも同等に評価されるものに頼る他はない。成績が×点上ることと体重が×キログラム減ることとは同じ意味合いを持つ。点数を自分で改竄した娘の例を私は以前に紹介したことがある(8)。大多数の彼女らは、才能に恵まれているわけではない――これは確言できることである――ので、実際「ガリ勉」をしなければ、よい成績を得、これを維持してゆくことはできない。

発症状況の他の有様はつぎのようだ。私としてはむしろこのタイプが多い印象を受ける。さきに挙げた発症状況では、勉強、仕事への熱中と食事制限とが密に相接して起っている。しかしこのたびは、これまで一定期間維持してきた学業成績、勤務成績が落ちてきたときや学業や勤務に嫌厭が生じてきたとき――これは人間関係の不調和がからんでいる――に、それに入れ替るかのように食事制限が始まる。あるいは目前に迫ったクラス替え、転校、受験、就職といった不安、緊張をかきたてる状況を前にして節食が始まる。

以上の外的条件の変化に触発された挫折、嫌厭、不安、緊張、焦燥を、徹底した食事制限という行為が即座に軽減してくれる。われわれは上記の諸感情におそわれたとき、うちひしがれ呪縛されてしまうこともあるけれども、多くの場合即座になんらかの行動を起して感情の転換をはかろうとする。それが飽食に倦き、女性の痩せることが美徳とされる現代においては、女性の場合即座に自己の意志で行うことのできるダイエットの開始であることは納得される道理である。男子ならばおそらくこのような状況の中で登校拒否・出勤拒否が始まるところで、無食欲が始まる。これは無限に痩せることを志向することによって、他者に遅れをとらぬばかりかこれを凌駕し、かつは自己完結的な充足感・達成感を得ようとする新しいアイデンティティ形成の試みである。

摂食障害の初期状態は、登校固執症・出勤固執症と呼ぶにふさわしい面をもつ。それは登校拒否・出勤拒否の双面神風《ヤヌス》の側面といえよう。

登校拒否が男子に多く、わが国における今日の学歴社会・高学歴志向と密に関連した行動障害であることはいうまでもない。これと同じく、親と娘双方のあるいはいずれか一方の学歴志向に裏打ちされた上昇と能率とを旨とする生き方が昨今の摂食障害激増の一誘因になっていると私は考える。ここでいたるところ各大学や高校において多くの女子学生が真面目に出席し、勉強し、学業成績において男子学生を凌いでいるこんにちの有様を私は想起する。昔ももちろん優れた女子学生はいた。しかしそれはほんのひとにぎりの数であった。しかしいまでは、多くの女子学生が学内で先頭集団を作っている。女子が優秀な成績をかち得ることはそれだけ常態化したといえる。このような「常態化」の景色から脱落することは、可視的な成績に自己をかけている女子にとってはまさに落ちこぼれである。常態と摂食障害という異常態との連続性を考えるなら、上述の女子学生の光景は象徴的である。そして女子学生の摂食障害の開始は、しばしば先頭集団への加入もしくはそこへのふみとどまりを意味する。

ファッションに敏感なおしゃれな摂食障害者の存在も周知である。しかし彼女らにおいても発症状況は、学業の競い合いを伴っていることが多い。学業の競い合いに限界がみえたころからファッションに夢中になったと理解できる症例もある。流行の先端をゆく服をわが身につぎつぎまとうことも、可視的な達成感を与えてくれる。それはかつて上位の学業をめざしたようにやはり平均化されたもの、当り前なものに自己が埋没してしまうことに対する恐怖を糊塗する試みでもある。

つぎに例を挙げる。

〔症例一〕A子。発症は二二歳時、舞台衣装を作る会社に勤めていたとき。仕事には興味を全然感じていなかった。職場の同僚である同年齢の痩せたエキセントリックな印象を与える女性に向かって「私もダイエットしようかしら」と言ったら、彼女に「そうね、馬鹿な人には、ダイエットできないというから、やってみるといいんじゃない」と言われダイエットを始めた。節食を始めてから、仕事のつまらなさがあまり感じられなくなり、かえって残業に精を出すようになった。

彼女は東京近郊の市立高校を卒業したのち大学は国文科を受けたが不首尾に終って一浪。このたびは某美大の短大の被服科に入った。はじめから美大へ行き絵画か造形をやりたかったのだが、母方伯父の娘が美大を志望しており、負けると嫌だと思い国文科を受けた。国語が好きだったわけではない。短大の被服科へ入ったのはこれも特別好きではなかったけれども、これなら周囲と比較されないと思って選んだ。卒業後も本当はインテリア・デザイナーになりたかったのだという。

父（四九歳）は農家の出。同胞五人中の末子。ただひとりの男子である。彼は長男として大事にされたが、長姉は看護師で男まさり、家中で最も「威張って」（母＝妻の言）いた。両親ともに長幼の区別をはっきりつける人であった。その身内には、看護師、保健師といった女性で仕事を続けている人々が多い。

母（五〇歳）の実家は酒屋、彼女は同胞三人中の第二子。上、下は男である。兄は家業を継いだが、兄弟ともに子どもの成績を自慢する。たとえば弟は娘が劇団××に入ったことが自慢である。またA子の目の前でA子とその年子の妹との顔立を比較したことがある。A子の発症直前である。このとき以後弟（A子からみると叔父）は、A子の指図で出入り差止めとなった。母の躾の建前は平等である。長幼を区別しない。これは実家の家風であるという。

この例には、頻回の家族合同面接を行った。はじめての家族面接のときから、母は父とは価値観がことごとく違うと述べる。父は長幼序ありの方だが、自分は平等主義だ、姉・妹も区別せずに育てたという。夫の実家に行くことがいや、夫が実家へ行くこともいやである。父親から金をせびられてくるから。夫の家へ行っても長女をはじめとして姉たちが横柄である。夫は長男だが末っ子なので、万事相手の云うなりといった趣意である。夫はこれにはっきりは反論しない。A子は、もう少し遅れての面接で、自分は母の平等主義はいや、誰も姉として立ててくれない。その点は父の上下を区別してくれるのが有難いと述べた。事実この家では父を除いて誰も姉とか妹という言葉を使わない。母の平等主義は相当徹底していたようである。

A子が両親や他人の顔色を一番みる。下二人の妹ははっきり意見を言い、親を親とも思わないところがある。母にいわせるとA子は、父と母との二つの価値観を合せもっており、次女と三女とはまったく自分と同じ価値観だという。発症後、母はA子の外出、外食好きにもっぱらつき合うようになり、次女は進んで母代りの家事をひきうけ、三女は

A子の食事の押しつけの標的となった。ある合同面接のセッションにおいて、私は、次女と三女とに向かって、「あなた方は親を軽くみているところがあるね」と問いかけると、二人とも微妙な表情となり即答しなかったが、母は、「それは私がいけないんです。お父さんのやり方をいつも批判していましたから」と言葉をひきとった。こんな話も母から出た。「お父さんは風呂の中で手拭いを使う。田舎ではそうだったといって改めない。汚れるからしまい湯に入ってもらっている」。

教育についても両親は意見が違う。父は女の子でも芸は身を助けるという、これが口癖である。実務的な仕事がやれる教養を身につけろという意味であろう。男女同権思想とは縁がなさそうである。母は高等学校を出ればそれでよいという。もっとも母の高校の成績は抜群であったよし。次女は幼稚園の教師。この仕事は父の気に入っている。三女は短大国文科。父は国文科なんて無意味だといい、母はどこでもよいじゃないかという。この母の個人面接のとき、主人は女も仕事をしたほうがよいと娘に言うくせに自分には何もさせない、運転免許をとることさえ渋ったとこぼす。そういえば母は、三人の娘の駅までの車の送り迎えが毎日大変であるという。家が駅からだいぶ離れているというのが車を使う理由である。誰がさきに出かけるかとか、母がなかなか迎えにきてくれないとかいった小競合いが三人の娘との間には絶えずあった。

A子は発症後、二年四カ月ほど経って身体状態・精神状態ともに改善されたが、これに入れ替るかのように三女が無食欲に陥った。しかしA子ほどにはその程度は高度なものではなかった。この頃は三女も就職しており、同僚を上司が依怙贔気すると感じる職場葛藤もあった。

（A子の発症以来）A子に威圧され通しだった。どれくらい食べているかを上から下までなめるようにみられてゾッとする。××ちゃん（次女）は、食事の量の中和に入ってくれるのに、母はなにも言ってくれない。A子と言い争いをしていると、父は理由もきかないで静かにしろと怒鳴る。私がダイエットを始めたら、父は私の部屋に無断で入ってくる。こんな家の雰囲気が嫌だから外へ出て暮らしたい。私が外へ出るといったら、母がA子と一緒に外へ出るという。A子だけ外へ出ればいいじゃないか。

ざっと以上のようなことを彼女は訴える。

この三女の発症以後の家族合同面接で、父の面前で母、A子、三女がてんでに家出の望みを競うように述べたことがあった。母はこう言った。「子どもたちが自立したら、自分ひとりでアパート暮しをして、自動車の教習所の先生をやりたい」。A子は、「気に喰わないことがあると出たくなるだけ、それ以上は考えない」。三女は言う。「高校一、二年のころから家出をしたかった。父の干渉がいや、だまって戸を開ける。だまってひとの手紙をみる。中目黒あたりに住めばすぐ渋谷に遊びにいけるので嬉しい」。

父は、この三女の発言にひき続いて、「干渉と注意とは別、注意を干渉と思っているみたいだ。自分の思うようにひとをひっぱっていくことが干渉、自分がいっていることは意見で、ひとを思いのままにしようと思ったことはない。女房も干渉ととる。葉書類は見たことはある。しかし手紙を封を切って見たことはない。……子どもたちはとにかく何か仕事を身につけてほしい。子どもたちが大きくなるまでは自分が努力する」といった発言をする。

A子が父にせがんで飼ったイヌを巡って面接時に言い合いが起ったこともある。要はA子が責任をもってイヌを飼うと言ったくせに面倒をみない――A子は、この頃は身体的には回復して勤めに出ていた――といったことなのだが、たとえば、三女は、「お父さんを憎む。何の相談もなしにイヌを連れこんだ。A子の部屋からイヌを一歩も外へ出してほしくない」と言い、次女は、「そんなイヌの話しばかりしていてよいのですか。誰が一体飼主なのか……」と言う。私が誰が飼主と思うかと子どもたちに問いかけると、あるいはA子と言い、あるいはお母さんと言う。飼主は、お父さんではないかと述べると三人とも納得しない。飼主はお父さんで第一世話役はA子さん、第二世話役はお母さん、それがいまは逆転しているのでしょうと重ねて言うとはじめて納得する。

A子の発症は、一見、競争意識に裏打ちされたダイエットに発しているようにみえる。そしてこの競争意識、あるいはさらにいえば比較されることへの恐怖ないしは陰性の負けん気は、発症に先行する学校の選択にはっきり現れている。一浪――こんにち女子の一浪はざらにみられる――を含めて、この症例のように複雑な学校の選択は、ひと昔前の女子においてはほとんどみられなかった現象ではないだろうか。A子が美術専攻を夢見ながら、結局は短大の被服科を選んだことは、当人が自覚しているかどうかは別にして、実利を大切にする父の意向に沿っている。しかも親戚の者が受験することをも理由に美術専攻を諦めたことは、母の平等主義の根底にある負けず嫌いをも反映しているとも読める。この例にはやや屈折した形ではあるけれども、こんにちの女子の学生としての、ならびに職業人としてのアイデンティティ形成の困難さが拡大された形で反映しているといってよい。

両親ともに原家族の影響を相当にひきずっており、それは価値観の相違という形でも現象している。ただし母の実家における「平等主義」というのはどうであったのか分明ではない。そこには、この母の（男子と）平等に扱ってほしかった、せめて子どもたちには平等でありたい、夫婦は対等でありたいとする願望が潜んでいるようにみえる。

無食欲症者の両親のコミュニケーションの在りようには、相称性エスカレーション（symmetrical escalation）が多いとセルヴィニ‐パラツォーリ Selvini-Palazzoli は説いていた[7]。この種のコミュニケーションの増加にも現代社会の特徴は影をさしているだろう。男女平等観の普及に伴って性別分業観は薄められ、しかも家族内における妻・母親の発言力は強まることになっても弱まることはないであろうから。A子の両親のコミュニケーションも相称性エスカレーションの様相を呈している。これを両親の個人的特性にだけ還元することはできないだろう。

セルヴィニ‐パラツォーリは、無食欲症者の両親は、ともに個人的な指導権を荷うことに気乗りしないところがある。責任を移動させて家族の中の誰も責任を取ろうとしないといった振舞いがみられることにも注目している[7]。このような特徴は、この家族にもみられる。こういう弱点は、たとえていえば連合政権のもつ弱点に相似である。家庭内におけるこんにちの女性の力の増大に伴う、いわば二頭政治が機能不全に陥ったときに、上記の現象が起りやすいといえよう。

A子の母は、娘たちを自動車で送り迎えするのが大変だとこぼしていたが、彼女の願望空想は実は運転手になることであった。これは「男性的」な職業選択の望みといえよう。母には、その「平等主義」と合わせて自己の女性性を巡る葛藤がありそうだが、仔細は明らかでない。この問題は後で他の症例に則して論じることにする。

以下に述べる二例は、上記の例に比べて、学業と就職の問題が、発症の誘因となる局面をよりあらわに示している。両例とも忙しい大学の一般外来でごく最近診た症例である。詳密な観察がなされた例ではないので、みえやすいこれらの外的誘因だけが浮彫りにされたともいえる。

〔症例二〕B子。初診時一六歳。母と共に来診。東京近県に生れ、中学三年まで同地で暮らし、昨年三月家族と共に上京。受験校に入る。そこでは担任の方針で最初の試験で成績を貼り出され、四七人中四三番。このこと以後机にかじりついて勉強するようになり、無食欲開始。成績も向上。父一流会社社員、地方出張が多い、東大卒。母某学院英文科卒、本人は女子ばかりの同胞三人中の第二子。姉は、東大在学中。B子に、姉の学校について問うと「東京大学、××学部、×年」と答え、妹の学校については、「中野のなんとか中学」と答える。母は言う、姉は一浪して東大へ合格、公認会計士を目指している。姉はよくB子にあんたも東大にきなよと言っており、それはよくないと思う。妹は芸能界にでも入ろうかと言う子で、マイペース。

〔症例三〕C子。初診時二一歳。両親と共に来診。一昨年某短大卒。就職のない年で、友人たちはコネで決まっていくし、自分にはコネがなく、どうなるだろうと思っているうちに食欲がなくなった。それから食べないことに集中したら不安が減り、繊維性の食物を食べていたら、身体が効率よく動くようになった。某会社に就職、仕事は面白くなく変わりたかった。昨年一〇月地方公務員試験に合格。郵便局と法務省とから採用通知があった。ともに身体検査があり、そんなに痩せていたら試験に落ちると両親に絶えず言われ、無理して食べたら、過食になった。結局法務省に勤めることにした。父方祖父は、苦学して、大学の夜間部の法科を卒業して、大審院検事局思想係の書記官となったが、三二歳で肺結核で亡くなった。すごい勉強家で頭がよかったと聞いている。憧れていた。（「お祖父さんの志を継いでいきたいという気持が底の方に？」あったかもしれませんけど、それほど頭よくありませんから）。法務省に勤めが決まったのはよいけれど、過食が止まらず自信がない。自信がないとまたまた食べる。どうしたらよいだろうか。

B子は、食事制限という行動を通して、学校における危機状況をさし当たりのりこえてきており、C子は、就職を控えての不安を食事制限を通して切り抜け、このたびは念願の就職を成就するために両親の勧告に応じて節食を解除してから過食に悩むようになっている。B子の母はこともなげに芸能界という。つられてこちらも、こともなげにそれを聞いている。しかしこの母が仮に本気でB子の妹の芸能界入りなどを考えるようになったらその妹もあやうい。望めば努力すれば何にでもなれるかのような束の間の幻想を女性に与え続ける世の中の在りようである。

つぎに（二）として挙げたような当世風の稽古事の断念が発症の契機となった例をあげる。

〔症例四〕D子。初診時一九歳。D子には三歳年上の姉がいるが、小肥りであったので、母が自分のように肥ったら困ると思い、小学一年のときから近所のモダンバレエの教室へ通わせる。D子も自分で希望してバレエの練習に参加した。四歳の時である。以後、姉は小学校五年でバレエの稽古は止めてしまうがD子は続ける。高校三年になり、バレエを選ぶか大学を選ぶかの岐路に立つ。バレエ仲間でローザンヌに留学したひとも出た。バレエの教師には、バレエを続ける気なら大学はよしたほうがよいと言われた。バレエはうまいほうではあったが、バレエ教室でトップにいるというわけではなかった。内心、バレエよりも大学をと思ったが、それでも母にバレエをやめたらと言われたときはくやしかった。結局バレエは諦めたが、勉強にも手がつかず自棄を起した。暴走族とつきあってバイクの後に乗せてもらうようになった。しかしそういうつっぱりも長く続かず、空しい日が続いたがやがて節食を開始した。一浪して某私立大学国文科へ入学、目下は過食嘔吐。

両親はともに五〇歳。父は大会社と契約してプラント輸出の仕事を自営でしている。超多忙。D子が小学校高学年になるまでは絶えず長期にわたる海外出張。D子は幼少時、羽田へ出迎えにいき父の姿をみて後ずさりした経験がある。ちなみにひとの一事への熱中と父の不在状況――限界を教え抵抗を与えてくれるはずの父の――とは、しばしば関係があるといえないだろうか。

さて（一）の条件に照応する摂食障害者は多いのだが、例は省く。私が一九六一年に精神経誌にのせた論文中の第一例はその典型例である(8)。

純粋の bulimia については私は三例の男子例の経験がある。彼らに共通していたのは、大学受験の圧迫下にあったこと、両親ともに社会的には有能な人々であったこと、そしてたとえどの道を選んでも両親には及ばないと体験していたことである。

三　患者の母の境遇

これまで主に摂食障害者自身に焦点を当ててきたが、ここで視点を移動して、摂食障害者の母の位置を述べよう。こんにち出会う摂食障害者の母親は、四〇歳の前半から五〇歳の後半にまたがるものが多い。物質的窮乏と物質的豊裕――これはとくに五〇歳以降の人々だが――女の心理的・社会的不自由と今日における相対的な自由の拡大との狭間を生きてきた人々である。

彼女らは、その生活史において、生物学的条件にまつわる負担や従来措定されてきた女性の役割ならびにいわゆる「女らしさ」――これはとても定義できないが多数の男性にとっておおむね好ましいものとして映り、かつ多くの女性によって、まずおおむね自然なものと受けとられている性情《せいじょう》としておこう。それが男性の視点を中心とした見方であることは否めない。しかし好悪、善悪、新旧の判断は別として今日そのような性情の評価が確かに存在するということだけを述べておこう――を受容できなかった者が多い。彼女らの自らの女性としての位置に疑問符をつけ続けてきた姿勢は、患者に伝承され、拡大、強化されている。また今日それほど数は多くはないが、ひと昔前の女性のように忍従を事としていて、自らの位置や役割にそれほどはっきりした疑問符をつけていないかのようにみえる母親もいる。ただし彼女らは、被害者としての自らの姿をとりわけ患者に明示してきたものが多い。この場合患者の方には、このみじめさを露呈している母親への同一視と同一化の拒否という二つのメカニズムが幼時から発症にいたるまで絶えず作動することになる。

以下に例を挙げる。

〔症例五〕E子の母。来所時四五歳。E子は境界例水準の摂食障害。彼女の母は、外見はいかにも女性的な人だが、五、六回目の面接時に――E子は来院しないので定期的に母親面接を行っていた――はじめて、これまで女らしく振舞うことは男のためにすることと考えて嫌っていた、一方男なんてという気持も強く二人の娘が男勝り、腕白になることを望んでいたと述懐した。長女は幼いころ、母の望み通り腕白であったが、次女のE子は、泣かされてばかりいて非常に歯痒さを覚えた、最近になって自分はやっと女らしいことはよいことと思えるようになったという。彼女は、同胞五人、長兄につぐ第二子だが長女。下に三人の妹がいる。彼女は短大卒業後、親元を離れて勤めようとしたが、母に強く反対されて家事に従事。すぐ下の妹も母の意向で短大の家政科に入れられたが、一時登校拒否。その後、正面から親の意向に反発して美大に入り直し、卒業後しばらく教師をつとめたのち、恋愛結婚。他方、彼女はお茶・お花の稽古にはいかされたが、それでも外出のときは母は不機嫌となった。やがて形のごとく見合い、相手が嫌だったが、このときも母に一喝されて結婚。もっとも家の中の雰囲気が暗かったので、結婚すればそこから逃れられると思った由。夫は技師、無口、生真面目。育児はいわずもがな、一切は妻まかせ。このやり方は、彼の父のやり方でもあった。E子が生れたころから夫は魚釣りに凝り、日曜日は家にいたことがない。さらにE子の幼稚園のころは、大はストリップ小屋巡りに熱中する。それやこれやでE子が小学校に上がるころまで絶えずいらいらしており、E子に当たることが多かった。E子は融通がきかず性格も器量も夫にそっくりと母の目には映っていた。

この母の母は、彼女の三歳まで結核で養生。そのため彼女は父方祖母に育てられた。祖母は寝物語に母の悪口を言って聞かせた。そんなとき祖母の目がいくつにもなって光るようにみえ怖かった。結核から回復してからの母も、幼い彼女に姑や夫の愚痴を聞かせる。しかし自分の悩みは母に聞いてもらえなかった。父は几帳面、きれい好きな人だったが、父の記憶は薄い。こうして父方祖母・母ともに幼い彼女を愚痴のはけ口にしたのだが、彼女も自分の長女をはけ口とした。

こういうはけ口にされる子というのは、後年えてして適応障害に陥りやすいのだが、E子の姉は明瞭な適応障害――失職後一時無気力となったことはある――を起してはいない。ただこの母は本来情愛の深い人であり、長女との間に愚痴をこぼしながらも、同時によい感情交流を持てたと想像できる。彼女の生い立ちの苦しみも、かりに結婚生活に恵まれたなら、次第にやわらげられていったでもあろう。しかし、夫は不器用な坊チャンで、妻に全面的に依存するばかりであり、彼女の孤独をいやし、その愛情要求を受けいれることはできなかった。夫も二人の子どもも彼女に万事解決を求める。彼女はひとりで父母の役割を背負ってきたといえる。E子の発症後も応援したのは彼女ひとりで、夫はなすすべを知らなかった。彼女は私の前で落涙したこともあったが、「家では泣くわけにはいかない、私が気丈にしていないと」と述べた。

E子の母が女らしさを嫌ったのは、問題を原家族との関連に限定するならば、父方祖母ならびに、母に終始よい感情を抱けなかったためと主として解釈することができよう。これを女性としての意識という点からみるなら、嫁姑の陰険な確執といい職業の自由を認めぬことといい、有無をいわさぬ見合い結婚といい、この原家族の在り方は旧弊である。戦前のように他の家族も周囲の環境もこの場合と同じく旧弊であったとしたら、彼女のこれまでの女としての自分の位置に対するくやしさや「女らしさ」への反発はこれほどに明瞭にはならなかったと想像できる。彼女は自分の二人の娘に対して絶対私と同じ人間を作ったらいけないと考え続けてきたという。

〔症例六〕初診時一四歳のF子の母。四〇歳。A県の地主の長女として生まれる。東京で教育を受けさせたいとの母親の意向で、三人姉妹とも上京し××学院高校――戦前の「お嬢さん」学校――に入学。その後私立カトリック系某女子大国文科に入学。卒業後は、女性は働いてはいけないとの親の意見で花嫁修行をして二三歳で婿養子をとり結婚。夫は、農家の生れ。次男。彼ひとり高学歴。目下某大学の理工系の講師。長兄がタクシー運転手をしながら農家を継いでいる。F子がほとんど回復したころ母はつぎのように述べた。

「……あの子には、私のようになってほしくない。私は何もできない。決断力もない。親の育て方は間違っていたと妹達と話し合った。田舎だから、女の子は家にいてなにもできなくてもそれでよかった。いま近所の人たちは仕事をしている。学校の先生、看護師さん、パートの人、そういう人はみな活き活きしている。私は何もできず、家にいるだけ。あの子がしっかりしたら、今度は自分のことを考え直してみたい。そうでないと、今度は自分のほうがノイローゼや更年期障害になったり、おかしくなってしまう。」

なおこのケースは、治療の終結時に両親との合同面接を行った。F子に将来何になりたいかを問うと、ニュースキャスターなんかがよいと答えた。そのさい母は「そうねえ、ああいうのはよいですねえ」とこれにしみじみ同意した。

この母は、若い母親であるのに全く当世風でない躾を受けてきたが、目下の感覚は今日風である。夫と子どもとに評価されている十分な家事能力があり、手芸・洋裁をやり、バドミントンに週二回通っている。しかしこれらのことの成就は彼女にとっては何もできないということと同義である。これだけのことをしていれば、かりに彼女が戦前に主婦になっていれば、何もできないとは体験しなかったであろう。彼女のいう何もできないという感じ方は、生活史的な背景をもつと同時に、彼女の見聞するこんにちの、彼女よりは自由にうつる女性の在りように影響されていよう。一五歳にもなったF子が治療の終結時にニュースキャスターへの夢を語るというのは、自己愛的な思いこみがまだかなり強いしるしともみえ、F子の今後のさきゆきがいささか心配されるところなのだが、母がこれにただちに賛意を表したことは、彼女がF子と等身大の今日風の夢を一瞬共有したともいえよう。

以上に素描した女の位置を巡る苦しみは、ひと昔前は普遍的であったに相違ない。たとえば、明治二八～二九年（一八九五～一八九六）に樋口一葉（二三～二四歳）は、「十三夜」を書き「たけくらべ」を書いた。十三夜のお国は、どんなに夫に心理的に虐待されても、一旦は離縁は決意したものの、子のため実家の利のため、翻意してわが子のためにわが身は死んだ気で夫につかえることを決意する。美貌でおきゃんな「たけくらべ」の少女美登利は、やがて郭に売られる身を当然のことと甘受していったようにみえる。一葉は明治の女の口惜しさを書いたといわれるが、一葉の描き出した女の世界は、こんにち消えてしまったわけではない。それは薄められた形ではあっても、先の例をみてもわかるように層々《そうそう》と続いている。ただしこんにち女の位置・女の役割の苦しみは、大多数から準少数へ、当然から準例外へと変化した。そしてこれとは逆に女性の外見的自由は拡大の一途を辿っている。女・妻・母としての役割に疑問を感じている母親は、それだけにかえって往昔《おうせき》と比べて内的にははなはだしい矛盾、葛藤を抱えこむようになったといえる。彼女らの望む状況はすぐ目の前に手の届きそうにみえるかのような感覚を与える世相でもある。これは彼女らを広い意味でタンタロス（編者注）状況に追いこんでいるともいえる。彼女らの抱える苦悩、矛盾、葛藤が意識的・無意識的に同性である娘に投影されることは当然である。それは娘に対する過度な期待、幻滅、嫌悪、無視、見放しなどといった諸感情のさまざまな組合せによる混交となって現れるであろう。このような母娘の関係は従来、個人心理のレベルでは母の自己愛という観点から論ぜられることが多かった。だがこの自己愛的言動は女にとって、よりよい状況――それは自他ともに男性に伍するとかときには男子化願望でもありうる――をあがきながらあせって招来しようとする側面を顕在的・潜在的にもっている。摂食障害者の母親にしばしばみられる自己愛は、社会心理の枠からみれば女の不自由から自由へと向かう急激なこんにちの社会変化の反映の産物でもある。

摂食障害者が無限に痩せていこうとすること、過食患者も実現はできないけれどもつねに痩せていることを望むことは、それなりの美の追求であろうし、こんにちの痩せを尊重する文化と関連することは疑うことができない(1・5・6)。しかしその追求する痩せの内実の大概は、たかい鼻梁・きつい目つき、削げた頬、筋肉質な身体、しまった腹部といった鋭さ、強靱さであって、精神分析の比喩を使うならファルスとしての身体といってよい。ここでも、痩せの追求と女の役割に投げかける疑問符とは、内密に手を結んでいるのである。

セルヴィーニ－パラツォーリは、ヨーロッパでは、女性解放運動が始まった年代に、ガル Gull, W. やラセーグ Lasègue, Ch. らの神経性無食欲症の報告が始まったといっている。彼女のこの観方が正しいなら女性が女性としての、男性とは異なるみじめさをそれまでとは違いはっきり自覚して、そこから脱却する道を本気で模索し始めたころから、摂食障害への罹患がみられるようになったといえる。そういえば、ビンスワンガー Binswanger, L. の症例エレン・ウエスト Ellen West も、社会問題に没頭し社会改革を夢み、事実児童図書館を設立したことが思い合わせられる(2)。

四　私の従来の論点

現代社会と摂食障害との関連については、わが国ではたとえば野上――彼は、現代女性の抱えている問題と摂食障害との関連をも簡潔、的確に述べている。これまで私が述べてきたことは彼の論点の症例による肉付けの範囲を出ない――と馬場の論述がある。[1・4～6] 私もこの問題を考えたことがある。私のこれまでの論点を最後に以下に箇条として要約しておく。[3・8]

（一）乏しい時代の食物は、われわれが直接に飢えを満たす対象であったが、今日のように豊かな現代においては、それはわれわれの享楽志向とそれに対する嫌悪という両価性を刺激する、かつてに比べより複雑な心理的意味を持った対象物となっている。

（二）健康美をよしとするイデオロギーの消滅。

（三）痩せをキャンペーンするマス・メディアのもつ個人への強い滲透性。

（四）成人病の予防と関連しても肥満は悪とされる。したがって肥る、痩せるという話題は、若い娘たちの間のみならず、年齢層の違いをこえてどの家庭でも好んでとりあげられるであろう。

（五）優勢な母と無力な父――優勢に映る母と無力に映る父と言いかえた方が正確に思われる――を生んだ社会的背景。

（六）過保護・過干渉に傾く親の教育と家族構成員の減少との密な関連。

（七）（六）に関連する同胞抗争の激化。それが一姫二太郎風のきょうだい構成となれば、男女区別・差別の問題がクローズアップされる。

（八）親の過保護に照応する社会的過保護――これはきわめて日本的な現象と私にはみえる。

（九）今日の若者文化――とくにその性的自由――と子どもへの若者文化の伝染を恐れる rigid な家族の在り方とのいちじるしい懸隔《けんかく》。

（一〇）ユニセックス風現象の出現――これは（九）の若者文化の隆盛と並んで、誘発と「受け皿」とのふたつの意味を持ちうる。したがってそれは多発化と軽症化とにつながる――とは、大部分の摂食障害者の目指すところと同質の方向にある。かつては世間に背を向ける内向的な、いわゆるシゾイドと呼ばれる者が本症にかかりやすかったが、こんにちでは世間や他人の動向に敏感で、これに無理をしても同調していこうとする努力家型の執着気質者が本症にかかりやすいという印象を受ける。

この最後の項目にひとつ付言しておこう。私が一九六一年の論文でとりあげた本症者たちは、確かにシゾイドが多かったと思う。しかし最近診る摂食障害者たちは、むしろ上述の気質者たちが多い。かつての私の見方が片寄っていた可能性は否定できないが、摂食障害罹患者のパーソナリティ傾向が上記のように推移した可能性の方が大きいのではなかろうか。こんにち摂食障害と感情病との密接な関連がしきりに論じられるようになったのは、先進諸国の文化風潮の変化と密接に関連しているのではないだろうか。こんにち女性が痩せていくことは、当世風の在りように密接しながら達成感、成功感を得ようとする試みであり、そのこと自体感情病者にしばしばみられる、ゆとりの乏しい現世目標追求的な生き方に酷似しているといえよう。

引用文献

（1）馬場謙一「摂食障害と現代」社会精神医学、第一〇巻三一九〇-一九五頁、一九八七
（2）ビンスワンガー、L『精神分裂病　I』新海安彦・宮本忠雄・木村敏訳、みすず書房、一九六〇
（3）木下悦子・下坂幸三「Anorexa nervosa の家族と現代社会」社会精神医学、第二巻五九三-六〇〇頁、一九七九

（4）野上芳美「不食と過食の精神病理」季刊精神療法、第七巻五 - 一一頁、一九八一
（5）野上芳美「やせと肥満」（飯田真他編）『精神の科学　第五巻、食・性・精神』岩波書店、一九八三
（6）野上芳美『摂食障害　異常心理学講座第五巻』みすず書房、一九八八
（7）Selvini Palazzoli, M.: Self-Starvation. Aronson, New York, London, 1978.
（8）下坂幸三『アノレクシア・ネルヴォーザ論考』金剛出版、一九八八

（編者注）ギリシャ神話に登場するタンタロスは、ゼウスが人間界の女に産ませた子であり、小アジアの一地方の王であった。神々の怒りを買ったため冥府に落ち、沼の上に枝を広げた果樹に吊された。沼の水は満ちてタンタロスの顎までは届くが、飲もうとすれば瞬く間に引く。枝にはさまざまな果実が実るが、タンタロスが採ろうとすればたちまち風が枝を舞い上げてしまう。こうしてタンタロスは永遠の飢えと渇きに苛まれ続けることになったという。

第二章　社会変容と心理療法

一

耳目をそばだたせるような事件がつぎつぎに報道される。これらの事件を深刻に受けとめるひともいれば、類似の事件はおそらく昔からあったはずとさほど気にしないひともいるだろう。

私のこころにずっとひっかかっている事件は二つある。いずれもオウム真理教信者の犯罪といった大事件ではなく、一見、小事件である。

一九九六年の秋、山梨県の某中学校に、「体育祭を中止して下さい。このままでは学校で自殺します」という手紙が届いた。学校側は全校生に緊急のクラス会を開くように呼びかけるとともに、ＰＴＡの執行部の意見を聞き、議論の末、体育祭の中止を決定した。その後、この種の文化祭の中止を求める自殺予告の通知は、北海道や神奈川でも連鎖的に起った（この叙述は、新聞ではなく、この問題を論評した精神科医平山正実の記述に従っている）。私はこの事件を新聞で知ったとき、学校側の対応にはなはだ不満を覚えた。

この問題の考察は後で行うが、投書の内容といい、学校側の対応といい、私にとっては前代未聞である。これがひとつ。

もうひとつは、一九九六年の一一月。家庭内暴力を繰り返す中学三年生の長男を父親が金属バットで殺害した事件である。類似の事件は以前にもあったが、このたびは、父親が二、三の治療者の許を訪れ、その指示に従ったが、息子の暴力は一向に止まなかったという事情がある。治療者たちの助言がどのようなものであったか分明ではないが、父親の言によると、暴力にはそれなりの意味がある、親は無抵抗のままで、子どもの話をよく聞くべきだというようなことであったらしい。このような例について、どのような対応をするべきであったかは後述しよう。この事件について、私は殺人者である父親に同情し、治療者の助言――父親の発言通りであったとしたらということだが――に怒りを覚えた。

この両事件とも、社会の変容と密接にかかわっていることは間違いないだろう。

二

近頃の世相のさま変わりは、ラディカルなさま変わりといっても誇張ではないようである。それをうらづける日常的な光景をひとつだけ挙げよう。

乗物の中で、たいていの若者は股を拡げて座っている。膝を揃えて座る者は少数派である。その上、片足を思いきり横に組む者がいる。彼の土足がこちらの大腿にふれそうになっても平気である。不快なことおびただしい。こちらは、怖いから、静かな口調で、足をおろすように頼む。みな、言うことは聞いてくれるが、揃って無言である。この六月にウィーンに行った。ウィーンの地下鉄の中のことである。若い娘と二人の婆さんが向かい合って座っている。娘の組んだ長い脚が、二人の婆さんの間にずんと割りこんでいる。二人の婆さんは互いになにやらぶつぶついっていたが、一人がやがて娘に注意した。すると娘は、脚を通路側につき出してたかだかと脚を組んだ。これも無言。若者のこうした無作法は、「先進国」では共通らしい。つねに自分の快適さ・快感が優先。そのために他者が蒙る迷惑はなにほどのものでもないと思っているのか。そもそも他人の存在は眼中になく、文字通り傍若無人なのか。

小ギャルやギャルたちの多岐にわたる傍若無人ぶりは、読者は先刻承知なので、これにふれる必要はなかろう。

さて、すこし古い話だが、マルクス主義歴史学者、羽仁五郎は、戦時中に、現代史を研究するにはどうしたらよいかという質問――たしか質問者は清水幾太郎だったと思う――に対して、「(ブルジョワ)新聞の内容を徹底的に研究すること」と答えていた。こんにちなら大量情報伝達手段として新聞よりはるかに力のある「テレビ報道の徹底的研究」を通してということになる。しかしこの方法は、テレビ嫌いでニュースと野球中継くらいしか見ない私には無理である。およそ偏向のない報道などというものはあり得べくもないが、夜七時のＮＨＫのニュースは、臓器移植をいちいち報道し、その明るい面をもっぱら強調している。「新しい好ましい技術」として臓器移植の宣伝を買って出ている。野球中継の合間にちかごろ凄いコマーシャルが入る。××園の茶漬やチャーハンの素の宣伝だが、若い男ががつがつとした仕草で一気に食べる。それは無作法の域を超えている。私にとってはこの場面はセックスや暴力の場面よりも衝撃的である。正視するに耐えない。ところがそのコマーシャルのおかげで××園の製品は売り上げを大いに伸ばしたときく。つまり、あのコマーシャルに魅力を覚える人々が大勢いるわけだ。これはわれながらタチの悪い想像だが、大股開きの、土足を他人につきつけるような若者たちにとっては、あのコマーシャルは違和感がないのかもしれない。あれは、単なる食品の宣伝ではない。同時にわれわれに、無作法と傍若無人とをしきりにすすめているのだといってよかろう。

私のようにテレビをほとんど見ないものにとっても、上述したようなささやかな収穫はある。テレビを隈なく見ることのできる奇特な方なら、こんにち流行で優勢な言説はどのようなものであるかを全面的にとらえることができるのではなかろうか。

三

日本の現代社会の特徴は何か。これについてはずぶの素人なので、まずは、聞き囓ったさまざまな命名を羅列するほかはない。高度技術社会、大量情報社会、大量消費時代、無思想の時代、管理社会、等々。こういったレッテルは、おおよそわかる気がするが、管理社会ということがよくわからない。そこでは管理という言葉がネガティブな意味合いをもって使われているようだ。しかし資本主義社会にせよ、共産主義社会にせよ、政治、経済、家族、教育のととのった国家は、管理社会たらざるを得ない。これは無管理社会という言葉が成立しないことによっても明らかである。なにも国家や社会をもち出さなくとも組織のあるところには管理・規制がある。それはわれわれが属しているさまざまな学会の機構を考えてみても納得がゆく。現代の日本が管理過剰な社会とはどうしても思えない。一部の知識人は、よく学校は管理教育に陥っているといって攻撃する。現に平山は、上記の自殺予告という「卑劣な」――心理学者として発言するのではなく社会通念に従うならこの形容詞がぴったりであろう――行動に出た少年を弁護し、「学校側の一方的な管理体制への反発や機能不全に陥った家族への憎悪……」といった意見を述べている[1]。彼は、その学校の管理体制を調査したわけではあるまい。ただ当今、流行の言葉をなんとなく使っているだけのように思える。このケースについていえば、この「得手勝手」*――これも社会通念に従った表現である――な手紙は黙殺し、予定通り体育祭を実施すべきであったと私は考える。平山は、私立校によくみられる、やや杓子定規な内規のようなものを管理教育のあらわれととっているようだ。およそこんにちの校則などというものは、管理過剰の表現でもなんでもない。この程度の制限を守れる忍耐心を生徒が持てないようでは情けない。一方、内規に違反したい生徒は、それなりの覚悟を持って堂々と違反すればよい。学校が校則を堅持するなら、いまはほとんど死語となった「不良」もやがて復活するだろう。昔はかつての不良から後年の人物がちょくちょく出るとしたものである。いまのように生徒全体、なんとなく不良では、不良という表現が消えてしまうのも納得できる。

　校則はあってもないも同然。校則違反者が多数派となり、先生方は、生徒と両親に押しまくられ、マスコミの動向をたえず恐れ、責任ある管理態勢がとれなくなっているのが、おおかたの現状であろう。管理教育どころか、弱腰の骨抜きされた管理こそ問題である。

「黙殺なんてとんでもない。そんな非民主的で危険なことはできない」というなら、かりに時間の余裕があったら、「投書はあったけれども体育祭は行う」という趣意の正論を書き、全校生徒とその父兄あての手紙を郵送すれば足りる。この学校がよい意味での管理態勢がとれていないことは、全校生にクラス会を開かせ、ＰＴＡを召集したという「民主主義」の擬態をとったことからも明らかである。これはかんぐりかもしれないが、学校側はあらかじめ体育祭中止をはやばやと決め、それを生徒とＰＴＡに追認させたということではなかったろうか。小学生ならいざしらず、中・高校生くらいになると体育祭を歓迎する者はごくわずかだし、ＰＴＡも、事なかれと結論するに決まっているのだから。

当の投書者は、まさに心理療法（時には薬物療法も）が必要な生徒だと想像される。たとい学校では目立たないとしても、家庭の中ではすでに問題を起しているか、やがて起してくる可能性は高かろう。もっともこういったタイプの生徒は、みずから治療を求めることは少ないかもしれない。家族との面接が治療の入り口になることが多いとしたものである。

ちなみに平山は、「このようなことが起った学校では、先生も生徒も父兄も人間の生死について、あるいは命の尊さについて真剣に考える機会をもったと思う。その意味で、この手紙の差出人は、われわれに貴重な Death Education の機会を与えてくれた」と述べている。私は平山がまことに「善意の人」であることを疑わないが、この死をもてあそぶ得手勝手な自殺予告の手紙が、生死の問題を真剣に考えるよすがになり得るはずはなかろう。現実吟味の狂いは、投書者、先生方、平山の感想の三方を通底している。そしてこの現実吟味の狂いを支えているのが、こんにちの社会変容である。若者の誤った行動に、大人がみずからふりまわされて右往左往し、結局はそれに屈服する。これらの被害感にいろどられた加害者たちは、罰を受けることもなく、批判されるのはきまって大人たちである。こういう歪んだ行動の源、もしくは手本は大人たちの振舞いではないかという「原因論」を押しつけられていつも幕引きとなる。問題を起している若者たちへの即刻で有効な対応が必要であるのに「大人または大人社会が悪い」式の単純な因果論を振りまわしてもなんの効果もなく、むしろ大人の当事者を萎縮させるマイナスの影響しかない。こういう理屈の根底にあるのは、「頽廃した民主主義」とでも形容すべきものではなかろうか。ちなみに大槻文彦《おおつきふみひこ》は、「大言海」のなかで「デモクラシイ」を訳して、「古ヘノ所謂《いわゆる》下刻上ト云フモノカ」と述べている。これは極論だが、子どもの肩ばかりもち、大人を攻撃してやまない人々には、大槻の言が当てはまる。

ここで民主主義という言葉がつい出てしまったが、現代日本の最大の特徴は、敗戦後、改めて（大正デモクラシーが先行していた）民主主義国家を標榜するようになったということであろう。もっとも日本が取り入れたのは、ヨーロッパ型のそれではなく、アメリカ流の民主主義であった。したがって戦後日本の推移は、アメリカ化の進行過程としてとらえることもできる。かつて新左翼の学生指導者であった西部は、このアメリカ化を伝統文化擁護の立場から、先鋭に批判する論者として知られている。西部の論説は、戦後のアメリカ化を、日本人の意識の非歴史化として、さらには、日本人が「国民」であることをやめていく道程としてとらえていると要約することができる（この要約は、吉見の結論のひき写しである[11]）。なお、吉見は、日本のアメリカ化の過程をシンボルとしてのアメリカからシステムとしてのアメリカに移行したとまとめている[11]。とにかく、こんにちの社会変容を、アメリカ化の進行過程として見る一視点は重要だと思う。西部は、日本におけるアメリカ型民主主義のゆきつくところをおよそ以下のように説く[2]。

大衆の理念像は、平等主義と快楽主義とを両脚にして立っている。この両脚ともに、戦後ますます強化されたとみなし得る証拠がたくさん挙がる。そのかぎりで、大衆社会はむしろもはや出口なしといってよいほどに高度化されたといえる。平等主義も快楽主義も、それぞれにパラドックスをかかえる価値観である。平等主義が強くなればなるほど、まだ残る微少な不平等が大きな不満の種となる。快楽主義が激しくなればなるほど、快楽の実現は、追求すべきあらたな快楽がなくなったという意味で、不快の因となる。この種のパラドックスをなんとかやりすごすために、際限のない平等化と果てしない技術革新が時代の標語になっている。平等や快楽が人間にとって生の充実であるのは、それが理想であるあいだだけであろう。この双方が現実になってしまえば、かえって生の空虚をもたらす。そうした空虚感が歴史上かつてないほどに高まっている。

現代人――とくに患者の間に強く瀰漫《びまん》している空虚感は、さまざまな条件によって幾重にも規定されていると考えられるが、上記の西部の説く巨視的条件も無視することはできない。

西部はこうも言う。思想の次元における民主主義には、人間みな潜在的能力において平等であり、本来的に性善であるとする人間観が含まれている、と。たしかに民主主義は、このような理想を内包しているであろう。

心理療法家の多くも、またこのような「民主主義者」である。たとえば、生物学的要因・生物学的差異を軽視する点において。あるいは自己実現とか全き自立とかいった、能力差を無視した非現実的な治療目標をときに設定する点において。しかし彼らもその理念にしらずしらずのうちに背いているときがある。幼若なペットや園芸用の苗木を選ぶときには、できるだけしっかりした丈夫なものを選ぶのだから。

心理療法家は、自他の理想・夢想・思いこみと現実の相とを混同しないようにつねに自戒しなければならぬ。平等主義に強く裏打ちされた民主主義は、この混同を助長する危険を孕んでいる。

四

これまで書いてきて、私は、われわれの分野外の人の意見に耳を傾けすぎたようである。社会変容の問題を考えるとき、終始、私の指針となってきたのは、安永の境界例の背景を論じた先駆的な論文である。(10) 彼の議論を要約的に紹介すれば――本文とはいささかズレているが――次のようである。

境界例が多発する現代は、「規範の解体」によって特徴づけられている。sensationalism、「イド」、相対の時代である。この時代を代表する人物は、「スター」「タレント」ということになる。境界例的な葛藤はつかみにくい。自明に受け取られていた自由、自律の幻想が、「どこかで」うらぎられ始める。情報の「不足」ではなくて、その浸透とはんらんに悩まされ始める。すがるべき権威はもはやなく、ある意味では以前よりずっと放任されている。またこれは本質的には、虚無の真空の中に解体しようとする危険に直面することを意味する。この事態への偽解決の例をすでに多くわれわれは知っている。時代退行の一形態である全体主義的イデオロギー、新興宗教、ゲバ、また、デカダン、ヒッピー、フリーセックス、嗜癖、登校拒否など。真の解決が何かを、われわれはまだ知らない。

この安永の説は、正鵠を得ており、彼の指摘した文化変容は、その方向に添って、こんにち極点に達した観がある。

安永がこの時代の目印とした規範の解体と喪失は、目下どのような形姿をとって現象しているであろうか。実質信仰とでもいうべき心情が優勢になった。特定のイデオロギーに頼ったり、過去の人物に私淑し傾倒することもなくなった。現代に生きている人物も、実際に接触する機会がなければ尊敬されることはまずない――これは、それぞれの方面で地位を得、権威・権力をもつと目される人物たちは、ひとしなみにマス・コミによって攻撃の的とされるという状況も関係していよう――。このような事情だからこそというべきだろうが、こんにちの子どもは、中学生時代くらいまでは、尊敬する人物はという質問に、両親と答えるものがはなはだ多い。もっともこれは悦ぶべき現象というよりは、しばしばある種危険な予兆である。これら両親を理想化していた子どもたちは、批判的な目が育つと、両親のイメージは一挙に暗転する。それには両親への幻滅体験のみならず、当人の白か黒しかみない傾向も関与している。両親に幻滅してしまえば、他によるべき規範ないし理想自我を欠いているため、深刻なよるべなさを体験することになる。こういった局面で、友人と仲間を形成できるかどうかが彼らには大きな意味をもつ。ところが仲間の世界はご存知「根アカ」の世界である。そこでは、安永が見抜いたように「スター」「タレント」が理想とされているが、仲間うちでは、軽いノリの冗談のうまい人間が最大の人気者となる。「内省的であることはマジと呼ばれて失笑の対象となる」[5]。学校や地域で差はあろうが、目立つ外見を好む、いかれた不良っぽい集団がおおむね多数派を占めている。彼らは学校が好きである。学校が彼らの社交の場となっているのだから。むろん、いささかマジな人々が小集団を形成していることはあるだろう。上記のよるべのない生徒たちが、いずれかの集団に仲間入りできるかどうかは、ほとんど死活の問題である。いまの若者たちは、徹底的に「他者指向型」となっている——引きこもりはその反転現象であり、他人指向的心情はそれでも維持され続ける——[4]。西園は、日本人の自己の在り方を論じて、circle-based self と称しているが、言い得て妙である[3]。そしてこのような自己の在り方はこんにちの若者において突出しており、とくに境界例的心性を具えた若者は、仲間からはずされるのではないかという恐れと、実は仲間のあり方が嫌なのだが、それに無条件に合わせるほかはないという両極的心理に侵されており、そのためつねに「人疲れ」を覚えている。マジ、根クラを嫌い、根アカと多くの仲間との軽いつき合いを好む若者のあり方は、精神分析的にいうなら、長びく躁的防衛といえるだろう。circle-based self には違いないが、そこには戦後、なにかにつけて人間関係 human relationship を言い立てたアメリカリズムの影も重なっているようである。私は、中学生活を大戦のさなかに送ったが、ひとが孤独であることは、周囲にマイナスにはうつっていなかった。孤独な秀才はむしろ憧憬の対象だったのである。

この章の最後に、ハイテク産業が産み出した無類のモノたちが、われわれに及ぼしている影響を考えてみたい。

ここで都会に住む若者が下宿に戻った姿を思い浮かべてみる。テレビのチャンネルをリモコンでつぎつぎまわす。そのうち、二つくらいのチャンネルをいったりきたりさせて、みるともなくみる。スイッチはまず切らない。音楽も絶えず流している。電話で友人と長話をする。それも二、三人にとどまらない。約束ならAが駄目ならBという具合に進む。それに近頃は、携帯電話という逸品が普及した。いつでもどこでも相手を呼び出せる「打出の小槌」である。

パソコンをもっているなら、インターネットとかなにやらで遊ぶこともできる。腹が空き喉が渇けば、冷蔵庫、インスタント食品、近くの自販機、コンビニと何でもある。これはまことに小さな生活の空間ながら、「望むことはただちに実現する」世界でもある。家来がいずれも代行してくれ、自らは積極的に動く必要がない王は、もっとも退屈しやすい人物であることをパスカルは「パンセ」の中で説いていた。王はそのため、あまたの「気晴らし」を必要とする。下宿にごろごろしている若者は、走り使いこそいないものの、ハイテクから産み出された上記のようなモノたちが見事にそれを代行してくれる。この点では、しがない下宿人もかつての王侯と同じかそれ以上である。そして、退屈して気張らしがつねに必要となることも王侯と等しい[7]。

目を外に向けるなら、気晴らしの装置はゴマンとある。前記の自販機、コンビニのほか、ファミリー・レストラン、パチンコ、ゲームセンター、アスレチック・クラブ、ブティック、デパート、遊園地、飲み屋、スナック、バー、テレクラその他のさまざまな風俗営業店などなど。これらのしかけは当然気張らしに役立つ。しかしその人工性、刹那性、画一性、拘束性、即物性などのために、それにどのしかけにおいても自発的な努力を必要としないために、かえってたちまち退屈と空虚を再燃させるおそれがある。

きわめて便利な日常用品も、住居や職場から至近距離にある実に多様な気晴らし装置も、退屈・空虚をひろく糊塗してくれると同時に、それらが一瞬機能を停止すれば、退屈・空虚ははげしく吹き上げてくるはずである。これらのしかけは、ひとに悩みを感じさせないための「根アカ装置」でもある。行動化の多様な受け皿になっているともいえるだろう。もっとも確実にいえることは、これらのしかけがひとの欲求を即時に充足させることであり、想像されることは、せっかちでまったなしの、忍耐力に乏しい万能感をもちやすい傾向の形成になにほどか寄与することである。

このように考えてくると、境界例の一徴標とされる「慢性の空虚感」も、その程度ははるかにうすめられているとしても、老若男女を問わず、ひろく現代のわれわれを浸潤している感情と言えるのではなかろうか。

五

ご承知のように、こんにちでは、若者の間では、行動化を頻発する心的障害がはなはだ多い。それは生物学的要因を度外視するならば、今日の社会文化変容に深く影響されていることを、一端に過ぎないが、これまで解説してきたと思う。この心的障害は、境界例と呼ばれたり境界性パーソナリティ障害と呼ばれたりする。その標準的診断基準については、DSM-Ⅳなどを参照していただきたいが、その一部の特徴についてここで復習しよう。以下、箇条書きに。

①外面がよく内面がとても悪い。その感情の不安定性が身に沁みてわかるのは、親ないし配偶者・同棲者といった親しい他者である。②自分なりの、自分にしか通用しない思惑・計画を立て、その通りに行動しようとする。当然阻害される――自らによって、あるいは他者によって――が、そのとき大・小のパニックを起す。それは、外では何とか抑制できても蓄積された不安・動揺は、家の中で爆発する。③内省に乏しく、自罰的なことをうわべは述べることがあるが、本来的には他罰的である。④抑圧に乏しい。分割、投影同一視、否認などの原初的防衛機制を多用する。⑤目標に向かって極限まで進む（反社会的行為を含む）のが好きだが、疲れやすく、熱中と疲弊・抑うつ――この時期の方が長い――との間を懲りずに往来する。⑥一種の独自性の誇示がどこかにみてとれる。⑦人生観は、「やりたいことだけする」「楽しいか楽しくないか」「役に立つか立たないか」「無駄と地道は嫌い」「平凡な人生は歩みたくない」「一足飛びに脚光をあびるようになりたい」といったもので、それらは今日の若者に共有されている価値観の強拡大ともいうべきものである。

このようなタイプの心的障害者には、それぞれの学派に固有の心理療法を実施するのに先立ち、いわば準備期間――このときの治療者の仕事が大切であって、それこそが今日的な心理療法であるといいたい気もする――が必要だと思う。

フロイトの症例、いわゆる「狼男」（一九一四）が、今日からみれば、境界例の典型であったであろうといわれている。フロイトの彼に対する診断は、欠陥または名残りを残したままに治癒した強迫神経症の後続状態である。フロイトは狼男の人柄と知性とを褒めているが、一方では全く抑制を欠いた欲動生活との間の大きな隔たりに注目している。そしてこのような彼の人格の二面性のために、本格的な治療――当然のことながら自由連想法をさしている――にのせるまでに教育的処置を含んだ長い準備期間が必要であったようだ。フロイトは、この長い準備期間について、これ以上の説明はしていないが、今日のわれわれが識りたいのは、この準備期間にフロイトがなにをしたかである。しかし無いものねだりをしても仕方がない。われわれが、工夫を凝らさねばならぬところだ。そしてこの「準備期間」の工夫にこそ、学派を超えた共通点がおのずから生まれてきているのではないかと予想される。ただし、ここで、わが田に水を引くようではなはだ恐縮だが、家族面接を主体とした家族援助を行う場合には、準備期間というものはない。たとえば本人が治療の場に現われないときは、いかなる心理療法家も家族面接を先行せざるを得ないであろう。個人心理療法を主とする方々は、この家族面接を当人が現われるまでの「つなぎ」という考え方を捨て切れないのではあるまいか。これが家族面接を主体とした家族援助でよいということであれば、当人がみえないことをさして苦にしない。当人の問題行動に対する他の家族成員の多様な見方を聞き届けたうえで、治療者の意見を加味し、本人ならびに家族にとってプラスとなると考えられる実行可能なささやかな働きかけを要請する。このような面接の繰り返しが、当人に間接的に治療的に働くと考える。本人不参のまま、いわば家族を共同治療者とみなして問題解決をはかる方法については下坂や生島の報告がある(6・9)。この場合、働きかけのコツは、各家族の特徴を可能な限り把握したうえで、ごく小さな好ましい変化が生じるのを狙うことである。これを野球にたとえていえば、せいぜいこつこつとバントするといった程度である。家族療法に批判的な方々は、家族なんて、そう変わるものではないといわれる。私もその意見にほぼ賛成である。ただし、そういう批判者は家族の大変化をもしかしたら期待されているのではあるまいか。本人を含めて家族の中に微小変化がほぼ連続的、恒久的に起れればそれで十分で、それだけで当人は準治癒の状態に達することは珍しくないのである。

ここで話を冒頭に述べた私にとって衝撃的であった二つの事件に戻そう。この第一例には、架空の治療を施すことにする。

この体育祭を中止させてしまった少年、中学三年。不登校に陥り、そのまま家に引きこもってしまったことにしよう。診断は境界例としておこう。母親に連れられて不承不承来院。「あんな程度の低い学校へはいきたくない。先生も生徒も最低。ときどき頭痛、めまいがあり年中だるい。宅勉したいが、いまの体調ではムリ」。母曰く。「二階の自室にこもり切り。食事も自室に運ばせる。昼夜逆転。気に入らないことがあると床を蹴る。壁に大穴をあける。私とは少し口をきくが、父を嫌って、アンナ奴ハ出テイッテホシイと言う。部屋は散かし放題。しかし掃除しようとすると俺ノ部屋ニ無断デ入ルナと言う。入浴だけはまっさきに入る。オヤジノ入ッタアトナンカ、汚ナクテ入レルカと言う。長湯。よく身体を洗うよう。何故、生んだと責められることもある」。

私の対応。体調や昼夜逆転の様相については細かく聞く。昼夜逆転については、「夜ひとり切りになると何となく心がおちついてきて、少し活気もでる。それにこんなことというのはたいへん失礼なんだけど、いまはっきりいって友達に遅れをとっているわけでしょう。深夜は友達も寝ちゃっているから、表現はおかしいけど平等というか、皆ト違ッテオレハ起キテルゼという感覚がもてるでしょう。目が醒めているときは、何というかみんなに遅れをとったという感覚とか死にたい気持ちが強くなることはない？　変な考えかな」とかまをかける。引きこもりの利点と欠点を挙げてもらう。本人にも母にも。引きこもりといっても、寒々とした部屋にいるわけではない。さきにあげた若者のひとり暮らし用の装置はそろっている。それに上げ膳・据え膳だから、十分、自足できる閉居である。何もよいことがないと本人が言うなら上記の閉居のよさをごくやんわり言う。（投書事件はバレていることとする）「君は大したパワーがあると思うよ。とにかく体育祭を止めさせちゃったんだから」（これはまじめに言う。ひやかし、皮肉といった調子が入ってはならない）。学校や父の嫌な点をことごとく挙げてもらう。「お父さん一ミリくらいよいところない？」本人は否定。「でも稼ぎ手」。当たり前でしょう、と当人。「君はお父さんを追い出したいと思っているからやはりパワーあるよね。勘当という言葉知ってる？　君のは逆勘当。ナウいし、かっこいいじゃん」（いっていることは辛口だが、やさしい口調で、ちょっとユーモアをこめる）。母曰く。「お父さんは仕事がとても忙しい。本人とはいつもすれ違い。実際お父さんは不精で汚いので、私もお父さんの後に風呂に入るのはいやですね」。何故生んだと責めることについて「君のいうとおりだ。生まれてこないのが一番楽だからね。しかし君にも責任がある。お腹の中にいるときなぜ生まないで下さいとお母さんに頼まなかった」。ちょっと間を置いて「冗談」（本人はキョトンとしているが母は笑う）。面接の締括りに、できれば、十分な話合いを経て、ひとつくらいは提言をしたい。たとえば、「食べたものは階段の下にもってくるように」といったような。

ざっと以上のような面接の仕方を私はするのではないか。もっとも「人をみて法を説く」のは当然のことだが。やがて父親にも参加してもらうが、このケースでひとつ重要なのは、「オレの部屋」ではなく、「親にかしてもらっている自称オレの部屋」という当然の認識に達してもらうことである。以上のような架空のアプローチは、心理療法の学派とは関係ない。家族に参加してもらっているけれども、家族療法における多様な流派のひとつを下敷きにしているわけでもない。症状の中に快楽原則をみるフロイトと芥川龍之介の風刺小説「河童」とながい臨床経験とが下敷きになっている程度であろうか。このようなアプローチは心理療法各派における本格的で伝統的なアプローチを重視する立場からみれば、心理療法の一歩手前なのかもしれぬが、社会変容の影響をモロに受けているこのようなケースには、如上《じょじょう》のようなアプローチが、案外「正統」ということになるのではなかろうか。

二例目の日本的な「家庭内暴力」についていては私自身多くの経験がある。「家庭内暴力」の研究は数多いが、そろって成因論に密で、治療論に疎である。つまり実理的な治療論が少ない。この事件のように本人は現われず、その暴力

に悩む両親への援助は数多くしてきた。そのごく概略を箇条書きで示そう。(8)

（一）暴力の仔細を明らかにする。暴力を振るう状況を戯曲風に表現してもらい、時には本人の仕草を真似てもらう。

（二）両親と文字通り鳩首して対策を協議する。

（三）父親の参加がぜひ必要で、父親の参加なしに「家庭内暴力」を終息させることはむつかしい。

（四）両親の間に、たとい大小の不調和があっても、「応急対策」であるから、この不調和の問題は、とりあえず後回しにして、夫婦が協議することを要（強）請する。

（五）両親は共同して、あるいは別個に、本人が落着いているとき、暴力を止めるように、正対して穏やかに、しかし明瞭な言葉で伝える必要がある。しかし何故暴力を振るうのかといった意図の詮索は無益有害である。つまり大方の心理療法家のするようなことを両親がしてはならない。

（六）時には、両親が協働して、力を用いて当人を「取り鎮める」ことが有効である。これはもちろん、本人の腕力、両親の体力・気力を十分に比較考量したうえでの処置である。もっともこれは、ひどくかっとなりやすい父（母）には、さし当たり不向きだし、そうでない場合も、双方ともに身体的に傷つかない「取り鎮め」の手続きを両親と治療者とで編み出す必要がある。

（七）要するに子どもの暴力に対して無抵抗であったり、「理解」すれば暴力はなくなる――これは多くの場合、出会った治療者の根拠のない信念に基づく指導に従ったためである――といった、これまでの不適切な対応を止め、両親が、治療者の援助・工夫に支えられて、子どもの暴力に積極的に対処する気組みを漸次に獲得することが大切である。

（八）両親の苦衷をたっぷり聞くことはつねに必要だが、時に「言葉の暴力」を使うのが得手な両親にも出会う。これは「家庭内暴力」の前、後、最中の親の発言を逐一反復述べてもらえばわかる。この中で、本人の肺腑《はいふ》を衝く発言はひとつだけ禁句としてもらう。「……とおっしゃるのは……ちょっとクスリがききすぎるようです。言わないにこしたことはないが、しかしなかなかそうもいきませんね。……」。こうした親への要請は、控え目に歯切れわるく言うのがよい。

上記のようなアプローチは、両親の手を借りてであるが、「家庭内暴力」に対するに誤解を恐れずにいえば、一部は「治療的暴力」を用いるといえるだろう。暴力という言葉が不適切ならば、なんぴともにもそなわっているはずの「積極的な活力」を治療的に用いたといえる。家庭内暴力者が内心渇望しているのも、このような親ならびに治療者の、継続的な、情愛に裏打ちされた力を用いて対峙する姿勢に触れ続けることであると考える。上記の（六）については承認しかねる方も多かろう。しかし、親が子どもに土下座を強いられ、殴られ続ける姿を黙認するよりは、はるかに有効かつ人道的な処置である。このような処置をすすめて、万一、誰かに事故が起きれば、責任の一半は、治療者にある。しかしどんな治療も、危険をゼロにすることはむつかしい。このようなケースに、傾聴、共感、受容といった一部の心理療法家が好む方法のきれぎれを親に押しつけることこそ最も危険な方法である。それにこの手の個人療法家は、無自覚なままに「大家族療法」をしていることになる。もしもこれまで子どもとさして会話もしてこなかった親が、治療者の入れ知恵に従って、にわかに子どもの言をよく聞くようになること自体、不自然だし、子どもも気味わるくうさんくさく思うことであろう。かえって親は、ますます頼りなく、軽蔑に価する存在とみられかねない。例の「家庭内暴力」事件の悲しい結果はそのことを暗示している。ちなみに、多くの心理療法家が、両親よりも担当している子ども（＝患者）の心理がよくわかると思うことも困ったことである。なるほど、子どもは両親に話しにくいこと一切と自己の正当化については、おのずから治療者向きに話を構成するであろう。そうした構成物については、治療者は両親よりもたしかによく知っている。しかしただそれだけのことで、治療者が両親よりも子どものことがわかると思いこむのは、傲慢である。「子の心、親知らず」とは、ほとんど心理療法家の合言葉である。これは「子の心の一部、親知らず」と正確に言い直すべきだ。言語行為を含めた子どもの行動の把握については、いかな心理療法の上手といえども、両親やきょうだいを凌ぐことはできない。変容する社会の中にいる心理療法家は、家族の人たちの言説に虚心に耳を傾ける必要がある。ご存知のように、家族は最小の社会である。そして学校は、はじめての外部社会である。家族も学校も社会の変容に浸潤されながらも、この浸潤に大小の抵抗を試みている場でもある。若者の心理療法に携わる者は、両親を筆頭とする家族の人々や、時には教師たちから解決のための知恵を授けてもらうと同時に、彼らの本来の機能が発揮できるよう、いささかなりとも持続的に支持してゆくことが要請される。

　最後に私の立場を明らかにしておかねばならない。読者は先刻お気づきのように、それは保守主義である。河上肇は儒教的マルクス主義者であり、西田幾多郎は禅の体験を土台にした哲学者であった。この形容詞がきわめて大切なのであって、これを取ってしまえば、彼らの思想家としての価値は下がってしまうだろう。戦後の日本は、日本の美の伝統ならびに儒教と仏教との知恵を温存しながらの民主主義、つまりは日本的民主主義であればよかった。しかしこんにちでは、あまりにもアメリカ的な民主主義が幅をきかせすぎているようだ。すでに述べたように安永は現代の病理的現象を「時代退行」としてとらえている。この把握に賛成だが、そうだとするなら、部分的復古は、実は前進ということになる。既述したように私は個人心理療法においても家族面接においても、きわめて微妙だが好ましいひとつの変化を目指すのが好きである。好ましくないとうつる社会の有様《ありよう》に対しても、ひとつくらい打つ手がありそうだが、それは政治の領域に属する。たとえば私が現実に願うのは「徹底した日本語教育」なのだが、伝わってくるのは、小学生に英会話とかパソコンの操作を教えようといった声ばかりである。おえらい方々には、敗戦後、日本は「文化国家」になると見栄を切ったことをぜひ思い出してほしい。変容する社会をあれこれ考えると当然政治の問題につき当たる。こんにちの与党の中に、全体主義的イデオロギーをかくしもった政党が参加していることも無気味である。本誌が「政治と心理療法」といったテーマで、緊急特集を組まねばならない事態が、やがて出来しないことを祈りたい。

＊この例において「卑劣」とか「得手勝手」とか評したが、治療の局面では、かかるレッテル貼りは、さし当たりゼロとなっていなければならないことは当然である。

文献

（1）平山正実「体育祭の中止と自殺予告」学術通信、六一巻二‐五頁、一九九七
（2）西部邁『大衆の病理』ＮＨＫブックス、日本放送出版協会、一九八七
（3）西園昌久「癒しの文化性――伝統的治療と精神医学的治療――」文化とこころ、二巻一号四九‐五八頁、一九九七
（4）Riesman, D.: The Lonely Crowd. Yale University Press, 1961.（加藤秀俊訳『孤独な群衆』三‐一三五頁、みすず書房、一九六四）
（5）千石保『現代若者論』弘文堂、一九八五
（6）下坂幸三「受診しない摂食障害者の家族援助による治療」思春期青年期精神医学、三巻一号一〇‐二一頁、一九九三（下坂幸三『摂食障害治療のこつ』金剛出版、二〇〇一所収）
（7）下坂幸三『拒食と過食の心理――治療者のまなざし――』一四五‐一五八頁、岩波書店、一九九九
（8）下坂幸三「『家庭内暴力』に対する応急の対応について」家族療法研究、一六巻二号五‐九頁、一九九九（下坂幸三『心理療法のひろがり』金剛出版、二〇〇七所収）
（9）生島浩「ほとんど来院しない男子摂食障害患者の家族療法」精神療法、二三巻三号二七九‐二八六頁、一九九七
（10）安永　浩「境界例の背景」（安永浩『安永浩著作集1　ファントム空間論』金剛出版、一九九二）
（11）吉見俊哉「アメリカナイゼーションと文化の政治学」（井上俊、他編『現代社会の社会学』一五七‐二三一頁、岩波書店、一九九七）

第三章　心的外傷理論の拡大化に反対する

はじめに

私は経験の狭い者であるから、阪神淡路大震災といった天災、戦争、強制収容、拷問などによる誰も異論の立てようもない心的外傷について考えることはできない。もちろんその資格もない。

ところが、私がほぼ四五年にわたって主要な治療対象としてきた境界例水準の摂食障害についても、北米においては、虐待、レイプといった心的外傷と摂食障害との関係をことさらに強調する人々が力を得てきたようにみえる。日本では、斎藤学が児童虐待の問題に取組み、多数の啓蒙書を出し、世におおいに迎えられている。彼は、摂食障害も児童虐待の観点から主としてとらえているようにみえる。

研究者——ひとはといった方がよいかもしれない——というものは、あるひとつの観点から、ある対象を見、かつそれにかかわって、一定の成果を得た場合、この観点を、類似の対象領域にまで及ぼそうとする傾向・欲望をもつ。ＰＴＳＤの研究者たちもその例外ではない。

一　ハーマン、岡野、斎藤の意見

「境界例人格障害を私が調べたところでは、圧倒的多数（八一％）に重症の児童期外傷の既往を記録した。虐待は一般にごく幼少期に始まり、烈しく長期にわたっているが、多重人格障害の患者において記載されているような殺人に至るほどに極端な暴力はあっても稀であった。虐待の開始が早ければ早いほど、また、烈しければ烈しいほど、被害経験者が境界性人格障害の症状を発症する確率は高くなる。……被害経験者がその心的困難は児童期の虐待的環境に起源があることを確認すれば、もはや困難を「自己」の生まれながらの欠陥のせいにする必要はなくなる。そうすれば、体験に新しい意味を生み出し、そして新しい、スティグマのない自己同一性に至る道が開かれる。」(Herman, J.L.)[2]

「外傷の概念は最近ますます広がりつつありますが、……私の一二歳の女性患者Dさんは、母親が予定外に妊娠した結果として生まれてきた経歴を持っています。その母親はいつもDさんを疎ましがり、濃やかな愛情を注ぐことをせず、ことあるごとに『おまえは生まれてくるべきではなかったんだよ』『おまえを妊娠したために、お母さんはあの呑んだくれのお父さんといっしょになる羽目になったんだよ』というメッセージを送り続けてきたそうです。このような環境で育ったDさんの心に長い間刻まれた傷の大きさははかり知れません。しかしこれは限られた期間にのみ起った身体的虐待による外傷よりも、さらに強烈な影響を及ぼしかねないのです。典型的ではない外傷は他にもたくさん考えられます。Dさんは、強烈で精神を圧倒するような経験による外傷を受けたわけではありません。親が子どもの示す感情の起伏に全く波長を合わせることができずに、いつもトンチンカンで的外れな、時には非常に無神経な反応しかできないような生育環境、あるいは子どもの働きかけや愛情要求に対して応えることを親が意図的に拒否し続けるような場合、さらには親が慢性的な抑うつ状態で、子どもの感情に対する応答をすることが一切できなかった場合。これらの外傷は『圧倒的な外傷』に比べれば、目に見えないことは確かです。……しかしそのような環境に育った子どもの心には、確かにある種の傷跡、あるいは未発達のままで取り残された部分があるのです。それは心の正常な発達にとって必要な、いわば精神的な栄養ともいえる愛情、関心ないしは養育が欠けていたことによるものです。

　このような外傷のことを、英語圏の文献ではしばしば〝neglect〟と呼びます。〝abuse（虐待）〟と〝neglect〟は、アメリカでは外傷を考えるさいにしばしば対になって論じられるようになってきています。この〝neglect〟は、……この外傷の文脈に当てはまるようなピッタリした訳語はありません。私はとりあえず「養育放棄」という訳語を用いることもありますが、これも少し重すぎるので本当は好きではありません。そこで私はこれを『陰性外傷』と呼ぶことにしています。そしてこれとの対比で、『圧倒的な体験』による典型的な外傷は『陽性外傷』と呼んでいます。」（岡野[5]）

「……特に『外傷』として含むべき事態を、精神や身体に対する直接の侵襲だけでなく、養育の怠慢、母親の剥奪、慢性的な拘禁や服従等の目に見えない微視的な外傷体験の蓄積にまで含めるべきだという考えも唱えられつつある。[4]」

「アダルト・チルドレンの語るストーリーのなかには、治療者にとって受け入れがたいように感じられるものもあります。たとえば実父からの強姦などの回想です。これについて事実の判定をする作業は治療者の役割にはふくまれません。語り手の語りに一〇〇％共感する、語り手が求めているのはそのことで、能力のかぎりをつくしてそれに応じるのが聞き手・治療者の仕事です。……問題に正確な名称を与え（筆者注：アダルト・チルドレンとその癒しに関する知識か）、それを形容する言葉を獲得させることは、治療者がアダルト・チルドレンに付与できる最初の力なのです。……言葉が与えられた後の新たな世界観とは……自分が狂っていたのではなかったということ、『狂っていたかに見えたものは、極端なストレスへの〝健康な〟反応だった』という現実に即応した世界観のことです。……治療者の中には、かつてのあなた方の親そのものを演じる者がいます。さすがに『あからさまな虐待』に走る者は少ないにしても、あなた方の魂に侵入し、洗脳を試みるという『見えない暴力』を行使する者は少なくない。あなた方に誤った診断名を与え、『クスリ飲みロボット』に仕立て上げる無能な治療者はさらに多いというのが現状です。」（斎藤[7]）

「やさしい暴力（筆者注：これは標題である）。思春期の親虐待の場合、被害者の親たちに目立つのは、子どもへの期待の圧力であり、親の価値観の押しつけです。——中略——

こうした状況のなかで、親たちは子どもの世界観に侵入し、これを暴力的に制約、占拠するのですが、親自身はその暴力性に気づいていません。というのも親自身がすでにその心を他者に制圧され、占拠されているからです。

そうした家族のなかでは、父親は職場の期待を読みとり、その期待にそって生きることに汲々とした仕事依存的な生き方に疑問を抱かず、母親は夫や姑の期待を読み取り、その期待に沿おうと共依存的な生き方のなかに溺れています。

こうしたなかで、子どももまた親たちの期待を読み取り、その期待を満たす方向に生きるべきであると親たちが考えたとすれば、この考えそのものがすでに暴力的です。『やさしい暴力』であり、『見えない虐待』とも呼べるでしょう。」（斎藤[9]）

以上、ハーマン Herman, J.L.、岡野、斎藤らの考えの一部を摘録してみた。なお、傍点は筆者がつけた。

ハーマンは、ＢＰＤの八一％に重症の児童期外傷を見出したわけだが、これはマサチューセッツ総合病院の外傷病棟における疫学的調査である[1]。岡野も説くように、現在、北米圏で生じている外傷説の急速な復活は、女権運動と連動している。ハーマンは、その著書の前書きの第一行において、「本書はその生命を女性解放運動に負うものである」と明記している。ところで一九九六年には、〝Sexual Abuse and Eating Disorders〟という単行本すら出た。これには北米の学者のみならず、ベルギーのヴァレダ - エイケン Vandereycken, W. らも寄稿している[10]。彼らも、性的虐待と摂食障害とには直接因果的な関係はないとしても他の諸要因との相互作用を通して、摂食障害発症の一危険因子とはなり得るとしている。日本では斎藤の調査がある[8]。彼が創立にかかわった日本アノレキシア（拒食症）・ブリミア（過食症）協会ＮＡＢＡ（Nippon Anorexia Bulimia Association）に新規に入会してきた女性メンバーのうちＤＳＭ-Ⅳでいう制限型 Restricting Type（編者注）の神経性無食欲症 anorexia nervosa を除いたものについて、調査計画を説明し協力を求めた。これに応諾し、研究協力受託書に署名した自己記入式解離障害面接紙ＤＤＩＳ（Dissociative Disorders Interview Schedule）の一部を含む数種の自己記入式質問表を手渡し、記入後に返送することを求めた。ＤＤＩＳは元来直接面接を前提とした質問票であるので、これに自己記入して返送してきたメンバーには個別に直接面接を行った。これらの手続きを経て摂食障害グループに算入された調査対象は五二名であった由。結果は思春期性的虐待の被害者が三四・六％を占め、近親姦の被害者が二一・二％に達していたという。制限型の神経性無食欲症を除いたのは、アメリカの従来の報告では性的虐待の率がきわめて低いという報告がなされているからであるという。しかしこの考え方はおかしい。日本における実状を調べるのであるから、アメリカの従来の報告を鵜呑みにする必要はいささかもないはずだし、論文の標題は「日本の摂食障害者における児童期性的虐待の頻度について」であるから、制限型の神経性無食欲症を除いたら看板にいつわりがあるということになる。摂食障害者における高頻度の性的虐待を得たいためにこのような調査方法をとったとかんぐられてもいたし方あるまい。ＮＡＢＡの母集団にも全く片寄りがないとはいえないであろう。斎藤の啓蒙的な著書『生きるのが怖い少女たち――過食・摂食の病理をさぐる』が出版されたのは、一九九三年であり、斎藤の調査は一九九四年である。上記の著書には、すでに児童期の性的虐待と摂食障害との関連が強調して論じられている。私の臨床経験によれば、ちかごろの摂食障害の患者とその親たちは、この種の啓蒙書をじつによく読んでいる。したがって、斎藤の著書を読み、性的な外傷を体験した者たちが、ＮＡＢＡに集いやすいという可能性も否定できないであろう。

　ハーマンの場合はどうであろうか[1]。彼女は同僚ヴァンダーコーク van der Kolk, B.A. とともにＢＰＤ五五例に一〇〇項目からなるなかば構造化された面接を通して、児童期のヒストリーを聴取した。面接時間は約二時間である。対象者たちは、質問に対して単純にイエスまたはノーと答えるのではなく、面接者は彼らの諸体験を詳細にわたって物語るようにはげました《エンカレジ》という。ハーマンの翻訳書の解説を書いた小西は、「……ハーマンの場合……戦う姿勢は、研究や著作の厳正さには全く影響を与えていない」という(4)。しかし果たしてそうであろうか。私としてはこの「はげまし」がひっかかる。とくに対象者がBPDである場合には、いっそうそうである。

BPD（または摂食障害）は、なじみのない他者には例外なく迎合する。他者の意図、関心、感情態をすばやく察知し、これに沿った言動をとろうとする。「ほとんど自動的に他人にはイエスといってしまう」、これがBPDの一特徴である。BPDは、他者を操縦するといわれるが、それは親、配偶者といった親しい他者にのみ向けられる。なじみのうすい他者への全面的迎合と、なじんだ他者を自分の思い通りに操縦することとはBPDにおいて表裏一体である。ハーマンらや斎藤の調査において、この他者迎合性が発揮されたであろうことはほぼ確実である。そのために被害率が高く出た可能性は大きい。

ハーマンは、被害を経験し、しかも自己の心的困難の淵源を過去の被害に帰することができると認識したとき、もはや困難を自分の生来性の欠陥にする必要がなくなると述べているのは驚きである。これは彼女のBPDに対する無知を表わしている。

大多数のBPDは、有効な治療を受けないかぎり、自己の心的困難を、自己の欠陥に帰することはなく、はじめからあらわに他者と運命との故にしている。他者の筆頭は、両親である。「親のせいでこうなった。親をにくむ」と公言してはばからないBPDは、ふえ続けているという印象を受ける。他罰的でないBPDは存在しない。もし患者が他罰的でないとしたら、それはBPDではないといってもよいであろう。たとい自罰的なことを述べたとしても、「どうせ私が悪いんでしょう」といった被害感に裏打ちされており、罪悪感に欠ける。自罰は他罰の一表現に過ぎない。かりに境界例者が、みずからの心的困難を、治療者とともに、過去の一、二の体験の故にし続けるなら、回復はむしろきわめて困難となるだろう。

ところで境界例者は、強迫的であり、それ故に競争的である。なんらかの領域に——それがちょっと気づきにくい領域であることもある――において、一番となりたい欲望をもっている。それがマイナスのアイデンティティ negative identity である場合も少なくない。自殺未遂、手首自傷の頻度。痩せ、拒食、過食、下剤使用の激しさなどにおいて一番主義――とくに集団のなかにおいて――が発揮される。自らの生い立ちの悲惨さもこの主義の対象となり得る。したがって、彼らの物語りには多分に誇張がみられる。心的外傷を重んじるひとは、このことに留意すべきであろう。

ＢＰＤの言動、在りようの全貌をしっかり把握するためには、頻回に及ぶ家族面接（少なくとも患者プラス両親）を欠かすことはできない。ところが心的外傷を強調する人々は、おおむね単純な被害者、加害者図式にとらわれているために、家族面接などは思いもよらぬことらしい。もっとも斎藤は家族面接も行っている。しかしそれはおそらくインテンシブなものではなく、彼はグループ活動をはなはだ好んでいるので、親に問題があるとみえたときは、親グループに参加させているようである。しかしこれは憶測の域を脱しないので、間違っていたら、批判していただきたい。

岡野の外傷性精神障害に対する論述は、単行書といい、論文といい、いずれも論旨の進め方は慎重であり、視野も広い。筆者は彼の論旨から多くのことを学んだ。しかしながら彼は家族面接を行っていないために、患者の物語りをまず鵜呑みにせざるを得ない仕儀となっている。彼の一三歳の女性患者Ｄさんの場合はどうであろう。筆者が傍点をつけた「いつも」「ことあるごとに」「……送り続けてきた」といった表現が果たしてこの「ひどい母」の実態を表わしているのか疑問に思う。どのような状況で、どのようなコンテキストで、「おまえは生まれてくるべきじゃなかったんだ」という発言がなされたか、この「ひどい母」との同席がなければ皆目わからない。この子が憎まれ口をきいたあとにこのひどい発言がなされたかもしれぬし、父親の暴状にこの母親が打ちのめされたあとの発言かもしれない。なぜ私がこんなことを言うかというと、この母親にも一点同情すべき所があると治療者に体験的にわかると、子どものみならず母のサポートもできるからである。適切なサポートがなされないと、この子どもが家庭に戻されたとき

――そんな事情にはなっていないのかもしれないが――この「ひどい母」が「かなりひどい母」に変化している可能性が生まれないともかぎらない。

斎藤が、実父からの強姦の回想について、事実の判別をする作業は治療者の役割にはふくまれません、語り手の語りに一〇〇%共感する、語り手が求めているのはそのことで云々と主張するのは、私には理解できない。このように来談者の言を鵜呑みにする斎藤と、被害者の実証的研究に携わる斎藤とは、どのように巧みに自己を分割しているのであろうか。斎藤の言う一〇〇%の共感というのは、具体的にはどのようなことなのかわからないが、私なら一〇〇%共感などしないであろう。もちろん患者の話はしずかによく聴く。そして面接の最後にひくい声でできるだけゆっくりつぎのように言うかもしれない。「今のお話のとおりの体験だったらとても大変な体験だった。ちょっとお返しする言葉もない。よく覚えておきます」。そしてつぎの面接に繋げる。

どのクライエントも治療者の承認を求めてやってくる。それは斎藤の言う通りである。しかしそのとおりにまるまる承諾していくなら盲信のすすめと言うほかはなく、それは心理療法とは言えない。この来談者がかりに境界例水準の症状をもっているとすれば、斎藤のアプローチは継続されるなら確実に病態を悪化させると思う。この来談者が健康者として機能していた人なら話は別だが。筆者はこれまで多数の重症の摂食障害者から親に対する大小の非難の物語りを聞いてきた。型のごとく傾聴していたが、時にうなずきもする。そして次回、家族面接をすると、「先生も両親が悪いといったとこの子が言うんです」と親が訴える。いや一言もそんなことは言っていないと釈明すると、本人はたいていだまりこくっているが、舌を出した患者もいた。この種の経験を二、三回はした。それ以来、私は、患者の物語りを、かるく小首をかしげるような気持ちで、しかしよく聴く。そして滅多にうなずかない。こういう面接態度を採用している。

私の経験を以下にひとつご紹介しよう。

二〇歳の重症境界例の女子。

母：この子は、小さいとき、外遊びして戻ったとき、私は全然記憶ないんですけど、あんたなんか死んじゃえばよかったと言ったと。（患者は）おたまじゃくしの池に行っていたと。

治療者：お母さんはハラハラして待っていて、心配のあまり……

母：でも私は全然記憶にないんです。

治療者：（患者に向かって）あなたは記憶力がすごくよい。おたまじゃくし事件おしえて。

患者：近くの山にきれいな湧き水がわいていて、おたまじゃくしもいて、お友達と秘密の場所とよんでいた。学校帰りに行ってみたら誰かにふみ荒らされて泉が目茶目茶。おたまじゃくしも泥だらけになっていた。少し年上の人たち二人と三人で五時すぎまで一所懸命、おたまじゃくしを助けた。

治療者：帰ったのは何時ごろ。

患者：もうまっくらだった。帰ったら母がすごい剣幕で、「死にそうだったもん」と言ったら「死んじゃえばよい」と言われた。

治療者：何が死にそうだったの。

患者：おたまじゃくし。

治療者：あなた、おたまじゃくしが、と言った？

患者：それ言わなかった。

治療者：あなたが死んじゃえばよいと言われたのかな？

患者：それはわかりません。

これはおそらく母の剣幕にすくみあがって「おたまじゃくしが死にそうだったの」と患者は言えなかったのであろう。心配症（山の迫った新興住宅地で母の心配には根拠がある）で短気な母は、娘が訳のわからぬことをいっておそらく誤魔化していると思い、「死んじゃえばよい」と口走ったのであろう。患者の頭の中では、「あんたなんか死んじゃえばよい」というふうにいささか話は変造されているかもしれぬ。これも、患者の体験だけをたどれば「秘密の場所」で、おたまじゃくしを助けたという善行の結果が、「死んじゃえばよい」という激しい母の叱責だったのだから立派な心的外傷である。

では、母はまるまる加害者かどうかというとそうは言えない。子どもが生まれてはじめて暗くなって帰ってきた。この母は現在でも強迫的にうつる。当時は時間を守ることにいっそう過敏であったことは想像にかたくない。不安も怒りも頂点に達したころ子どもが帰ってきたと推量される。それに、子どもの死んでしまえといわれた体験は、子どもの死にそうだったのという言葉に触発されている。この母は分別のある人とは言えないかもしれないけれども、「子どもの身の上を案じるあまりの暴言」であったことは誰も否定できまい。この母も当時、なにほどかは被害者であったのである。母にはこの出来事の記憶はないが、二歳上の姉が反抗的で、しかも妙な言葉づかいをするので、この長女の躾に気をとられ、いらいらしていたころであることを回想することができた。これも家族面接のささやかな収穫である。

二　心的外傷の概念の拡大に反対する

さて本論に入ろう。ハーマンの提唱する複雑性外傷後ストレス障害（Complex Post-traumatic Stress Disorder）とは、全体主義的な支配下に長期間（月から年単位）服従した生活史をもつ者に、感情制御変化、意識変化、自己感覚変化、加害者への感覚の変化、他者との関係の変化、そして意味体系の変化などが生じることである。全体主義的な支配下にあることの実例としては人質、戦時捕虜、強制収容所生存者、一部の宗教カルトの生存者があげられる。またその中には、性生活および家庭内日常生活における全体主義的システムへの服従者が含まれるとされ、より具体的には身体的および性的虐待の被害者および組織による性的搾取があげられている。

これは一見、問題のない定義にみえるけれども、「家庭内日常生活における全体主義的システムへの服従者をも含む」という項目が気になる。心因が大きな役割を演じる心的障害者の家庭では、診断名のいかんを問わず、両親なりあるいは祖父母なりに頑固で支配的な人物がしばしばいるとしたものである。その程度が高度で、ハーマンが挙げているような家庭内殴打が絶えないという人間なら、複雑性ＰＴＳＤを引き起す加害者とみなされても仕方がない。しかし「家庭内日常生活における全体主義的システム」を判定するのは、いわゆる「被害者」と、「外傷説を推進する治療者」との二人組みである。それ故、この定義が拡大解釈されていく惧れがある。

岡野の述べる「陰性外傷」ないしは、目に見えない微視的な外傷体験は、旧来の神経症成立の条件とされていたものと大幅に重なる。

斉藤のいう「やさしい暴力」、「見えない虐待」も同断である。しかし彼の用いる暴力、虐待という表題は、通常この言葉の意味するところをはるかに超えている。もしかするとレトリックのつもりであろうか。およそ親なら子どもに大小の期待をし、なんらかの価値観を押しつけないものがあるだろうか。なんの期待もされず、なんの価値観も一切押しつけられない子どもこそむしろ不幸である。親の期待・価値観が強圧となるのは、親の側の問題だけではなかろう。それには社会状況のほか多くの要因が参加する。子どもの認知の過敏さ、子どもなりの信念《おもいこみ》、さらにはっきりいって子どもの能力の有無などもこれに絡んでくる。

あらたに外傷理論が台頭する以前から、神経症論の枠組の中では一回限りの外傷的体験ではなく、家庭内における持続的な対人関係の歪み（しかもしばしば微妙で隠微なそれ）が重視されるようになり、これに相応じるパーソナリティ発達の歪みが幼時期から発症時、さらに発症以後にいたるまで公平に検討されるようになっていたのは周知のことである。このようなほとんど万人共通の認識となっていた、現代の心因論を直線的な外傷理論で被覆していくことに私は反対である。

平時のＰＴＳＤについて語るとき、それはたとえば児童の身体的および性的虐待に限定されるべきだと思う。

以下に、ＰＴＳＤの概念の拡大に反対する理由を列挙しよう。

（一）主として直接因果律的・決定論的に割り切れる――細かくみればそうは割り切れないと思うが――粗大な心的外傷・虐待の研究者が、その理論をたとえば境界例の病理にまで適用していくとき、悪と善、加害者と被害者といった白黒二分法に陥りやすくはないだろうか。また児童虐待の専門家は、しばしば告発者であるとともに治療者であろうとしているが、告発者は果たして真の治療者足りうるのであろうか。この二つの役割は本来相容れないもののように思われる。

（二）境界例を治療する場合、加害者―被害者意識にとらわれていては有効な治療はできない。静的《スタチック》な表現ながら、患者は被害者的加害者であり、両親は加害者的被害者である。この役割は発症後に限らない。先述の斎藤の記述にいささか繋《つな》がることだが、たとえば「小さいときから何事も親に押しつけられてきた」と患者たちはよく言う。こういうケースの場合、「何がほしいの、どこに行きたいの、どれを着たいのといくら聞いてもおし黙っている。仕方がないから親が決めるほかはなかった」、これは異口同音に多くの親の述べる言い分である。なんらかの素質の関与しない病《やまい》はない。境界例者の発症前にときおりみられる「表面上の要求の乏しさ」――これは「良い子現象」を形づくる一要素であろう――には、一部素質も関与していると推量される。

（三）外傷理論は、「被害者」の責任性を大幅に免除してしまう。狭義のＰＴＳＤにはそれでよいのかもしれぬが、ＢＰＤの人に対しては、それでは甚《はなは》だまずい。彼らの大半は公然とした親の告発者であり、一見、自己評価は低いようにみえても、内心では並々ならぬ矜持をもち周囲を軽蔑している。いずれ自己の症状や心的困難を楯にとって、自分は一切動かないで、親――主として母――や配偶者をあごで使うようになる。したいことはするが、負担に感じることは一切しない。たとえば過食者であれば、吐物を放置したままか、いい加減な始末しかしない。例外はないわけではないが、完成された未治療の境界例の振舞いは以上のようなものである。根気のよい治療の中で、たとい生い立ちはどうであろうと、親の振舞いはどうであろうと、自己が自己の言動に少しずつ責任をもてるように治療を進めていかなくてはならない。

（四）外傷理論の信奉者は、両親（彼らのいう加害者）の可変性がわからないようである。家族面接を通して、親の不安緊張がゆるみ、患者に対してほんの少し庇護的、慈愛的な態度がとれるようになれば、患者の親に対するこれまでの長く続いたマイナスイメージは一挙にプラスイメージに変化し得る。親の態度の些細な良好な変化が、BPDにはなはだ好い変化をもたらすことは、BPDの家族面接に習熟した人々――残念ながら、その数は日本においても外国においてもはなはだ少ない――の日常経験に属する。また患者が児童期に蒙ったマイナスの諸体験は、親の説明をよく聞くと、そのような羽目に陥入らざるを得なかった当時の諸事情がわかる。家族面接において、子どもからは当時のおそれ、いかり、うらみといった諸感情が述べられ、親からは上記の諸事情が具体的に説明されれば、治療者をなかだちとして、親子の相互理解が飛躍的に促進される。境界例の場合、すでに家族内においてこの種の主題をめぐって言い争いが何度も起っていることが多いとしたものだ。しかしそれは言い争いという形でしか生起しないために、むしろ相互離隔を深めてきている。治療者という中立的媒介者の存在を待ってはじめて相互理解が起る。わけても境界例者の一方向的・被害的認識が、このことによって修正されることがしばしばである。

（五）外傷理論に基づく治療法の有効性について、私は経験皆無であるから論じる資格はない。もっともかりにこの治療法が奏効しなかった者にとっては、障害と外傷とを直結させるドミナント・ストーリー[注]のみがいつまでも残るという結果にならないであろうか。

（六）外傷理論の拡大は、臨床心理学、精神医学の単純化、粗大化に連がらないか。

（七）こんにちの社会は、自己内省に乏しく、容易に他者を非難し糾弾する人々がふえてきている。告発の時代が到来したといってもよかろう。ひとによっては、これを是とするであろうが、私はこの荒れた風潮を好まない。外傷理論のあらわな流行は、このような風潮に拍車をかけることにならないであろうか。あだな夢に終わるのだろうが、自己内省がもう少し一般となる時代がいずれやってくることを、私は翹望《ぎょうぼう》している。

三　治療者の役割はなにか

治療者の役割は、一次的には患者の治療とその家族とを援助することである。治療者は、裁手《さばき》になることがあってはならない。当然善悪へのとらわれから大幅に自由であるべきだ。善人は手術するが、悪人は手術しないという外科医があろうか。ところが臨床心理士と精神科医のなかには、悪人なら手当てしない式の誤った考えをもっている人がいる。われわれはかりに要請があれば、麻原彰晃の心理療法だってせねばならぬ職務にある。

「あの親ではねえ」と私だって心中ひそかに呟くことがある。しかし「あのような親」であればこそ、親の心の病理は重いはずだから、われわれは気持ちを立て直し――ひとりで立て直すことはむつかしい。気のおけない同業の仲間をもつ必要がある――て彼らを手厚く援助していかなければならない。ＰＴＳＤの拡大概念があてはまる、家族内で起った「心的外傷」の事例においては、単純な加害者被害者意識にとらわれることなく、この両者を束ねてまるごと援助し続けていくことが治療の王道だと私は考えている。この場合、当然のことながら、虐待とか外傷とかいった文字が治療者の頭の中にちらつくようでは、質のよい治療、有効な援助は不可能である。

四　補足

以下は本誌の性格を顧慮した補足である。

岡野は、アメリカの精神科専門の州立病院で思春期病棟を担当しているが、そこで見られる患者（一二歳から一七歳までの男女）のほとんどが、性的ないし身体的な虐待の経歴を持つという[6]。そして女性患者は、きわめて性的な行動化の傾向が強いと同時に、スタッフや他の男性患者から強姦や性的ないたずらを受けたと訴える傾向があるため、彼は個室で面接するときは女性のスタッフに同席を依頼することが多いと述べている。彼の伝えるような事情であるならそれは当然の治療態度であろう。一方、斎藤は、遠隔地に住むトラウマ体験者は、手紙によって回想と悲嘆とをよせてくると言い、

「……手紙で『回想と悲嘆の仕事』をしてきた人は……上京して私の身近に住むようになっても、重要な問題は手紙に書いてきます。私と直接接するときに、彼らが求めるのは私の身体と声です。私は彼らの伸ばす手に触って握手します、両手を広げて近づいてくる人とハグ（抱擁）します。それから冗談を言い合って別れます」（傍点筆者）と述べている[7]。

このような斎藤の振舞いはなにやら教組の振舞いを連想させる。それはそれとして、クライエントを抱擁するとはどういうことであろう。斎藤のこの単行書の内容からすると面会者の中には性的虐待の被害者も含まれているはずである。そのような人を抱擁するとはどういうことであろうか。再外傷化の危険は皆無なのか。斎藤の場合おそらく衆人環視の中のことであり、岡野の場合は個室であるという差異はあるにせよ、斎藤のような無造作は許されてよいこ

とであろうか。ここは日本である。抱擁が日常の挨拶となっているアメリカではない。とにかく斎藤の振舞いは心理療法家のとるべき態度から大きく逸脱しているということができる。もっとも、斎藤は、「治療者という立場から降りることにした」ともある時期には語っているので、彼が自己自身をどのようなはたらきをもつものとして規定しているのかは、筆者には把握しがたい[9]。

以上、心的外傷の概念の拡大化に対する反対と批判とを述べた。その下敷になっているのは、十分な心理療法的なアプローチを行った、筆者とその共同治療者たちによる一〇〇名を超す摂食障害のケースである。今年からようやく、これら個々例の長期経過のまとめに着手した。なにぶんにも資料は膨大であり、まとめ上げるには歳月を要する。われわれの「心的外傷」に対する見方も、その中に包摂できればと願っている。

注：ひとは誰でも自分の心的苦悩や病いの歴史の一貫した物語りをつむぎだす。それがドミナント・ストーリーである。このストーリーに合わない生活体験は排除される。この概念についてのわかりやすい解説は、McNamee, S.& Gergen, K.J.(ed.) Therapy as Social Construction. Sage Pubication Ltd. 1992.（野口裕二・野村直樹訳『ナラティヴ・セラピー』金剛出版、一九九七）を参照してほしい。

文　献

（1）Herman, J.L., Perry, J.C. and van der Kolk, B.：Childhood trauma in borderline personality disorder. Am. J. Psychiatry, 146; 490-495, 1989.
（2）Herman, J.L.：Trauma and Recovery. Basic Books, 1992.（中井久夫訳『心的外傷と回復』みすず書房、一九九六-一九九八頁、一九九六）
（3）Herman, J.L.：Trauma and Recovery. Basic Books, 1992.（中井久夫訳『心的外傷と回復』みすず書房、三八三頁、一九九六）
（4）小西聖子「解説」（ハーマン／中井久夫訳、『心的外傷と回復』みすず書房、一九九六）

（5）岡野憲一郎「思春期におけるPTSDおよび外傷性精神障害」思春期青年期精神医学、四巻一 - 一八頁、一九九四
（6）岡野憲一郎『外傷性精神障害』岩崎学術出版社、二三 - 二四頁、一九九五
（7）斎藤学『生きるのが怖い少女たち』光文社、四頁、一九九三
（8）斎藤学「日本の摂食障害者における児童期性的虐待の頻度について」思春期青年期精神医学、六巻二号一五二 - 一五八頁、一九九六
（9）斎藤学『アダルト・チルドレンと家族』学陽書房、一三八 - 一三九、一六六 - 一六八、一八七頁、一九九六
（10）Vanderlinden, J.J. & Vandereycken, W.：Is sexual abuse a risk factor for developing an eating disorder? In Schwartz M.F. & Cohen, L. (ed.)：Sexual Abuse and Eating Disorders. Brunner/Mazel, 1996.

（編者注）ＤＳＭ-Ⅳでいうところの制限型（Restricting Type）の神経性無食欲症とは、現在のエピソード期間において規則的な無茶喰い、または排出行動（自己誘発性嘔吐、または下剤、利尿剤、または浣腸の誤った使用）を行ったことがないようなタイプの患者をさす。

第四章　昨今の青少年犯罪と境界例の構造

一

江戸時代に当時官学となっていた朱子学を批判して、いわば『論語』そのものへ還った伊藤仁斎は、「卑《ひく》きときは即ち自《おのず》から実《じつ》なり。高きときは則ち必ず虚なり。故に学問は卑近を厭《いと》うこと無し。卑近を忽《ゆるがせ》にする者は、道を識る者に非ず。道は其れ大地の如きか。天下地より卑きは莫《な》し。然れども人の踏む所地に非《あら》ずということ莫《な》し。地を離れて能く立つこと無し。況《いわ》んや華嶽《かがく》を載せて重しとせず、河海《かかい》を振《おさ》めて洩らさず、萬物戴するときは、則ち豈《あに》其の卑《ひく》きに居るを以て之を賎《かろ》んずべけんや。惟《これ》天も亦然り。人唯《ひとただ》蒼蒼《そうそう》の天を知って、目前皆是れ天なることを知らず。天は地の外を包む。地は天の内に存り。地以上皆天なり。左右前後も亦皆天なり。人《ひと》両間《りょうかん》に囿《ゆう》して居《お》る。豈《あに》遠しと謂うべけんや。故に知る凡《およ》そ事皆當《まさ》に請《こ》れを邇《ちか》きに求むべくして、遠きに求むべからず……」といった名言を遺しています。(2)

私も仁斎にならって卑近な日常臨床より出発して、私には近いとはいえない「一七歳問題」にいたる橋を架けてみたい。しかもそれは、境界例を素材とし、主として、「手応え・実感」ならびに「キレること」という二つの事象を中心に据えて問題に近づいてみたいと考えます。

昨今の患者・家族は、手応えの感じられる面接を切に求めています。それまでの治療を止めた理由として、よく話は聞いてもらえたが助言がなかったと述べる人々が大いにふえました。このことは、現代人が一昔前に比べ、はるかに手応えの乏しい世界を生きるようになった印のひとつではないでしょうか。ハイテクに支えられた暮らしの便利さのとめどのない追求は、われわれ人間に欠くことのできぬ、手応えをとめどなく減らしていくことになります。かるくボタンをひとつ押せばあとは全自動という次第ですけれども、人差指一本の軽い触感では、手応えは生れるべくもありません。それは人間の「骨惜しみ」を極限にまで可能とすることです。骨惜しみという言葉を死語にしてしまうほどの便利さの追求です。

手応えばかりではありません。「足応え」の減少も大いに問題です。大地の意義を説いた仁斎のさきの言葉を思い出して下さい。地を踏みしめることに比べれば、アスファルト歩道から受ける足応えは、変化に乏しく均質です。たとえば、かつて、ぬかるみは難儀ではありましたが、充分に足応えを与えてくれ、忍耐を教えてくれるものでもあったのです。交通手段の今日の猛烈な発達はいうには及びませんが、登るには、一歩一歩、一段一段、地道に登らなければならないという当然の日常感覚を一挙に消滅させたのは、おそらく世界一機能のよい日本のエレベーターでしょう。大小の困難を伴う身体的経験の繰り返しを通して、生活の知恵が生まれ、意味深い格言も生れます。われわれのゆたかな心的世界の素材は身体的経験であると申せましょう。一足とびに脚光を浴びることを夢想する若者の増加は、都市化に伴うこの足応えの喪失と無関係ではないでしょう。そもそも足応えという言葉は存在しませんから、われわれが着実に生活していくうえに不可欠の足応えの喪失を意識化することもできません。

それではわれわれを取り巻く今日の精神的状況はどうでしょうか。[7] これも「ちゃちなベニヤ板に囲まれているような手応えのなさ」とたとえることができるのではないでしょうか。不充分な躾、よるべき規範の喪失――それは日本の場合、主として儒教道徳であったと思いますが、いまや崩壊したといってもよいでしょう――、既成宗教の無力化・形骸化、ひとが時にはおのれの命まで賭けた――たとえば戦前のマルクス主義――さまざまなイデオロギーの消滅、理想化と同一化の対象となるべき偉人たちの抹消、現存する両親をも含むあらゆる権威像の脱価値化。これらすべての今日の文化事情が手応えのない世界を作り出しているのです。躾、規範、宗教、イデオロギー、偉人たち、よい意味での現存する権威者たち――これらすべてはわれわれに外から手応えを与えてくれるものとして現前いたしますが、やがて内在化されて、個人の恒常的な精神的ささえとなります。

私は二八年前に孤独な開業生活に入りましたが、当時の唯一の精神的支柱は、フロイトのイメージでした。私が一〇歳のとき亡くなった異邦人フロイトが、私の心の内側で手応えを与え続けてくれたのです。現代の若者は、この私の場合のように、故人に私淑するなどということはおそらく稀なのではないでしょうか。

むしろ今日の大多数の若者に束の間の手応えを与えてくれるものは、身近に、実際に調達することのできるヒト、モノ、可視的な結果でなければならないようです。

以上を前置として、私が長年にわたりかかわっている境界例とその犯罪可能性の問題に移ります。

二

私は境界例あるいは境界性パーソナリティ障害を古典的な強迫神経症の現代的変種と考えています[6]。それは今日の社会変容に深く滲透されて生まれた変種なのです。強迫神経症は、衝動的自我と、上位自我が主役を演じる社会的自我とが、くっきり分離し、相互に対立相克する自我の一病態で、その基礎をなすのは強迫性格です。ところが昨今では社会そのものが急激に絶え間なく変容し続けており、そのために当人の自我はなかなか社会化されず、未熟、脆弱なままに止まり、しかも欲求・衝動の即時の充足をよしとする快楽主義とさまざまな快楽装置――これはとても枚挙できませんが、最新の携帯電話、二四時間営業のコンビニ、性的行為をたやすく可能とする通信網、風俗店など誰方にも思いつきます――とに絶えず誘惑され、前思春期のころから容易に衝動的な自我が優位に立つようになります。社会的自我が衝動的自我をかつかつに抑えているのが古典的な強迫神経症であり、衝動的自我が未熟な社会的自我をしばしば圧倒するのが境界例です。境界例患者の基礎性格は、ＤＳＭ-Ⅳでは別項目仕立てですが、大幅に強迫性格に一致することは経験者ならば誰方も首肯されるでしょう。ここで境界例に対する私の見方を以下に箇条書とします。これはＤＳＭ-Ⅳの補足としてお読み下さい。

（一）外面がよく内面がとても悪い。その感情の不安定・易変性が身に沁みてわかるのは、親・配偶者・同棲者といった親しい他者。

（二）自分にしか通用しない思惑・計画を立て、その通りに行動しようとする。それは当然阻害される――自己・他者・状況によって――が、そのとき大小のパニックを起す。それは外ではかろうじて抑制できても、蓄積された不安・動揺は、家の中で怒りとなって爆発する。

（三）内省に乏しく、自罰的なことをうわべでは言うことがあるが、本来的には他罰的。

（四）抑圧に乏しく、躁的防衛、分割、投影同一視、否認などの原初的防衛規制を多用する。

（五）目標に向けて極限まで進む（反社会的行為をも含む）のが好きだが、熱中と疲弊・抑うつとの間を懲りずに往来する。

（六）言動には一種の独自性の誇示がみてとれる。

（七）人生観は、「やりたいことだけをする」「楽しいか楽しくないか」「役に立つかどうか」「無駄と地道が嫌い」「平凡は嫌い」といったもので、それらは今日の若者に共有されている価値観の強拡大というべきもの。

以上のうち、（七）について補足しますと、境界例患者の人生観は、今日の若者に共通の人生観の強拡大であると述べたのは根拠があります。少し前のＮＨＫのテレビで、就職難を巡って、「どこまでも自分のやりたい仕事を目指す」と若い一女性は昂然と述べていましたし、最近は同じテレビで、「望ましい社会」を若者に語らせる番組があり、そこでも数人の発言者――女性が多かったと記憶しています――が異口同音に、自分がやりたいことがやれる社会の実現を期待していました。こうしたむき出しの欲望すれすれの願望が、正の価値を伴って平然と語られ、しかもそれがプラスの意味を持つものとして多くのひと（＝社会）に受け容れられるということは、今日的現象以外のものではあり得ません。それは大雑把には「平成心模様」と言ってよいかもしれません。少なくとも戦後三〇年くらいまではこの種の発言は公然とはなされなかったと思います。ましてや、敗戦前は絶無でした。戦前ならそれには利己主義というレッテルを貼られ、非難を浴びたでしょう。もっとも時代を貫通して「やりたいことをやる人」はいます。周囲の制約を受けないかぎりにおいて乳幼児の振舞いがそうであり、強い意志と能力とを具えておのれの関心領域において成功した人がそうであり、また犯罪者の一部がそうでありましょう。

しかしながらこんにちのように、並の能力しか持ち合わせていないとみえる多くの若者たちが、社会に出たら「やりたいことをやりたい」と口を揃えるのは異様です。わけても境界例患者は、やりたいことは即刻にやりたいと思いこむ――これはなにをやってもうまくいかぬという自信喪失と矛盾するものではありません。この自信喪失に先行するのは、うまくいくはずという思いこみです――人々です。したがって、あえて病理的な見方に立つなら、今日の（都会の）若者の多くは準境界例といってもよいかもしれません。このたびの共同発表者のひとり福原は、一五年にわたって大学の学生相談に従事してきております。

近頃の学生は、存外出席率はよいが、勉強が好きというよりは、仲間に遅れることならびに仲間外れになることをひどく恐れ、明るく振舞うことを旨とする。暇を嫌い、手帳にびっしり予定を書きこむことを好むようだ。観念的には「個性尊重」なのだが、仲間集団の当世の価値観（たとえば、仲間は盛り上るもの、男女がつき合ったらセックスするもの、ダイエットは当然など）に束縛されている。

友人関係についての悩みが学生相談の訴えの一位、学生部主催の新入生キャンプへの参加動機も、「他人《ひと》より早く友達を作って安心したい」というものが多い。そして一見の明るい振舞いの裏で、空虚感に浸された抑うつ気分を抱いている者が少なくない。

大学事務の窓口には、「想像を超えた」学生が来るようになった。ヘッドフォンをつけたまま、ものを尋ね、答えを聞くときだけはずす。話の途中でも携帯電話が鳴ると、延々とその場で話す。時間外に事務手続きを要求し断られると、自分はせっかくやってきたのに不親切だと怒り、自分の非はいっさい認めない等々。

以上は福原の観察したこのごろのキャンパス事情のスケッチですが、そこからもこんにちの若者には、準境界例的な者が少なくないことがうかがえるのではないでしょうか。

さて、境界例患者こそ手応え・実感を激しく求めて止まない人々です。入院させられた境界例患者は、行動制限を課せられますと、たいてい即座にこれを破ります。平穏な入院生活を送るなどということは、不安と退屈と空虚と焦燥とに苛まれ、いたたまれない時を過すことです。行動制限を破ったその瞬間においてはじめて実感を得、束の間ではあるが人心地がつくといってよいでしょう。

三

ところで私は一九五〇年代から摂食障害の治療に従事し、一九六一年にこの経験を論文としてまとめました[5]。当時の患者は、禁欲と女性性忌避とを建前とし、欲動の突出はおおむね食の領域と万引とに限定されていました。あらわな家庭内暴力は一例にみられただけです。最近の患者では、女性性忌避は影を潜めましたが、平凡な生き方をひどく嫌い、禁欲は長続きせず、容易に享楽的傾向にとって代わられます[8]。もっとも完璧、極端を好み、貪欲であるといった強迫性は、かつての患者と同じようにたっぷり具えています。昔の患者と異なるのは、自傷行為、自殺企図、家庭内暴力、性的逸脱といった食行動異常以外の行動化がすこぶるふえたということです。つまりは、境界例水準の摂食障害が増加したことが一見してわかる時代となりました。

いかなる行動化も実感追求という意味を含んでいますが、そのこんにちにおける横綱格は、女子患者における手首自傷でしょう。犯罪事件との直接のつながりは、一見なにもありませんが、自傷と他傷、自殺と他殺との密な関係は皆様ご承知のことです。

手首自傷常習のある娘は、過食するか、手首を切るか死ぬほかはないとにこにこ笑いながら申しました。手首自傷の動機を尋ねますと「何もありません」と答えます。これは言語表出の乏しさもさることながら、しらばくれているのではありません。何もないという深い空虚そのものが手首自傷の一誘因となっているとみられるのです。手首自傷者が異口同音に述べる血をみるとほっとする、生きていたんだという感じが湧くと述べることは、実感追求の極限を示しているといえるでしょう。また他のひとり暮しの娘は、仕事を終え、今日は手首を切るんだと思い定めると心が躍ると述べました。この娘はのちに人目につかない身体部分に入墨をします。「自分はひとに良い子にみられて窮屈。そこ（＝入墨の部分）に悪を集めた、それを見つめると落ち着く」と説明しました。この入墨の後、自傷行為は減りました。

境界例患者は、手首自傷に代表されるように繰り返し過激な言動に走りますが、そのたいていは、彼らの身体感覚を通しての生存感覚の確認に連なっています。彼らは、ほどほどの半端な内外の刺激によっては実感を獲得することは不可能なのです。このように際限のない実感追求が、身近な他者をも巻きこむならば、それは犯罪に連がり得ます。彼らの振るう家庭内での暴力は十分に犯罪の領域に踏みこむ可能性がある。このような殺人を頂点とする家族に向けられる犯罪は、すでにもう枚挙に暇がないというべきでしょう。親たちに叱られて家に火をつけたごく最近の一七歳事件は、あるいはそのようなものであるかもしれません。

四

さて事件を起す青少年も、治療者という肩書をもつわれわれも、同じく人間と名付けられる動物ですから、どこかに共通点はあるはずです。そこでかつての軍国時代に一六歳前後を過した二つのケースを次に紹介いたします。

少年A[1]。一九四三年（昭和一八年）、当時中学3年、一五歳。富士の裾野で軍事教練中、仮想敵に向かって突撃中、有刺鉄線を躍り越えたとき左の手掌を切り裂く。血がどくどくと溢れる。陸軍中尉の教官に負傷を申し出る。教官は傷口を一瞥するや「いのちに別状はない」と叱咤する。手拭いで縛り上げるようにし、数キロを行軍して兵舎に帰る。本来ならば幾針か縫わねばならぬほどの傷であった。しかし、「いのちに別状はない」という言葉をそのまま納得し寸分も恨んだりしなかった。天皇陛下のためにこの痛みを堪えるのだと、歯を食いしばって我慢し行軍した。

中学四年（一六歳）となり、学徒勤労動員。炭酸マグネシウム工場の寮に寝泊りし、二四時間操業。昼夜交代で働く。職場は、マグネシウムの白粉が濛々と立ちこめて数メートル先も見えぬほど。そこではある日朝鮮から動員されてきた少年工が虐待されるのを目撃してショックを受ける。

この少年は、後年、国語教師・歌人となった。上記の体験にまつわる歌二首。

〈戦いの傷しろじろと掌に消ゆることなき昭和の形見〉

〈朝鮮人差別の態《さま》を少年われ苦しみて見にし幾つもを記憶す〉

少年B。一九四四年、中学四年生、一六歳。敗戦まで東京にとどまり空襲はすべて経験。はじめこそ防空壕に退避したが、やがて夜間の空襲（米軍の都市空襲は戦争末期には、夜間の焼夷弾による無差別攻撃となった）を好んで目撃するようになった。明るく照らされて飛ぶおびただしいB-29型爆撃機の機体にみとれた。恐怖感は皆無。ほとんど夜毎の空襲にもかかわらず疲労を覚えた記憶がない。家の周囲は焼け残った。さきのことは考えたこともなく、戦争の勝負などどうでもよかった。勤労動員先は包帯工場で、仕事はきつくはなかった。栄養失調のため下肢の膿痂疹（とびひ）が治らず、膿がズボンに滲み出た。しかしそれをさして辛いとは思わなかった。

このA、B両少年ともに当時の苛烈な環境から、自ら求めることは少ないままに強い手応えを与えられています。A少年は、手首自傷とは逆に、他から強制された結果生じ、かつ放置された手掌の深手を負っています。手首自傷は恥ずべき行為とみなされますが、彼の場合は、「名誉の負傷」です。しかし当事者の存在感覚が先鋭化される点は、手首自傷も「名誉の負傷」も共通です。A少年は祖国愛に燃えているのみならず、差別され、虐待された朝鮮人に深く同情する正義感を持っています。健康度の高い人物とみてよい。他方B少年は虚無的で、あまり健康とはみえない。彼は、当時としては存在感覚の薄い人間であったかもしれません。あるいはそのせいでしょうか、夜毎の空襲を好んで見物するという、知られたらひとの顰蹙《ひんしゅく》を買う行為に走っています。空襲という本来は恐怖すべき体験をひそかな快楽の体験に変換させています。それによって彼は十二分の手応えを得ていたと思われます。A・B両少年ともに主として外部環境に触発された身体感覚的な充溢をつねに体験しており、空虚感とはまず無縁であった――B少年にはごく軽い空虚感がみられたかもしれませんが――でしょう。

しかし「血気未だ定まらず」、非常な時を愛するという過激な心性は、思うに時代を超えて貫通する青年期心性であり、戦時下の上記のような若者がとった、軍国主義と戦争という外圧に触発された激しい行動と、こんにちの境例患者の自家製の行動化とがちょうど逆対応になっていることは注目に値すると思います。

私どもの世代は、「軍国少年時代」――もっとも私はその時代の色に染まることはできませんでしたが――を経て敗戦に遭遇。それ以降は、学生運動の時代に突入いたします。反米・反政府の運動が長く続いた後に、代わって大学紛争が主流となりました。この頃は当然のことながら教職にあったものを除いて、われわれの世代は出る幕はありません。さまざまな新左翼がにぎやかに勢揃いしました。その中からは世界革命を目指した「日本赤軍」なども産まれましたが、大づかみにいえば、大学紛争の主体となった、いわゆる全共闘運動は、決して革命を目指すものではなく、大学の既成の体制の破壊という形に矮小化されたといえましょう。一九七〇年代には学園紛争は終息し、その後、日本においては学生運動は皆無となりこんにちに至っております。このことは一種の異常現象だと思います。学生運動皆無などということは、これまで全体主義的国家以外にはみられなかったことですから。

これは個人的経験に過ぎませんが、日本から学生運動が姿を消した直後あたりから、「家の中での過激活動家」である境界例がとてもふえたという印象をもっています。全共闘の学生たちは、決して即答できない「原点に戻る」質問を繰り出し、教師たちを立往生させました。境界例患者も「原点に戻る」ことを好みます。「なぜ生んだ」にはじまり、被害面がことさら意識される幼児期体験の強調、自己反省を伴わぬ親の現状の一方向的な告発等々。これらはかつての全共闘の学生たちの論理に酷似していると思います。境界例患者は、親を大なり小なり権力者とみなし、（自分にとって都合のよい）親の理想の在りようを追求して止まないところは、たとい全く自覚はしていないとしても、親子問題を、学園紛争の標的となった教育問題と同じく、「政治化」しているといえましょう。上記の在り方が、親から最大限に手応えを引き出そうとするものであることはいうまでもありません。「手応え」の問題はこれで終りとし、つぎに「切れる」という問題に移ります。

五

境界例患者は、自己と他己とをすべて自分の思い通りに運転していくことをつねに念じております。つまりはわが意のままにということで、極端にわがままです。対自行動についていえば、摂食異常だの手首自傷だのは、自己を思い通りに運転することに失敗しながら、なおかつ思いのままに運転し続けようとするあがきの一形態です。

では身内を除外した対他行動はどうなるでしょう。他人は残念ながら意のままにはなりません。したがって彼らの対他戦略は、他人の出方をあらかじめ読み取ろうとすることです。そしてこの読み取りに合わせて自己の行動の予定も作製します。彼らは他人の手応えを痛切に求めている人たちですから、他人に承認されるかどうかということはほとんど死活問題です。しかし他人が予測通りに行動するなどということはあり得ませんから、思惑外れの連続となります。そのさい彼らのとるべき行動はただひとつ、他人にやみくもに合わせることです。結果は、ひどく「人疲れ」することになります。これは彼らのわがままと矛盾する行動のように映りますが、境界例者の他人に向かうわがままは、どの他人からも受入れられたいというわがままなのです。

彼らはすべてのひとに合わせる対他行動に由来する、さまざまにむしゃくしゃした気分をかかえて帰宅します。この鬱屈は、家に帰れば母とか配偶者に向かって一挙に爆発します。文字通りの乱暴狼藉に及ぶことは少なくありません。このとき相対した人の表情や口調に触発されることはあるにしても、その反応は不釣合に大きく、この「切れ」現象の張本人は、十中八九本人です。そこからcircularな悪循環が起ってくるのです。この種の「切れ」は、さまざまな不快感をたちまち相手に排出して押しつけ心の平衡を取り戻そうとする試みでもあり、相手の困惑・狼狽から手応え・実感を得ていることでもあります。

対他戦略としての過剰適応も限界を超えて破綻を来せば、おおむね家に引きこもることになります。たとい引きこもっても、身近な他者を自分の思うままに動かしたい欲求は増大する一方です。したがって彼らの鬱屈・屈折した愛情欲求はすべて家族に向けられ、散発的ないし持続的な暴力・暴言は止むことはありません。

外では切れなさすぎ、家の中では切れまくるというのが境界例患者のありふれたあり方なのですが、彼らが外で切れるときはどういうときなのでしょうか。それが把握できれば、「一七歳問題」とのつながりも出て来ようというものですが、実に多数の境界例患者を診てきたのにもかかわらず、外で他人に対して切れた例を私はほとんどみていないのです。街頭などで大騒ぎをする患者はいますが、その相手はほぼ一〇〇%親しい他者である肉親なのです。そのさいは、信号も目に入らず車に轢かれそうになった者もいれば、争いの目撃者が警官を呼んだ場合もありました。

入院させられた境界例患者は、医師にではなく、看護師に向かって「切れる」ことが間々あります。二四時間彼らと接触し、かつ親切を旨とする看護師は、はからずも彼らの我意《わがまま》の発露を容易にし、もはや彼らにとっては、外の人ではなく、たやすく「内の人」となるからだと思います。「切れる」生徒の被害の対象に教師がなることがありますが、教師は、教え、指示し、しかも生徒との情緒的交流を許ろうとする方々ですから、両親の役割にも似て、（境界例的な）「切れる」生徒にとっては、「内の人」に突然変貌する瞬間があるかもしれません。もちろんこれは推測に止まります。

六

犯罪精神医学者である影山任佐は、自己確認型犯罪・非行が近頃の青少年の新しいタイプの犯罪であると説いています[3・4]。

> これは情報化社会と希薄な対人関係を背景にした現代型犯罪で、その基盤には自己の存在の希薄感――「空虚な自己」の病理――が横たわっている。実際には、これに幼児的万能感が加味されたものが少なくない。利害関係のない見知らぬ者を対象に（傍点筆者）、この「自己の空虚」を埋めるために、あるいは犯罪行為とこれに対する社会の反応によって、不確かな「自己の存在や力を社会に映し出す」ことを目的や動機にする。すなわち自己の鏡映力の確認を目的や動機にする。

このように彼は説くのですが、たしかに見知らぬ他者を相手とした犯罪、わけても人を殺す体験をしてみたかった、相手は誰でもよかったと口走ったとされる犯罪が報道されました。

境界例の場合にも「慢性の空虚感」（ＤＳＭ-Ⅳの第七標識）がみられます。もっともこの空虚感にも消長があります。一般に行動化の激しいときは、空虚感が自覚されることは稀となります。この行動化が強制的に抑えこまれたとき、空虚感が強く自覚されるようになります。あるいは、ある程度軽快した時期に、空虚はより強く自覚される。このころには、抑うつ・疲労も出揃ってきますので、間断のない外出、性的逸脱といった外向きの行動化を起すエネルギーは乏しくなってきます。もっとものころは、手首自傷、自殺企図、摂食異常といった自己自身に向かう行動化は依然として続く、ないしは増大する傾向がみられます。つまり影山のいう「空虚な自己」を存在論的にとらえるのではなく、病者の体験に則してとらえるならば、激しい行動化は空虚感の湧出を強く抑制いたします。

さて影山の挙げた自己確認型犯罪者の存在様式は、一見したところ境界例患者のそれに酷似しており、あるいは同一と言ってよいかもしれません。しかし境界例における行動化は、実感・自己の存在感覚を確かめる自己確認的な意味を含んでいますが、それが非行・犯罪に傾斜する場合には、これまで繰り返し述べてきたように、なにはさておき・・・・・・・・親しい他者の居合わせ・・・・・・・——それは当人によって親しいと思いこまれる他者であってもよいわけです——を必要とします。したがって彼らは、影山のいうところの、利害関係のない見知らぬ他者を犯罪行為の対象とすることはないのではないでしょうか。もっとも影山の立論の基礎となっているのは、新聞紙上を賑わした事件であって、自験例はまったく述べられていません。彼の立論がかなり思弁的に私には映るのは、そのせいかもしれません。彼のいう空虚な自己・自己の空虚の補填と自己の社会への鏡映化が、ただちに利害関係のない見知らぬ者への犯罪につながるというのは、論理に少しく飛躍があるように思います。もっと未知の諸誘因がこれに参加しないとそうはならないのではなかろうか。たとえば、生物学的基盤、深刻な対象喪失、偏執的傾向、統合失調症の開幕、薬物の使用……など。もっともこれらは影山説以上に私の推測に過ぎません。

詮ずるところ、境界例患者の起す犯罪は、もっぱら身近な他者に対して行なわれる、すなわち、独占的に家庭が舞台となる犯罪といえるでしょう。これに対し家族面接の予防的治療効果が大いに期待できると存じます。

冒頭に述べましたように、私の臨床経験と「一七歳問題」とに橋をかけようと試みましたが、結局細い小さな橋しかかけられなかったといえましょう。

もっとも現代の多数の若者の言動は、さきほど述べた福原の観察からもおわかりのように境界例的色彩を帯びていますから、犯罪成立の主条件は何であれ、少年犯罪の主体者が、境界例のようなファサードを呈することはよくあることではないかと推測しております。

それにしても「やりたいことをやる」という考えに奇態にも正の価値付与がなされる「平成心模様」――これは民主主義の頽落の顕現だと思います――が終息しなければ、犯罪が増加するかどうかはわかりませんが、問題をひき起す青少年はふえるばかりではないかという暗い予感を抱いております。

（この論文は、大会発表時の原稿に加筆修正を加えたものです。また著書を通して「一七歳問題」を考えるヒントを与えて下さった畏友橋本喜典君に感謝いたします。）

文献

（1）橋本喜典『短歌憧憬』短歌新聞社、三八一‐三九八頁、二〇〇〇（少年Aは、この著者の体験の筆者による恣意的なまとめである。）
（2）伊藤仁斎『童子問』一七〇七（岩波文庫、四六‐四七頁、一九七〇）
（3）影山任佐『「空虚な自己」の時代』日本放送出版協会、一九九九
（4）影山任佐『犯罪精神医学研究』金剛出版、一九九‐二〇七頁、二〇〇〇
（5）下坂幸三「青春期やせ症の精神医学的研究」精神経誌、第六三巻一〇四一‐一〇八二頁、一九六一
（6）下坂幸三「摂食障害と強迫」（下坂幸三『摂食障害治療のこつ』金剛出版、二〇〇一所収）
（7）下坂幸三「社会変容と心理療法」精神療法、二五巻三九九‐四〇八頁、一九九七（本書第三部第二章）
（8）下坂幸三座談「摂食障害――昔の患者と今の患者そして治療――」（下坂幸三『摂食障害治療のこつ』金剛出版、二〇〇一所収）

第五章　こんにちにおける家族面接の意義

かつて「親の心子知らず」という言葉を誰でも知っていた。しかしこういうことを公然という親がこんにちいたとしたら、世間の指弾を受けるかもしれぬ。心理療法家たちは「子の心親知らず」だという。心理療法の某大家もそう書いていた。個人療法の場面で、親に対する複雑な感情を含んだ多分に一方向的な子どもの物語と、そこから推量される親に対する子どもの感情の機微は、なるほど親は知るべくもない。

しかしだからといって、親はなにも知らない、わかっちゃいないと治療者が思いこむとしたら危険だし、きわめて傲慢でもある。診察室外の子どもの言動は、親をはじめとする家族がもっともよく識っている。しかもこんにちの子どもたちの日頃の振舞いは、しばしば治療者の想像を絶する。「親の心子知らず」も「子の心親知らず」もともに一面的な見方である。このような一面的な見方から脱却し、患者・家族の示す諸様相を全面的、即事的にしかも「鮮度のよい」状態で把握するには家族面接にまさるものはないであろう。

＊

私の小さな自費診療所では、患者を含めた家族面接が主で、個人面接がむしろ従となっている。週一回某病院での忙しい一般外来診療も行っているが、そこでも家族面接が主である。むしろそこでの一般外来では、私の診療所以上に家族面接の頻度が高い。家族だけの相談も多い。初診にせよ再診にせよ短時間しか割くことのできぬ一般外来においては、家族面接は効率がよい。患者・家族・治療者の三方の見方・意見を同時に共有できる。治療の合意ならびに治療目標の設定にも、家族面接に伴う「文殊の知恵」が加勢する。この「文殊の知恵」は、再来のときにも発揮され続ける。治療者が家族を大切にし、当てにすることが可能なら、家族の方も治療者に対して当てになる助け舟をおり出してくれる。

近頃は、薬物療法が多いに進歩した。薬物を工夫して併用すればそれだけ、心理療法もはかが行くようになった。薬の説明の能率も服薬の状況の把握も、家族の同席が優れていることは自明である。長期の服薬に対する家族のさまざまな疑問――それはおおむね正当な疑問である――は、患者のそれよりも多いとしたものである。われわれは、家族の同席によってこれらの疑問にはじめて適切に応じることができる。

*

私が精神科医になりたてのころは、児童の心的障害ならびに統合失調症の治療において、家族に接する頻度が高かったように思う。前者においては、子どもに対する親の接し方を指導する――この場合、見聞の範囲では親の不安やプライドへの配慮は充分とはいえなかった――ことが中心であったし、後者の場合は、病態に対する、家族の心情への配慮がしばしば乏しい説明が主であったと思う。しかしながら昨今では患者の人権の尊重、病院その他の施設の改善、薬物療法ならびにリハビリテーション療法の進歩、心理教育の普及などと数え上げていくと、統合失調症の治療は格段に進歩したといえる。心理教育は、家族集団を対象としていることが多いようだが、もっとも統合失調症家族に対する個別の家族面接はこんにちにおいても、必要にして充分といった形ではおおむね行われていないようだ。

私が診療している統合失調症患者の数は少ないが、彼らには自費診療である私のクリニックではなく、原則として病院の一般外来にきてもらっている。あらかじめ面接時間を定めることは柔軟な面接時間の設定が必要な彼らの病態にそぐわないし、薬物療法が主体になることを考えれば、健康保険制度下の外来診療が優れているからである。「統合失調症と家族」について論じる資格は私にはないが、ここで病名告知の問題にちょっとふれてみたい。まず例を挙げよう。

某有名女子大在学中の女性。某精神科で統合失調症と診断されたが母親は納得できないということで来診した。当時、この患者は症状に乏しく要素性幻聴と学業低下とがみられた。上記の診断に間違いはないが、時間をかけた家族への啓蒙が必要であると思い、長年の共同治療者である女性臨床心理士に家族面接を依頼した。

この面接は例外的に私のクリニックで行った。彼女はこの家族に少しずつ病いについて納得してもらう方針をとった。彼女自身はじめは診断に疑いを抱いたことも、このような面接の進め方に加勢したかもしれない。患者は、漸次の学力低下のために、大学をやめざるを得なくなった。患者の母親自身、同じ大学の出身であり、そのことに誇りをもっていたから、娘の大学中退は、彼女にとりたいへん辛いことであった。母親のこの苦しい思いに、この女性治療者が理解を示し続けたことが家族の病いの受容にもつながった。この患者は現在私の一般外来に通い、よい経過を示しているが、彼女の目下のいわば、低成長安定状態を両親が受容し、支持してくれていることには、先行したintensiveな家族面接が役立ったと思われる。

さらに他のごく最近の一例。ありふれた症状を具えた統合失調症の青年。初診時母同席。ノイローゼとは違う、脳のはたらきが一時的に疲れて過敏になっている、薬がよくきく、少しずつよくなるといった趣意の説明をし、病名はまだ告げなかった。この青年には事実薬がよくきき、病的体験は消褪したが、母親はむしろ不安を募らせ単独面接を希望した。

父親は多年単身赴任。あまり相談相手になってくれない。本人は長男で、下に妹が二人いるが、末妹とはもともと仲が悪い。彼女は気が強く、兄に喧嘩を売るようなところがある。発病以来長男は、妹と喧嘩してもこれまでとは目つきが違う、包丁を持ち出したこともある。新聞に載っているような事件を起こすのではないかと心配でたまらない。

この母の不安の中味は以上のようであった。この不安を緩めるには一時間の面接が必要であった。この時、病名も告げたが、納得したようにみえた。本人が事件を起すのではないかという母の懸念は、多年にわたり母子家庭に等しい生活であることと、夫が法曹界に身を置いていることと無関係ではないことも解かった。この例では、父親ならびに妹たちにも会わなければならない。

病名の告知は、統合失調症治療の入り口に属するが、それの家族に及ぼす負の波及を押しとどめるのに、しばしば時間をかけた家族面接が必要となる。またそれが、個々の家庭事情を浮き彫りにしてくれることは上述の簡単な二例に示した通りである。さてこれ以上、統合失調症の問題にとどまることは許されない。

いずれにせよ「……家族は自分たちの病理性をもちながらも、それを補修する具体的な方向が示される時、極めて積極的に治療協力者となるものであって、わかっているようなことをいいながら受動的で、破綻を繰り返す患者（筆者注：統合失調症患者）とはわけが違うという感じがする」と述べた臺弘の言葉は、統合失調症の場合に限らずひろく家族面接の意義の核心をついた金言といえよう。(6)

＊

主として思春期・青年期に行動化を繰り返す心的障害は、ほぼ境界例と呼ばれる病態と相重なる。このような病態に家族面接がはなはだ有効であることは、中村や筆者が機会あるごとに説いてきた。(2・4・5) 一方、境界例患者に対する個人心理療法が、まじめだが経験の乏しい治療者にとっては、手詰まりになりやすい事情については、成田の生彩に富む描写がある。(3)

境界例患者は外《そと》の人間のすべてから好かれ評価されようとして、神経をつねに尖らせ消耗させていく一方では、内《うち》の人間（親きょうだい、配偶者、同棲者、同居者など）に対しては、どこまでも我を通し、内の人間を意のままに動かそうとするので、家庭内では争いが絶えない仕儀となる。

こうして境界例患者の内外の行動は分割され一見対極に位置するようにみえるが、自分の思い通りに外の人には評価されたい、自分の思い通りに内の人には動いてもらいたいという点ではまったく同一・同根である。この我意《わがまま》の内実は、対他関係に由来する負の影響に過敏であり、その故でもあろうか、おのれの不快な諸感情をすばやく外に排出して――その手段は、ひとへの直接の攻撃・依存ばかりではなく症状化、行動化が選ばれる――、強い抑うつに落ち込むことを防ぎ、心情のバランスをかろうじて保とうとする脆い自我機能の顕現といえよう。

境界例の個人心理療法が、しばしば手詰まりとなるのは、治療者が外の人から内の人へと転換するからである。これを成田は表は地味な背広の派手な裏地が裏返った様子にたとえ、「裏返しの病理」と名づけており、この現象に相即して治療者の心理も患者に対しマイナスの方向へ裏返ることを指摘している。

このように内と外の言動が大きくずれる境界例の言動を全面的に把握するには、家族面接にしくはない。彼らが異口同音に両親をやがて非難することはどなたもご存知のところである。しかしその段階にとどまらないで、治療者に何としてでも親を会わせまいとする患者もいる。しかし実は、こういう患者こそ、家族面接の最適応といってよい。境界例患者は、長続きするわけではないけれども治療者をさしあたりは外の人にとどめておこうとする。家庭内での行状を知られたら、外の人である治療者の信用・承認を喪ってしまうとひどく恐れる者がいるのは当然である。

家族面接を拒み続ける境界例患者の個人面接を漫然と行っていても、治療は捗らない。家族に会うことを焦ってはならないが、心理療法のオフィスにせよ精神科外来にせよ、患者と家族の不都合を本来みせてもらう場であることを患者に納得してもらう諸工夫が必要である。

激しい行動化を示す境界例の治療は、いわば応急手当の連続に終始せざるを得ない時期がある。患者と家族との話を傾聴すれば事が足りるといった気楽なものでは決してありえない。面接の都度、患者と家族に比較的恒常的ならびに相互交渉的な心情の動きを微細にわたってとらえることは、もとより土台である。そして彼らのそれぞれに異なる心情のある程度までの相互理解のための橋渡し役――そのさいは通訳者・解説者としての治療者の働きが要請される[1]――を終えた後、患者ならびに家族の多様な行動化、過活動、不安、抑うつ、空しさ、ひきこもり、その他の睡眠障害を筆頭とする身心の不調等に対する具体的対応を計る。その結果は、日々の過し方の些事にいたるまで時には助言をし家族の合意に達しなければ、行き届いた面接とはならない。もっともそのためには治療者の一人相撲になることなく、家族と患者とに知恵を出してもらわねばならないことはすでに冒頭に文殊の知恵として述べた。

＊

ここで家族面接の利点を以下に列記し若干の解説を加えよう。

（一）患者と家族の言動を目の前で全面的に把握できる。
（二）家族各成員の言語的・非言語的感情交流の様相・形式を視覚的・聴覚的に体験できる。
（三）患者とその家族の抱いている諸不安を同時に緩和することができる。
（四）転移・逆転移に基づく治療関係のもつれは起り難い。
（五）家族は治療者を見知ることができる。
（六）家族に見通しや養生の要領を伝えることができる。
（七）治療からの脱落を減らすことができる。
（八）女性治療者は男性患者を安心して治療できる。
（九）個人心理療法の場合に生じうる患者・治療者間の性的問題はまず起きない。
（一〇）面接不可能な患者を、家族を介して援助・治療することができる。

以上の各項目について少しく解説しよう。（一）は既述したように最大の醍醐味なのだが、プライヴァシイの問題はどうなると危惧する人がいる。家族面接では、もちろんさしあたり心の内奥の問題は扱えないし、また扱う必要もない。治療者を仲立ちとして症状、問題行動についての認識が共有され、家族の関係性の「風通し」がいささかよくなることがまず眼目である。しかし治療者が相当に信頼され、かつ寛宏な態度を取ることができるなら、患者も家族も心中を大幅に明かすことが可能となる。

一般的にいうなら、患者は親を不当に難じ、不当に恐れ、親は患者の「病気」の悪化を恐れて不当に言うべきことを控えていることが多い。個人心理療法に終始した場合、この二者関係の枠内では、患者の言語化能力は促進されたようにみえても、上述の家庭内の閉塞状況は、一向に変わらないことは珍しくない。家族面接の中で増大する各参加者の言語化能力の向上は、家庭内にそのままもちこまれ、永続性を発揮することができる。

（二）は、システム論的家族療法が主眼とするところである。家族面接では、治療者の目の前に、さまざまな、ときには激しい家庭劇が展開されるが、個人心理療法におけるような対象者と治療者との間の濃密な人間関係は形成され難い。しかも患者の転移は、その源である家族へと絶えず還元される。このことが（四）である。

（五）はつまらぬことのようだが、実は大切なことである。心理療法——薬物療法も——はふつう長期に及ぶ。親が治療者をよく見知らなければ、親は真に安心することはできない。したがって個人心理療法で成功がみこまれる場合でも、一、二回は家族面接を組み入れるのが安全である。

（六）個人心理療法では、患者がドロップアウトすれば、それで終りだが、患者の家族は、そのような場合でも面接を継続することが多い。そのうちに大多数の患者が再来するとしたものだが、それまでは（一〇）の項目と同じ仕事をすることになる。

（八）（九）については解説不用であろう。しかしこの二点は対象者、治療者の双方を助ける大きな利点である。

（一〇）の項目は「ひきこもり」や非行が増えているこんにち、とみに重要性を増したと思う。このことについては私も論じたことがある。[5]

＊

私は二八年前に心理療法を掲げた診療所を開いたのだが、開設後の数年間は診療を終えた後の一〜二時間はしばらく誇張でなく、息もたえだえの体《てい》たらくであった。それはひとえに境界例水準の摂食障害者の大群に個人療法で対処したことによる。

家族面接・家族援助を慣行とするようになってから、心身の疲れはにわかに半減した。両親を筆頭とする家族成員が、治療者の支持と助言とを支えとして、それまでとは異なり、より自信をもって患者を庇護し続けてくれる。個人療法の時代には患者の感情の不安定性、治療者に向ける激しい攻撃と依存、あくなき貪欲さ、諸行動化などを一手に引き受けて消耗していたが、それらについて家族が肩代わりして対処してくれるようになった。つまり家族は単なる家族ではなく、治療協力者ないしは共同治療者として機能してくれるようになったわけである。

幾多のすぐれた心理療法というものはある。私についていえば、精神医学教室にいたときに覚えたフロイトの自由連想法がそれであった。しかし家族面接・家族援助は、そのような療法とは質を異にしている。しつこくなるが第一にそれは私を消尽から救ってくれた。そして患者、家族、治療者の三方を一挙に同時に救ってくれたのである。治療法を「生命の恩人」と奉るのは、読者の方々は奇異に思われるだろうが、それが私の実感である。

統合失調症の一症例の共同治療者は東原美和子氏である。ここに記して感謝する。

文　献

(1) 本橋弘子「青年期」(杉原一昭編)『事例でみる発達と臨床』北大路書房、一一九 - 一二〇頁、二〇〇一
(2) 中村伸一『家族療法の視点』金剛出版、一〇一 - 一一六頁、一九九七
(3) 成田善弘『精神療法の技法論』金剛出版、三三 - 四四頁、一九九九
(4) 下坂幸三『心理療法の常識』金剛出版、三一 - 四七頁、一九九八
(5) 下坂幸三『摂食障害治療のこつ』金剛出版、九 - 二九、七〇 - 一二三、一四八 - 一六五、一八八 - 二〇四頁、二〇〇一
(6) 臺弘『精神医学の思想（2版）』創造出版、四九 - 六一頁、一九九九、初版筑摩書房、一九七二

第六章　心理療法の補助としての電話

患者・家族からの電話は、私にとっては日常に属する。よしあしは別として電話をかけてくる対象者がふえ、これに慣れたせいもあるだろうが、以前に比べて電話に対して寛大になったし、電話の使用を治療の一環として位置づけるようになった。それに私は自宅で開業しており、職住不分離にならざるを得ないという基礎条件があるから、どうしても電話を日常的に用いるようになりがちであったともいえる。

＊

電話を通しての心理療法は数例の経験がある。もっとも電話に終始して治療した患者はいない。その多くは治療途中で海外に移ったものであり、しかもおりおりの帰国を要請して、そのさいは面接した。つまり電話は消極的な選択であった。形式は、夜間、一回三〇～四〇分、月に一～二回であった。そのさいはじめ本人、のこりの一〇分を母との通話に当てた。

どの例も結果はよかった。患者たちは親の保護のもととはいえ、さしたる破綻もみせず外国生活を送れたのだから。すでに軽症もしくは重態ではなくなっていた患者たちであったし、治療の山場を過ぎてから海外生活に移った人々が大部分であった。好い結果は当然だ。古い病歴を取り出してきてこれらの例を披露する気になれない。これらの患者の電話では、私には張合いが感じられなかった。積極的な発言はできないし、またそれが不要であるとも感じられた。主として相手の言うことを聞き、基本は「ソウカソウカ……ヨカッタ。デハコノ次、〇日ニ」といったあんばいである。思いかえすと受話器をとるのもおっくうであった。慢性の疲労も下地にあったかもしれない。三〇～四〇分をとても長く感じた。治療をしているという実感はついに得られなかった。声はすれども姿は見えぬたよりなさ・もどかしさは、治療者という役割を意識すると一層強くなったようであった。もっとも患者の母たちの声は、患者に比べればはっきりしており、中身も直截で、私の無力感・不安感を減らしてくれた。電話口に母にも出てもらうのは家族面接を最優先する私のやり方の延長である。これは患者とその母親のいささかの安心に役立つ。母親の安心は患者の安心をさらに保証する。私の電話の対応がさほど拙劣でなかったとするなら、このような次第になっていたのだろう。

電話の利用には、得手、不得手の差が大きいだろう。私は生来電話嫌い・電話恐怖の気味があり、電話を通しての「心理療法」——これを心理療法と称するのは気がひけるが——には適性が乏しいのだと思う。

＊

一方、それにもかかわらず現在治療している患者・家族からの電話には苦手意識を持っていない。さきにも述べたように慣れもあるだろうが、目下の治療の流れの中に電話を位置づけることができるし、患者・家族の様子は容易に表象可能だから、海外在住者との長期にわたる電話療法とは事情が違っている。患者・家族からの電話は大なり小なり緊急のものである。こちらにはそうとられなくても、患者・家族にとってはつねにそうである。一四年ほど前のことだが、海外での新婚旅行中、「便が出なくなった。どうしたらよいでしょう」と電話をよこした、うつ状態の女子患者がいた。歩いてつかれてもいるということであったので、ホテルに帰って休み、水分を多量にとるように指示し、そしてそれでも駄目なら受診をとすすめた。それからものの一時間とたたぬうちに彼女は電話をまたよこした。「通じが出ました……」。傍目には滑稽にみえるとしても、これが本人にとっては緊急事であることに変わりはない。緊急の要求に対するに、一箇半箇の助言をする。これはつぎの面接までの応急手当である。

ところで治療の形を、個人面接をも混えた家族面接に切り換えてから長い年月が流れた。家族面接中心となってから、私の負担は格段に減り、治療成績も向上した。こういうことはあちこちで書いた（エヴィデンスがないという声が聞こえてきますが、まあ信用して下さい。家族面接を始めて下されればどなたでもこれを経験することができます）。

このような家族面接の頻用につれて電話の対応も楽になった。家庭内のテンヤワンヤを聞かされることはあっても、患者が親や他人（治療者を含む）への恨み事を述べたり、親が患者の不在をみすまして電話してくるといった、総じて陰々とした電話が、個人面接を専らにしていた時期に比べて激減した。家族面接が下敷になったうえでの電話だから、かかってきた電話に対して、相手を途中で変わってもらえることも多い。たとえば患者から母、母から患者へというように。こうして両者の訴えをきくこと自体が、両者の不安・緊張の軽減につながる……。といったようなことを書き続けても家族面接をされない読者にとっては迷惑であろう。だからここでやめるが、家族療法ではなく、家族面接が、電話の一層の効用にまで波及することは、宣伝しておきたい。

＊

ここからは視点を変えて電話の問題に接近してみたい。境界例患者は、ひとを巻きこむ、ひとを操作するといわれる。そうかもしれない。しかし治療を始めてもさし当たりは当人はそのことに無自覚であろう。肝腎なのは巻きこまれないように、操作されないように振舞うのがよいのかということである。これを可とするのはあまりに短絡的な考えである。かつて母子密着だ、母子分離をすればよいと考え、これを文字通り実行する無茶な治療があった。これと似ている。しかし、この俗論は結構いまでもひろがっている。一方ではだらしなく患者に同一化・一体化してしまう治療者がいるかと思うと、他方ではふりまわされまいと防壁づくりにおこたりのない治療者がいる。前者は電話オーケーかと思うとふしぎに決してそうではない。むしろ公式論をふりかざしてこれを避ける人の方が多いようだ。後者はむろん電話を極端に警戒する。前者でも後者でも患者の電話を拒む点では一致している。そもそもひとを巻きこむということは普遍人間的な行動である。ひどく不安にかられれば誰だってそうする。これを拒まれればなんのよるべもなくなる。この点においては患者・家族とわれわれとの間には程度の差しかない。治療においては巻きこみとうつる患者の言動の精神病理的・精神力動的理解が必要なのは言うまでもないが、これを治療者は体験を通してのみ理解できる。すなわち巻きこまれなくては、操作されなくては患者の特性をよく把握することはできない。巻きこみ巻きこまれる関係の中にいる自分を落着いてみる目と、どのように巻きこまれるのかという治療技術とが必要であり、巻きこまれまいとしゃちほこばることは、反治療的である。それでは患者のとりつく島がない。患者の、われわれからみれば、巻きこむ、あやつる、支配するとうつる欲望のあらわれは、彼らの電話に実によく反映する。治療の開始期には、これらの電話に意図的・自覚的に巻きこまれるように私はしている。自傷行為、大量服薬、自殺企図、家庭内暴力などに電話で対応するとき、誰でも巻きこまれる。巻きこまれないようでは不自然である。ちなみにこれらの行動化傾向については、面接の場においてその利点、その魅力を聞き出しておかないと、電話を通しての単なる制止はまず役に立たない。ただしいずれの場合も私は短い時間内で対応する。ちかごろ患者・家族に対してたいていはじめから、「電話は手短に」と釘をさしている。巻きこまれ方についてここで詳論することはできない。しかし短い限定された時間の中であっても、患者や家族の訴えに正対《せいたい》し、それをはぐらかしたり、そらしたりしないこと。返答に困る問いかけに対しては正直に困ってみせること。みえすいた気休めは言わないこと、といった心がけは重要であろう。そのうえで意見や助言をひとつ、いささか心をはげまして述べるのが基本だと思う。意見といっても、それはいきおい是々非々を語らざるを得ない立場となることが多い。それは患者（家族）の日常あるべき身の処し方にふれることになる。つまりは道徳の領域に入りこむ。ところがわれわれはみな敗戦後、道徳アレルギーを起し続けてきており、そのつけが、患者・家族・治療者のすべてに回ってきた。このため治療者自身も是々非々の判断に尻込みし、迷ってしまう。

民主主義と道徳とを結びつけるのは困難である。道徳は古人に頼らなくてはならない。それはひとさまざまでよいだろうが、私個人は孔子の教えをおりおり想い出すことがある。日本は江戸時代以後、敗戦にいたるまでは準儒教国であった。坊さんたちも、仏説を広めるのに、しばしば『論語』の言葉を借用してきた。孔子は理想を追い続けた実践家で、ご承知のようにつねに身近なことから道徳を説いた。つまり修身齋家《せいか》から始める。これは患者と家族を対《つい》にみる私にとっては応用のきく道徳論である。

さて脱線したようだが、治療者が道徳の背骨を強化したからといって、治療者の判断が正しくなるというものではあるまい。ただし治療者の腰が引けて患者から逃げまわり、火に油をそそぐという失態は減るのではなかろうか。われわれの判断のとっさの助けとなるのは、電話をかけてきた患者と家族以外にはない。ここで先刻の約束を直ちに破ることになって恐縮だが、家族・患者の生活観、人生観が前もって少しわかっていると好都合だ。はじめの一～二回の面接の時に、これも主張し続けていることなのだが、患者はどうなりたいのか、両親（配偶者）は患者にどうなってもらいたいのかについて説明しておいてもらうと、患者・家族の生活態度、価値観をいささか識ることができる。可能ならこれらを活かした意見・助言をしたい。もっともこれは電話の中で一呼吸おいたあとでないと使えないが。彼らの生活態度・価値観からかけ離れた意見を述べることは、決して電話向きではない。これは当然のことながら念のため。

＊

「被面接者からの電話連絡は緊急時にかぎるようにしたい。そのためには電話の問題を含めて治療契約をとりきめておく必要がある。そうかといって治療者が電話番号を絶対に知られまいとするのも過剰防衛であろう。電話をかけてくる心情への理解は一応示すと同時に、電話相談は面接のような有効性は全然もち得ないものであること、それどころか後にわびしさ、物足りなさ、怒りなどがひどくのこりやすいものであること、面接と面接との間のつらさを心の中に収めておくことも治療の大切な一環であることなどをじゅんじゅんと時間をかけて伝えることが必要であろう」「……近頃は、患者からの電話に対してはほとんど千編一律な対応をはじめた。これがむしろよいように思う。すなわち、黙って二、三分患者の言い分をきき、それをつぎの面接日にくわしくきかせてくれというか、不安がきわめて強いと思われる場合には、こちらが言い分の要点を復唱して、同じくつぎの面接時に説明してほしいというのである。すべて即答は避ける。……」

これはいまより一七、八年前に書いた私の文章である。[2・3] これを佐藤裕史は、賛意を表す形で引用してくれた。[1] ちなみに佐藤論文は「精神科診療における電話」について、電話の諸相に始まり、対策にいたるまで委曲をつくしている。さて佐藤の賛意は、〈それですめば苦労はない〉という陰の声を考慮したうえでであって、実際上記のような対処ですめば苦労はない。上記の原則論と、このごろの私の対応とを少しく以下に比較して、このエッセイを終ろう。

一～二回の面接で電話のことに言及することはまずない。したがってちょくちょく患者・家族から電話が入る。そうした局面になって、はじめてつぎの面接日に電話の問題を取り上げる。その取り上げ方はほぼ上記に準じている。治療の契約に電話のことを取り上げるのは、こんにちでは治療者の過剰防衛に近いと思うからである。千編一律な対応は、緊急性に乏しい場合は、いまでも行っている。

冒頭に電話を治療の一環として位置づけると述べたが、それは格好よく表現したともいえ、電話がかかってくるのは仕方がないことと諦めた姿勢ともいえる。ものごとには悪い面ばかりあるわけではない。携帯電話もメールもファックスもたいへん便利に違いない。しかしそれらが治療関係のなかにひろく滲透することは、やはり不都合の方が多いのではあるまいか。それらはひとの忍耐心をいちじるしく損なうが、この損なわれた忍耐心に直に対応してくれるのもやはりこれらの電子おもちゃである。私にはこれは悪循環とうつる。端的にいって世の中が悪くなったのだ。それは道義のない戦慄すべき国外・国内の政治情勢をみただけでも明らかである。しかしこう愚痴をいってもはじまらない。私のことにかぎれば、患者・家族の電話に日々積極的に対応するほかの道はない。

文献

(1) 佐藤裕史「精神科治療における電話」精神医学、四三巻八号八九五 - 九〇三頁、二〇〇一

(2) 下坂幸三「精神療法の基本としての面接」(岩井寛編)『実地臨床に活かす精神療法』ライフ・サイエンス・センター、一九八六(下坂幸三『精神療法の条件』金剛出版、一九八八所収)

(3) 下坂幸三「自殺の危険に対する二つの提言」季刊精神療法、一三巻二号一四四 - 一四八頁、一九八七(下坂幸三『精神療法の条件』金剛出版、一九八八所収)

◆エッセイ◆

症例報告にさいして患者の許可を得ることについて

近頃の症例報告には、患者への謝辞がおりおりみられる。おおむね症例報告を許可して下さって有難うという趣旨である。このことをとてもよいことだと思っておられるようだ。だが果たしてそうだろうか。

こうした許可の要請は、おおむね患者にとっては寝耳に水であろう。首尾よくいった治療の終わりのころから謎をかけるという場合もあろうが、治療者の要請の一声が唐突であることに変わりはない。

治療者と患者との立場は対等ではない。対等であろうとする治療者の心構えは必要だが、対等では決してあり得ない。治療者は、畢竟《ひっきょう》するに、患者にとっては権力者である。治療者が発表の「許可」を請うたとき、患者は断われる立場にはない。内心では不快を感じてもいなむことはまずできないであろう。したがって実態は、患者に同意を押しつけているのであって、心からの同意が得られるわけではない。なかには、発表を望む患者もいるだろう。だからといって同意をよしということにはならない。このような患者たちは、一言でいえば、自己愛的傾向がまだ色濃く残っているとみることができるのではなかろうか。

治療者は、発表の許可を患者に求める瞬間は、治療者ではなくなっている。だからこのような行為に対する患者の心のさまざまな動揺を把握することもできないし、その後の起り得べき状態の悪化――それは軽微ではあってもしばしば起ることであろう――の予想もしないわけである。以上のようなことに思いがいたる治療者ならば、患者の許可を得るなどという仕打ちができるはずもない。報告者はヒューマニスティックに振舞っているつもりなのだろうが、私にはむごい仕打ちに思えてならない。それに再発の問題もある。かりに再発したら、当の症例報告者に再び治療してもらおうとは患者はまず思うまい。

許可を得た以上、症例報告もみせねばならぬ。そういう成り行きになるだろう。これも患者にはいい迷惑である。治療者の思いこみ、勘違いそして思いがけぬ解釈につき合わされることになる。しかし患者はおそらく訂正を申し入れたりはしない。なにせ相手のもと治療者は、「善意の塊り」なのだから。

こういう処置をとる治療者も、患者に見せるために記録に作意を講じることはないだろうか。綺麗事が多くなる。患者を必要以上に持ち上げる。感動的なさわり文句を入れるといったような。他方、転移・逆転移感情などはありのままには書きにくくなるだろう。容貌、化粧、態度、服装などの描写は、時に欠かせないが、これもむつかしくなる。要するに、患者・家族に対しても、治療者自身に対しても甘い報告しか書けないことは確実である。

ひとつひとつの症例に正対《せいたい》し、患者と家族の認識、そして治療者の認識にできるだけ忠実であろうとしながら心理療法過程の記録をとっていくなら、その記録は、患者にはもとよりのこと、治療者にとってすら、何の抵抗も感じさせないような、お上品なものとなるはずはない。

そんなことはない、私の治療過程は、堂々と患者に披露できると胸を張る方は、どこかで自己欺瞞に陥入っている。

まあひとりの治療者がどうしても患者の許可がほしいというのなら、それでよいとしよう。情報公開の風潮に悪乗りして、それがあたかも治療者の当然の義務ででもあるかのように、ひとにもこのような仕業《しわざ》を声高に強要する偽善的な人が現われると困るのである。

終章　葬られた思想家　橋田邦彦

今日ではご存じない方が多いかと思いますが、橋田邦彦は一八八二年（明治一五年）に生まれ一九四五年（昭和二〇年）に亡くなった電気生理学専攻の優れた生理学者でした。一般には戦時下近衛内閣・東條内閣の下で文相をつとめ、敗戦後占領軍により戦争犯罪人に指名され自決したことが知られているでしょう。また彼が戦時中に「科学する心」を文教政策のスローガンとしたことを覚えておられる方もいらっしゃるかもしれません。

「科学する心」を唱える一方で、橋田は漢方医の家に生まれ漢学の造詣が深く、四〇歳のころより道元に心酔し、名著『正法眼蔵釈意《しょうぼうげんぞうしゃくい》』――これは橋田の文相時代にあたる昭和一五年から一九年にかけて三巻出版され、戦後一巻にまとめられました――をはじめ、『碧潭集《へきたんしゅう》』、『空月集』、『自然と人』、そして『行としての科学』といった随想集や講演集を出版しています。橋田は軍国時代の文相を務めたうえに、日本医学の唱道者でもあったことから、超国家主義のイデオローグとみなされてきたといういきさつがあります。しかしながら彼の著作を私が検討した限りでは、彼は右翼でも超国家主義者でもありません。たしかに日本医学を唱導したのは事実ですが、当時猖獗《しょうけつ》をきわめた狂信的な日本主義者ではありませんでした。ただし欧米追従を嫌った人間であるとは言えると思います。

この短い時間で橋田の中心思想について詳しく述べることは不可能ですから、ここでは彼の自然観、自然科学者としての学問の進め方、そして彼が提唱した日本医学についてお話しようと思います。

＊

橋田は知行合一を唱えた王陽明の影響を受けていますが、自分の考えは『正法眼蔵《しょうぼうげんぞう》』に説かれていることの範囲を出るものではないと明言しています。したがいまして道元流の表現を抜きにして橋田の思想を語ることはできません。

まず彼の自然観から述べます。橋田によれば、自然とは森羅万象であり、諸法実相《しょほうじっそう》――すべての事物（諸法）のありのままの姿、真実のありようということです――であり、さらに自然科学の対象でもあるということになります。人は自然を自己に対立するものとみなしがちであるが、自己もまた当然のことながら自然の一部である。このような、自己を含んだものとしての自然を、あるがままに、ありのままに、体験的に把握する必要があるわけですよね。

たとえば太陽を把握することを例にとって橋田は考えるわけです。太陽が小さな円盤に見えるということと、太陽が地球の百万倍の大きさだということの、いずれが本当であるか。小さな円盤に見えるというのは事実見たままであって、地球の百万倍であるというのは学問上そうであるということに過ぎない。しかしながらわれわれの眼に小さな円盤と見えればこそ、地球の百万倍であると学問上いえるわけです。もし太陽がわれわれの眼に地球の百万倍に見えてしまったならば、太陽は地球の百万倍ではなくなってしまう。ですから太陽が小さな円盤に見えるということは、われわれにとってそれなりに大切な事実であるわけですよね。

しかしわれわれにとってそう見えるということが、どのようなことなのか、慎重に考えてみる必要があると橋田は続けます。もし見えるがままが自然だと考えるならば、それは誤りだと言うんですね。たとえば赤い眼鏡をかけて見れば、世の中は赤く見えることでしょう。このときに赤い眼鏡をかけているから世の中が赤いんだと言うなら、これは自然をあるがままにとらえていると言ってよいけれども、自分が赤い眼鏡をかけていることを知らないで、ただ世の中は赤いと言うなら、自然をとらえているとは言えないわけです。

このように橋田は自然を素朴にとらえる見方をしりぞけ、自然は西田哲学でいうところの主客未分――これはいまだ主体も客体もない、純粋な経験のことですが――の、渾然たる世界として把握されるべきであると主張します。すなわち自然とは、現象学の表現を借りるならば、ノエシス――まあ感覚に対して「意味」を与えるような意識の働きとでもいうんでしょうか――を包んだノエマ――これはノエシスによって与えられた「意味」のことですね

――でなければならないし、また逆にノエシスがノエマを包んでいるようなものとしてとらえられるべきであると、こういうわけですね。これを橋田は自然は自《おの》ずから然《しか》るものであるけれども、それは「われわれが然らしむるものであるということがほんとうに会得《えとく》できなければ、ほんとうに自《みずか》ら然るものごとを識得したとはいえない」と言っています（『我観正法眼蔵』）。しかあるべき物事を、あるべき物事として真に掴《つか》み、掴まれるときに、あるがままの物事があるがままにその相をあらわす、というわけですね。

さて科学の成果には誤りがあって、それが始終正されていますが、橋田に言わせるなら、それはあるがままなるものごとを、あるがままに掴むことをしなかったために生ずる誤りであるということになります。当然それを正していく必要がありますが、科学的知見の誤りを正していくという過程は、実は自《みずか》らの働きにおいて自然を自然たらしめる、すなわち自《おの》ずからなるものを自《おの》ずからたらしめることなのです。

橋田によればこのような働きは、科学することの目指すところそのものでもあるわけです。たとえばわれわれが音を聞く、その音がそのままわれわれに聞けるときに限って、その音が音としてほんとうの相を示すことになるのです。逆にそのとおりに誰にも聞こえないなら、ほんとうの相は現われませんし、音があるとすらいえないでしょう。現に超音波の相は、音としては現成《げんじょう》しません。このように音という実相を、実相としてわれわれがつかむから、実相としてあるといえるわけです。このように音を聞くという、われわれ自《みずか》らの働きによって、音という自然が音たらしめられることになる。すなわち自《おの》ずからなるものが自《おの》ずからなるものたらしめられることになったわけですね。

以上に述べたように、あるがままの世界は、われわれに対する「他」としてそこにあるように見えるのだけれども、それは「自」のあらしめる働きによるわけであるから、実は「他」ではなくて「自」であるわけです。さらに言うなら「他」でありながら「自」であると言ってもよい。このような「他」でありながら「自」でもあるような、あるがままの世界を、橋田は「現成公案《げんじょうこうあん》」と呼びました。まあこれは仏教の言葉で、悟りをひらく糸口はどこにでもある、だから森羅万象をそのまま公案として見ていこう、ということですよね。とにかくこの「自」と「他」ということが本当に掴まらないと、ものごとを本当に把握することはできない。それは自《おの》ずからなるもの（「他」）が自《みず》らなるもの（「自」）に転じていくところに、人の働きが現成《げんじょう》するからです。

しかしながらそのような働きは、そのままにとどまることは決してありません。自《みず》らなるもの（「自」）はさらに転じて、自《おの》ずからなるもの（「他」）を、自《おの》ずからなるもの（「他」）たらしめるからです。『正法眼蔵』の言葉を借りて言い表すなら、「自」と「他」は回互《えご》する、絶えず相互に転じていくわけですよね。「自」は「自」であり、「他」は「他」でありながらも、始終互いをあらしめ、あらしめられている。すなわち橋田によれば、自然科学が探求していくべき世界、あるがままの世界は、「自」「他」の回互《えご》・不回互《ふえご》として――くるくる回ると同時に「自」と「他」が対立するものとして、循環すると同時に断ち切られたものとして――動いているわけです。

さらに言えばあるがまま、自《おの》ずから然《しか》る（Sein）ということは、他方においてはしかあるべき（Sollen）、そうあらねばならないということでもある。この意味では「自然」というのは「当然」でもあるわけです。あるべき「ものごと」があるべきようにあるのは、そう動かねばならないすじみちがあってそう動くわけです。その「すじみち」を「理《ことわり》」というわけですね。その「理《ことわり》」を辿っていくところに科学が出来上がっていくことになる。そしてこの理《ことわり》が把握されるとき、それは「理法」として、さらに「法則」として把握されることになる。「理《ことわり》」はわれわれが「法《のり》」として従うべきものとして掴まるのではあるが、さらに「則」として「のりとる」こと、自己のものとして掴みとることにおいて「理《ことわり》」があらわれてくる。すなわち自《おの》ずから然《しか》るという、いちおう客観的に見えるものごとは、人の働きそのものであるということが、やがて会得されなければならないというわけです。

これは橋田が優れた生理学者であったことを考えるなら、控えめに言っても驚くべき主張であるというほかはありません。橋田にとって、自然科学者が研究に勤《いそ》しむとは、そのまま「そうあらねばならない」というすじみちを辿っていく、いや辿っていかなければならないという倫理的行為であり、求道そのものでした。すなわち求道は、研究の余暇を利用してなされるようなものではなく、研究そのものにおいて具現されるのでなければならないわけです。

「自然科学者が研究に従事する場所はその道場である（『空月集』）」という橋田の言葉は、字義通りに受け取られるべきであり、決して何かの比喩のように受け取られてはならないでしょう。橋田はスイス留学中に指導者のツァンゲル教授から、電位の測定を五万回も繰り返したほど熱心な男である評されたとのことですが、以上のような観点から考えるならば、これも単なる研究熱心という以上に、「求道が寸時もわれわれを離れないで、研究が求道であり、求道が研究でなければならない（『空月集』）」ということのあらわれであったのだと思います。

*

橋田はさらに自然科学において、ものを観るとはどのようなことであるべきか、という問題について論じています。世界を構成する認識主体について論じたカントを引き合いに出しながら、橋田はそれと対極的なものとして「『体験者』を全然考えない、否考えもしない立場」として「無我」の立場を提唱します（『碧潭集』）。自然科学はある立場から世界を観るものであるが、その立場に立つ者をも世界の中に入れて、世界の中に自分を見るのが無我の立場であるというわけです。そのさいに注意しなければならないのは、無我とは無我という立場から観ることであって、自己をなくすことではない、ということです。自分など、なくそうとしてなくせるものではない。むしろこの立場は純客観の立場であると考えるべきであると橋田は言います。このような純客観の立場こそ、「ありのまま」を見ることができる唯一の立場であり、橋田はこれを「観《かん》」と名付けています。当然ながら、これは観《み》るもののなき観《かん》であるわけです。自然の流れに押されながらの、自分と外界の境なき立場の「観《かん》」であるわけですね。橋田は自然科学を、単に観られたものとしてではなく、観るという働きとして見直そうというわけです。

橋田は「唯従自然《ゆいじゅうしぜん》」すなわちただ自然に従う、そして「唯観唯行《ゆいかんゆいぎょう》」すなわちただ観じ、ただ行ずるといったことを、それこそひたすら言う、ひたすら行ずるわけです。観るもの自身が見られるものの中に没入すること、これが行である。橋田はこのようなことを「観行」と呼び、観が行として現れてくる――観行一如――のでなければ、本当に観ることにはならないと言います。まあこれは西田哲学でいうところの行為的直観ということとほとんど同じことではないかと思うのですが、こういうことを唱えているわけです。

　ではこれらを橋田のつねに参照してやまなかった『正法眼蔵』――橋田は『正法眼蔵』によって科学することが、本当に正しく「科学する」ことであるとまで述べています（『我観正法眼蔵』）――の言葉に照らしてみることにいたします。「自己をはこびて万法《ばんぽう》を修証《しゅうしょう》するを迷《まよい》とす、万法すすみて自己を修証するはさとりなり」。これは「現成公案」にある有名な言葉ですよね。橋田はまず万法、すなわち体験を把握するには「迷《めい》（あるいは親《しん》）」という二つの立場があると言います。すなわち同じく修証するとは言うが、まず自己の存在が肯定され、あるいは自己の動きについて多く省みないでものを把握しようとする場合を「迷《めい》」というわけです。事物を差別の相において認め、それをそれとして識得していくという、これはちょうど科学の立場と同じですよね。逆に「万法すすみて自己を修証する」とは、万物と一体、すなわち世界即自己として自己を掴むという立場であって、この立場を橋田は「悟《ご》」とするわけですね。これはいわゆる宗教の立場と同じことになるわけです。

　しかしなお進んで考えると、あるがままに物事をとらえようとすれば、無我でなければならない。観る「者」なくして観るのでなければならない。また自己を掴むというのは自己を観ることであって、これは結局は観る者なくして観るということである。それゆえ「迷《めい》」「悟《ご》」という二つの立場と最初に見えたものは、実はひとつのことであり、「迷悟一如《めいごいちにょ》」である。かくして自己と万法がひとつになってしまえば、自己もなければ万法もない。そこになにがあるかというと、修証するという働きだけがそこにあるということになる。この働きについて橋田は「主観は働くものであるから、斯様《かよう》な働くものが働くものとしての姿を消して、働くものなき働きとして客観に包容されたものでなければならない（『碧潭集』）」とも述べています。これが人間本来の働き、すなわち「行」であるということになります。

　また道元は「身《しん》は学道よりきたり、学道よりきたれるは、ともに身なり（「身心学道《しんじんがくどう》」）」とも述べています。心もて学道するということはどうにか考えられるが、「身《しん》にて学道する」ということは、ちょっと考えられないことである。しかしこれが実に大切なことであると橋田は言うのです。ただし身学道といえば多くの人は、いわゆる身体を動かすことであると考えるかもしれない。すなわち身が先にあって、学道が後になるように考えるであろうが、そうではない。ここでいう身《しん》、すなわち身学道の身《しん》とは肉体のことではないのである。修行を積めば、人の人としての働き、すなわち人格が、身体的表現としてそこに現成《げんじょう》する。かかる身《しん》とは、肉体に心が融け込んでいるもの、その動きが行となって現成するものである。そして行とは学道である。したがって身が学道である。そこまでくれば心学道も身学道も少しも差別はなく、身心一如《しんじんいちにょ》の身《しん》として、学道があるだけである。また逆に、学道によって身心一如の身が現成する。ものごとの真の把握が、身に体するとか、体得とか、体験とかいわれる所以《ゆえん》である。

橋田の言葉に戻るならば、これは「心もて学すと云うことが同時に身もて学すと云うことであるという立場に於《お》いて学道するとは、学が道となって時々刻々に「行」となって表現されるということに外《ほか》ならない（『空月集』）」わけです。われわれは人生の創造である科学を生き生きしたものたらしめねばならない。言い換えれば抽象的な概念的な科学の体系を具体化しなければならない。これを実践する力こそが科学「者」の持つ力である。

以上が橋田の自然観と、これと分かつことのできない学問論のおおよそを、私なりにまとめたものです。

*

さて橋田は戦時下に「科学する心」を唱道しました。しかし何の役にも立たなかったようです。国運が大きく傾き、偏狭な精神論が幅をきかせていた時代ですから、役立たずのスローガンに終わったのでしょう。橋田が尊敬し思想的影響も受けていた西田幾多郎は、某者との書簡の中で、橋田某とかいう男が「科学する心」などと言っているが、笑止であると述べていたと思います。しかし橋田の「科学する心」とは、これまで述べてきたように、「現成公案《げんじょうこうあん》」を「身心学道《しんじんがくどう》」を通して具現化することでした。しかしこれをはっきりととらえた者は少なかったようです。これはまあ『正法眼蔵』の口真似をして言うならば、科学「心」は科学「身」にある、ただ科学「心」なんて言っていても駄目なんで、それでは科学「身」にならないよ、ということなんですね。

科学とはドイツ語ではWissenschaftにあたる言葉ですが、その意味で科学はWissen――schaffen、すなわち知の創造という働きによって造られた（geschafft）ものである。Wissenschaftを把握するためにはWissen――schaffen、すなわち知の創造ということを把握する必要がある。さきほど述べたような抽象を具体化する科学者の働きは、とりもなおさず創造する（schaffen）という働きであって、造られた（geschafft）ものが廻光返照《かいこうへんしょう》する、すなわち光をめぐらして自己の正体をみる、反省するというところに現成《げんじょう》する。それこそ科学する心の働きである。

科学は他のものの働いて得た成果を拈弄《ねんろう》（批評）して出来上がると考えているものがいるけれど、それによって出来上がる理論のごときものは本当の科学ではない。さきに述べたような意味で、みずから「科学する」ことがない限り、科学を学として掴むことはできないと橋田は言います。さらに橋田は大智禅師の言葉を引きながら、「科学する」、すなわち体験をありのままに把握するためには徹底「錯《さく》（あるいは迷《めい》）」、すなわちとことん迷いぬくというプロセスが不可欠であると述べます。これは迷中又迷であって、迷いきってしまえば、「悟《ご》（あるいは親《しん》）」と同じ境遇にいたるのであり、逆に悟ったと思っておれば、すなわち悟りに大迷なる所以《ゆえん》であって、悟ったことに迷っているのだということでしょう。ただし徹するとは最後に到達する境地を言うのではなく、時々刻々の徹底を意味することを忘れてはなりません。とにかくこのようなプロセスを経ない限り、科学において創造にいたることは難しいというわけです。

「科学する」なんて日本語はないという批判も当時はありました。しかし刻々変化する自然を、流動の相において実体験を通してとらえることを重視した橋田は、「科学する」という動詞表現に意義を見出したのだと思います。

橋田は日本医学を強調しましたが、これも彼が国家主義者とみなされた源のひとつになっているでしょう。しかし橋田が実際に主張したのは以下のような、しごく真っ当なことなのです。日本医学というものはない、あるものはただ医学である、医学は世界医学として存在するものであるといった説をなす人がいる。しかし世界医学というものがどこにあるか考えてみると、これまたどこにもない。実際にあるのは各国の医学である。たとえばドイツ・フランス・イギリスの医学はそれぞれが特徴を持っている。もしわが国に日本の医学というものがないなら、それこそわれわれが日本医学を作り上げねばならない。

しかし東西新古の医学の長所を取り集めたとて、それが日本医学というわけにはいかない。二つのものの統一というだけのことなら外国の人にもできるだろう。たとえばドイツやフランスにおいては相当に漢方医学が研究されている。しかしたとえばドイツ人が、漢方医学と彼らの医学とを結合したとて、そこで出来上がってくるのが日本医学であるわけもない。日本医学と言うためには東西新古の学問を、われわれが練り上げ、われわれが使って、日本人として自覚されたものをその働きの中に織り込んでいく必要がある。その場合の日本とは単に世界の中にある日本でなく、世界を自己に収めている日本でなければならない。これは政治的に日本が世界を統一するとか、軍事的に世界を征服するということではない。世界のあらゆるものが日本という姿において眺められねばならず、あらゆるものが日本という働きとして取り込まれなければならない。

学問や思想は国際的でなければならないと言われる。もちろん学問や思想が国際的なものであるのは確かであるが、その「国際的」だけが学問・思想の本質であるとはいえない。なぜなら国際的というのはあるものとあるものとの関係、すなわち国と国との関係として成り立つことであるからである。そのためには最低限Aという国とBという国の存在を前提としなければならない。日本あるいは日本人ということを否定して国際性が成立するのではない。日本人としてのわれわれ医学者の絶えざる日常実践すなわち「行」の結果が、たまたま世界一般に妥当するものとして評価を得るということである。

他方で橋田は国体明徴《こくたいめいちょう》とか日本精神とかを観念的に振り回して、日本文化の特徴を誇ってみたところで何の意味もないと主張します。また一九二三年に英文の生理学雑誌「The Journal of biophysics」を私費で創刊したのは橋田であり、小学生に英語を教えるとよいかも知れぬと述べたのも橋田でした。中学生になってから「これは本です(This is a book)」などとやるから英語嫌いになるというのがその理由です。橋田が偏狭な国粋主義と無縁であったことは明らかでしょう。むしろ橋田が言いたいのは、日本文化というものは出来上がったもののみをさすのではないということなのです。それを作りつつあるわれわれの働きそのものを日本文化というべきであって、この働きを除いて日本文化というものはどこにもない。すなわち日本人としての活動それ自体が日本文化であることを知らなければ、日本文化の真の意味は決して把握されないというのです。

以上のような橋田の日本医学の提唱に私は賛成です。近ごろ某学術雑誌の編集後記で一編集委員が、日本の精神療法文化はアメリカ追随ですからと云々と平然と述べていてびっくりしました。仮にこの人物の言うとおりなら、日本の精神療法から今後独自のものが生ずるべくもなく、またこの人物がこのようなおかしな考えを改めない限り、アメリカの学問に追随して一生を終えることになるでしょう。

*

さて橋田の主著は『正法眼蔵釈意《しょうぼうげんぞうしゃくい》』です。その内実は「現成公案《げんじょうこうあん》」、「身心学道《しんじんがくどう》」、「行仏威儀《ぎょうぶついぎ》」、そして「仏性《ぶっしょう》」の釈意の解説で、これに加えて「正法眼蔵の側面観」ならびに「我観正法眼蔵」という小論もあります。『碧潭集』や『空月集』は説教臭が強くて私は少し違和感を覚えるのですが、この「釈意」におきましては道元の教えにとことん従おうという姿勢を崩しておらず、謙虚な解説者に徹しています。その中では自然科学者や医者のとるべき態度についても触れられていますが、そこには道元の説く教えを自らの日々の実践に活かすという、教育者の立場とはまた異なった一求道者としての橋田の姿が見て取れます。「正法眼蔵に親しむこと爾来二十有余年、生理学者としての体験を廻光返照《かいこうへんしょう》して、いささか『生の全機《ぜんき》』と『者《しゃ》』の何たるかを識《し》り、日本科学の根源を見出し得て、無上の嘉悦と感激とにあふれている」。これが「釈意」の序文の冒頭です。いささか高調子な文章ですけれども、橋田の道元への傾倒ぶりが直《じか》に伝わってきます。注釈自体は『眼蔵』の一字一句もゆるがせにせず、かつ論理的に自分が会得したところを述べています。当時すでに西有穆山《にしありぼくざん》の「正法眼蔵啓迪《けいてき》」という注釈がありましたが、これは橋田の書が絶版になってしまったのとは対照的に、今日でも手に入れることができます。「正法眼蔵啓迪」はしかしながら、禅的なジャーゴンが多く、脱線話も少なくなく、まあこれはこれで面白いんですが、『眼蔵』の本当に難解なところを素通りしてしまっているという印象を私は持っています。

『眼蔵』を読まれた方はお気づきのことと存じますが、今述べられたことが次には否定される、次には肯定される、そしてまた否定される、そうした思想の展開がいたるところで示されています。たとえば「古仏心《こぶつしん》は牆壁瓦礫《しょうへきがりゃく》なり」(編者注1・2)と書いてその次には「古仏心は牆壁瓦礫《しょうへきがりゃく》にあらず」と書きます。あるいは「生死去来《しょうじこらい》にあらざるがゆえに生死去来なり」とか、「言語道断(編者注3)とは一切の言語を言う」といった具合です。これを橋田は、道元は概念の固定化を嫌い、これを避け、撥無《はつむ》しよう、すなわちこれを取り除こうとしているのだと明快に説明しています。これは禅宗の語録にしばしばみられるような、一句一句について言挙げしたうえで、その概念を打破し流動化していこうとする姿勢と必ずしも同じであるとは言えない。むしろ難しい論理をたどりながら、その論理の停留しないように、概念を用いながら執拗に概念を打破しようとし続ける『眼蔵』の書き振りは、他に例を見ないものであると橋田は言うのです。したがって『眼蔵』を一応概念的に掴むことはよろしいけれども、その概念を取り除ける立場において読まないと、『眼蔵』に書いてあることはわからないことになるという筋合いです。

この橋田の解説は『眼蔵』理解の鍵となるとともに、心理療法の実践においても応用できる大切なことです。われわれは患者・家族をまずは虚心に見て、それによってわれわれの見方・解釈、すなわち把握が生じることになります。しかしこの把握を固定してはまずいのであって、それをおりおり白紙に戻す、あるいは否定してみる必要がある。そして患者・家族の心的世界を「ありのまま」に把握しなおして、これまでの見方、解釈が停留しないように、辛抱強く再修正し続けるのでなければなりません。こうしたことの繰り返しが必要であるというのです。

またこれは道元の意識的な方法論だと思うのですが、従来の経典を読んでいくさいに、しばしば伝統的な解文《かいぶん》(解説文)における漢文の読み方に従いません。教典に記されている文字の配列から、自在に新しい思索、思想的展開を生み出しています。このことは今日では『眼蔵』を読む時の通念となっていますが、これは橋田が指摘したところです。

道元はまた文字の配列を幾通りにも並べ替えることによって固定観念を打破し、同時に新しい見方、新しい視点を提供しています。

このような方法論と同断ではありませんが、橋田は括弧――まあ道元の時代には括弧はなかったんじゃないかと思いますけど――を多用することによって、一字一句の意味を浮き彫りにする、あるいは活き活きとさせることを試みています。たとえばこれは橋田の書いた教科書の一節ですけれども、「生機学――生理学のことを橋田は生機学と言いました――ハ生命現象ヲ対象トスル自然科学デアル。生命現象トハ生体ニ特有ナル『活動』ノ表現デアルガ、生体ハ『生』体ナルガ故ニ、其ノ活動ニハ『動』的活動的一面ガアリ、生『体』ナルガ故ニ『静』的形態的一面ガアル」とあります。これは『生理学要綱』――昭和一六年に刊行された第一一版ですが、これを私は学生のころに使っていました――の緒論です。これは簡単な例ですけれども、橋田は括弧を使うことによって、生体の意味をより活き活きと浮かび上がらせていると思います。

＊

橋田には「正法眼蔵の側面観」ならびに「我観正法眼蔵」と題する講演があります。その内容をくわしく紹介する時間はありませんが、ここでは二点だけ触れておきます。橋田が『眼蔵』を読んではじめて感銘したのは、「行持《ぎょうじ》」の巻の最初にある「諸仏諸祖の行持によりてわれらが行持見成《げんじょう》し、われらが大道《だいどう》通達するなり。われらが行持によりて諸仏の行持見成し、諸仏の大道通達するなり」という文章です。これは諸仏諸祖の行持――つねに仏道を正しく修行してやまないこと――があったからこそ、今日にいたるまで正しい法が伝えられ、われわれの行持も実現するということを述べた巻です。これを橋田の立場から言い換えるならば、生理学の先人たちの体験と研究があってわれわれの研究がはじめてできるのである、しかしなお一歩進んでそれを完成する働きしなければ、先人の生理学はないに等しいということでしょう。われらの行持によって先人の大道が通達する、すなわち行持の道環《どうかん》――ぐるぐるまわり――が起る。橋田は道環《どうかん》しない行ならば、学問ということは出てこないとまで言っています。

ひるがえって近ごろのわが国の心理療法の世界の事情をみますと、英米の学者の説をただ適用したに過ぎない例が多く、それでは日本の先人にも、外国の学者にも申し訳ないことである。行持道環が全く成立していないように思われます。

他のひとつは橋田が、体験のひとつひとつを、それがわずか一箇半箇《いっこはんこ》のものであっても真実大切な体験であるとした、道元の教えをつねに強調していることです。ひとつのものごとは、すべての他のものごととの連関においてある。しかしわれわれが体験する場合には、連関しているすべてのものごとは隠れて、いま観ているものごととしてのみ把握され、そのものごとの中に姿を没してしまう。この隠れているものは、観ている当のものごとに対して他である。こうしたことを道元は「一方を証するときは一方はくらし（「現成公案」）」と述べています。すなわち体験というものはつねに一であり、全である。したがって体験は「個」であるという他はないが、「個」であり一であるとは、二つのものが同時にないということであるから、体験の相は前後際断《ぜんごさいだん》されていることになります。ちなみに橋田は西田哲学における「連続の非連続」という概念も、これと同じことをさしているのだろうと言っています。

さて対象をあるがままにとらえるとは言っても、それはわれわれが参学――これは橋田の場合は生理学です――したさいに、眼力が及んだ限りにおける部分的な把握にとどまるのであって、その他の部分は隠れているわけです。そのような限定のある中で、われわれは刻々に流動変遷する体験の片々に没入しなければならない。宗教は体験そのものへの没入を目的とするけれども、学問はその体験を叙述してそこに内容を与えなければならない。こうした道元・橋田にみられる、大小に関わらぬ、ごくちっぽけな体験の重視ということは、これを心理療法の世界に移しますと、いわゆるブリーフ・セラピーの基本に通底するところがあるのではないかと存じます。

＊

橋田邦彦は徹頭徹尾『正法眼蔵』によって活かされた思索家であって、そうした意味では独創的な思想家とは言えないのかもしれません。しかし一方、彼は『正法眼蔵釈意』によって、道元を現代の学問に活かしたと言えます。今日『正法眼蔵』は多くの人々から真剣に取り上げられるようになりました。橋田は生理学の実験という「行」を基盤としながら『正法眼蔵』をよく消化し、体得したところをわれわれに残してくれたと言えるでしょう。「釈意」は彼の文相時代に刊行されたにもかかわらず、そこには戦時色は全く見られません。私は橋田の『正法眼蔵釈意』が復刊されて正当に評価される日が到来することを心から望んでおります。

(編者注1) 古仏とは仏祖、すぐれた祖師の意味で、古仏心とは釈尊から摩訶迦葉《まかかしょう》へつたえられ、インドの諸祖をへて達磨にいたり、慧可《えか》・僧璨《そうさん》・道信・弘忍・慧能《えのう》をへて道元にまで伝えられた正法眼蔵《しょうぼうげんぞう》(絶対的真実)のことである。(菅沼晃編『道元辞典』、東京堂出版、一九九九)

(編者注2) かきね、壁、瓦、小石などの、現前しているものごと。(橋田邦彦『正法眼蔵釈意』、山喜房仏書林、一九八〇)

(編者注3) あらゆるものの真実の姿(諸法実相)は空であって、言語の道が絶え、言葉で表現する方法のないこと。(中村元他編『岩波　仏教辞典　第二版』、岩波書店、二〇〇二)

(編者付記) 本稿を校正するに当たって編者が参照した橋田邦彦の著作は以下の通りである。

『碧潭集』山極一三編、岩波書店、一九三四
『空月集』山極一三編、岩波書店、一九三六
『自然と人』山極一三編、人文書院、一九三六
『行としての科学』山極一三編、岩波書店、一九三九
『正法眼蔵の側面観』杉靖三郎編、一九七〇
『生体の全機性』東大医学部生理学同窓会編、協同医書出版社、一九七七
『正法眼蔵釈意』山喜房仏書林、一九八〇

本講演でふれられている『生理学』第11版の緒論については、直接参照することはできなかったため、次の書物を参照した。

吉仲正和『科学者の発想』、玉川大学出版部、二二九‐二三〇頁、一九八四

編者あとがき

黒田章史（黒田クリニック）

ずいぶん前に下坂先生と学会でご一緒して、二人きりで夕食を摂ったことがあった。そのときになぜか坂口安吾の話になって、大空襲のおりに安吾はわざわざ銀座のビルの屋上で見物していたらしいけれど、あれはいったいどういう神経なのだろうかと私が訝《いぶか》ったら、「ああ、僕もやっていたよ。わざわざ防空壕から抜け出して、ずうっと立って見ていたのさ。べつに胆が据わっていたとか、そういうことでは全然ないなあ。とにかくあまり綺麗なもので、なんとなく這い出して見物してしまっただけだもの」と、こともなげに先生がおっしゃったことがある。このエピソードはのちに「昨今の青少年犯罪と境界例の構造」（本書第三部第四章）に登場する少年Bとして公にされることになるのだが、その当時の私は先生と安吾に相通ずるところがあるなどと考えたことはなかった――たしか先生は安吾がお好きではなかったはずである――から、少々意外の念に打たれると同時に、ああやっぱりとも感じていたように思う。「常識的家族面接（晩年の先生は家族「療法」という言葉を好まなかったから、本稿ではこの用語で統一する）」を提唱され、晩年には中庸の治療的意義について強調してやまなかった先生には、しかし間違いなくある種の生理的な過激さがあった。形あるものがすべて破壊され、無に帰していく中に「嘘のような理想郷」を観て取り、戦《おのの》きながらも惚れ惚れとその美しさに見とれ、しかしそれは人間の真実の美しさではない、ただ人間へと戻っていく（「堕落」する）こと以外の中に、人間を救う便利な近道などないのだと説いた安吾が、ただ過激だけの人ではなかったのと同じように。

もちろん先生の過激さは安吾のそれのようなわかりやすいものではなかった。「外見はもの静かでも、一種過激な」方法であるとは、先生がフロイトの自由連想法を評して述べられた言葉（本書第一部第二章）だが、この言葉はそのまま先生ご自身に当てはまるように思われる。そしてこの比喩さながらに、先生の過激さはまず臨床の場において、あるいはスーパービジョンの場において患者や家族が、あるいは治療者が語る言語の用いられ方を、外見は微温的と見えるほどに物静かに、しかし苛烈に探究するという形をとって現れることになった。「日常的な言葉、つまらない些細な言葉であればあるほど、臨床では怪しいと思わなければならない」、「患者や家族が話した言葉を、もとの文脈まで立ち戻って、それこそ患者や家族を〈生き字引〉にして、繰り返しを厭わずに聞いてみるとよい。たとえ全く同じ言葉であっても、同じ用いられ方をしていることはまずないものだ」といった言葉は、先生に示していただいた教えの中でも特に印象深いものである。意外なことに——いや先生はオースティンをはじめとした言語行為論に関心をお持ちだったから、意外でもないかもしれないのだが——これは分析哲学を専門とする哲学者野矢茂樹の、以下のような発言と照応する。

「僕らがやろうとしている仕事の特徴は、ふだんなにげなく使っている言葉を、どういう意味で自分は使っているのか明確にすることです。それはすごく難しい。〈心〉なんていう言葉を気楽に使ってくれるなというのが、最初の哲学の教訓ですね……（中略）……哲学のプロは素人とどこが違うかというと、問い方が違う。抽象的なものを抽象的なままに掻き回していって、下手をすると言葉遊びになってしまうようなレベルから、自分の頭で考えることができ、かつ人と議論していけるようなところに問題を落としていく。そこが、すごく大事で、具体例は本質的に大事だと思います。」

野矢の言葉をもじって言うならば、心理療法を志す者に対する先生の最初の教訓は以下のようなものであると言えるだろう。治療を行う場合であれ、スーパービジョンを行う場合であれ、たとえば〈毅然とした態度〉とか〈怖れ怯えていた〉とかいう言葉を気楽に使ってくれるな、さもなければ抽象的なものを抽象的なままに掻き回していって、下手をすると言葉遊び（認識の大飛躍《あてずっぽう》）になってしまう（本書第一部第五章）。あいまいな認識に基づいて「考える」のではなく、患者が、そして家族がそれらの言葉を現実にどのように用いているかを、家族面接を多用しながら詳細に観察し、できる限り多くの具体的用例を収集せよ。そうすれば治療者が自分の頭で考え、かつ患者や家族と議論していけるようなところに問題を落としていける――あるいは当初「問題」と見えたものが、解決されるというよりもむしろ解消される――ことだろう。患者や家族の言葉を「なぞる」ようにして聞き、コミュニケーションの躓《つまず》きを粘り強く顕在化させることを通して、先生がまず目指したのは、以上のような治療過程を導入することだった。

　しかしここでいうところの「観察」を通常の自然科学的な、あるいは従来の記述精神医学的な観察概念と同じであると受け取ってはならないだろう。終章として収められている「葬られた思想家　橋田邦彦」という講演は、先生における観察がどのようなものであったかを明らかにしている。橋田邦彦は、「私は～と思う」という超越論的統覚のはたらきによって、混沌とした表象を秩序付け、構成していくという、カント以来の構成主義的認識論とは対極的な立場から自然をとらえ、観察していこうとした優れた生理学者であった。

　橋田の主張の概要は先生ご自身の講演に詳しいから繰り返しを避ける――ただし主題として論じられたのはこのときが初めてではあったが、橋田邦彦に対する先生の傾倒ぶりはそれ以前から並々ならぬものがあったことは特記しておきたい。たとえばずいぶん前に先生のご著作を頂戴したおり、何か一言とお願いして表紙の裏に書いていただいた言葉は「唯従《ゆいじゅう》自然《しぜん》」であったし、先生の机の上のノートのひとつは「橋田邦彦」と題されてびっしりと書き込みがなされていた――が、自然科学的観察を行う際に、観る者と観られる物を対峙するものとして捉えるのではなく、観る者をも世界の中に入れて、世界の中に自分を見る「無我の立場」――これを橋田は「純客観の立場」とも「観《み》るものなき観《かん》」とも呼ぶ――を基本とした、立論の独自性はやはり強調しておくに値する。

　ここで無我という言葉が使われているからといって、なにも橋田は悟りのごとき特別の境地を指していたわけではない。「私が音を聞く」「私がものを見る」とはいっても、私というものがまずあって、それが聞いたり見たりするわけではなく、「聞こえている」「見えている」という事態がまずはあるだけなのだが、われわれはそれをあえて言挙げするときに「私」という言葉を用いるしかない――したがってわざわざ言挙げしないならば、私など存在しない（無である）――というほどの、日本語話者にとっては当たり前《じょうしきてき》の（しかし当たり前《じょうしきてき》に過ぎて滅多に注目されることのない）ことを指しているに過ぎない。すなわちまず主体があってそれが客体を観るのではなく、ただ「観《み》るものなき観《かん》」だけがあるような観察を、橋田にならって先生もまた実践しようと志しておられたのである。

このような観察の仕方を、先生は「表面分析（Oberflächenanalyse）」と呼んで極めて重視されていた（本書第一部第五章）。これは患者の心の表面・表層を、家族面接を多用しつつ、「私」を働かせることなく、とことん明らかにしていくという――心理臨床においてこれまで大きく欠落してきた――観察法である。

たとえば患者が繰り返し手首を切る、食べ吐きをするといった症状は、もちろんまずは問題行動（悪いこと）として取り上げられることになるのだが、それだけでは患者の症状の表面、心の表面をとことん極めつくしたとは言えないと先生は考えた。そこで先生は――「水清《す》んで徹地なり（川床が透き通って見える）、魚行《ゆ》いて魚に似たり（「坐禅箴」）」と観た道元のように――患者の心の表面を通して容易に透けて見えてくる、患者にとって症状が持つ利点（良いこと）もまた「ありのまま」に観察する。しかし先生の「表面分析（Oberflächenanalyse）」はそれにとどまることはない。内外のストレスを一瞬ではあるが緩和する、自己の存在感を感知できるといった、さまざまな利点（良いこと）を充分に明らかにしたうえで、先生は再び問題行動（悪いこと）を問題行動としてさらに観察していくことになる。

これらの過程を通して、「問題行動」は「問題行動」でありながら「利点」へと融入し（「問題行動に似たもの」になり）、「利点」は「利点」でありながら「問題行動」へと融入する（「利点に似たもの」になる）。全く同じように、先生の臨床観察においては「転移」と「転移ならざるもの」、さらには「個人面接」と「家族面接」という、一見すると別個と見えるものが、それぞれの「本質」によって縛られないような形で再分節されることになる。すなわち「常識的家族面接」は、常識では考えられないほどの自由さを孕んだ動的過程であった。そして先生にあって「観《み》るものなき観《かん》」とはこのような実践を指していたのである。

以上のような観点から言うならば、感情移入（共感）も、従来の記述精神医学的面接も、ともに世界を構成する主体が、それに対峙する客体に対して関わる仕方であるという意味では、見かけほどに異なってはいない。これらの立場にとどまる限り、どこまでいっても、これまで述べたような意味での「表面分析（Oberflächenanalyse）」を繰り返し、やり通すことはできないのであるから。そしてもちろん先生に言わせるなら、面接の場で見えている患者や家族の振る舞い、聞こえている言葉と、「自己」とを回互転回《えごてんかい》させる（他を転じて自とし、自を転じて他とする）という治療者の「行」こそが臨床観察であるということになろう。先生は感情移入（共感）と、従来の記述精神医学的面接という二つの立場の、いずれでもないような仕方で患者や家族と関わっていく方法を、橋田のおそらくは道元を淵源とする「観《み》るものなき観《かん》」という立場から学ばれたのだと思う。そして当然にと言うべきか、先生にあっては橋田と同じく「研究が求道であり、求道が研究」であり、下坂クリニックとはその実践のための道場であった。

科学史家の金森修は、世界を自己以外のものとして外化し、それを外側から分析するという、従来の認識論を超える可能性を橋田に見出し、「私には、橋田の独創的な模索が、その後の我が国の科学にほとんど痕跡を残していないように見えることが残念でならない」と述べているが、先生の「常識的家族面接」とは、橋田を最良の意味で現在の心理療法ならびに精神医学の領域へと活かそうとする試みであったように思われる。

最後に本書の成り立ちについて少しだけ説明しておくことにする。さきに刊行された『心理療法のひろがり』とは異なり、本書は下坂先生ご自身が大まかな収録原稿の指示を書肆に出されてはいたものの、全体の構成の決定および校正の段階までには至っていなかったものである。したがってどの論文を本書に収めるかを選択する段階から、中村伸一氏と私が繰り返し検討を重ねた上で、先生のご遺志を忖度しつつ決定していかなければならなかった。微力ながらも最善を尽くしたつもりではあるが、僭越な振る舞いであったことに変わりはなく、今は先生のご宥恕を乞うしかないという心境である。

「子《し》能《よ》く熟讀翫味《がんみ》、得《う》ること有るときは、則ち予《よ》と生相睽違《せいあいけいい》し、地を阻《へだ》て世を隔《へだ》つと雖《いえ》ども、一堂に相聚《あいあつま》って、終日論議するが猶《ごと》く、心心相照《しんしんあいてら》して符節を合せたるが若《ごと》く、自《おのずか》ら相違《あいたが》うこと莫《な》けん。勉めよや怠ること勿《なか》れ。」（伊藤仁斎『童子問』清水茂校注、岩波文庫、一七頁、一九七〇）

本書を編集する中で行き当たった『童子問』の文言である。孔孟の二書（『論語』『孟子』）を熟読玩味し、得るところがあるときには、たとえ私と離れ離れに生きることになり、場所をへだて、異なる時代にあったとしても、一堂に会して終日議論するように心心相照《しんしんあいてら》すことができると仁斎は言う。下坂先生にあって二書とは差し詰めフロイトと道元であろうか。「勉めよや怠ること勿《なか》れ」との仁斎の言葉は、先生がわれわれに残してくださった言葉でもあるように思われる。

【初出一覧】

第一部

フロイト再読　精神療法 28 巻 1 号，3 号～6 号，2002 年，29 巻 3 号，2003

第二部

説き明かし常識的家族面接（原題「説き明かし常識的家族療法」）　日本家族療法学会ワークショップ in 福島，2002 年 8 月 2 日ビックパレットふくしま

心理療法家の心構えと「論語」の教え　第 2 回「東洋思想と心理療法」研究会，2000 年 3 月 18 日駒澤大学本館中央講堂

心理療法としつけ　精神療法 27 巻 3 号，2001 年

第三部

現代女性の位置と摂食障害　精神医学 31 巻 6 号，1989 年

社会変容と心理療法　精神療法 25 巻 5 号，1999 年

心的外傷理論の拡大化に反対する　精神療法 24 巻 4 号，1998 年

昨今の青少年犯罪と境界例の構造（福原久美先生との共著）　家族療法研究 18 巻 3 号，2001 年

こんにちにおける家族面接の意義　精神療法 27 巻 4 号，2001 年

心理療法の補助としての電話　精神療法 29 巻 2 号，2003 年

症例報告にさいして患者の許可を得ることについて　精神療法 26 巻 3 号，2000 年

葬られた思想家 橋田邦彦　第 4 回「東洋思想と心理療法」研究会，2002 年 3 月 16 日駒澤大学本館中央講堂

【著者略歴】

下坂幸三（しもさか・こうぞう）

1929年　東京に生まれる。

1950年　私立順天堂医学専門学校卒業。

1952～73年　順天堂大学医学部精神医学教室に勤務。助手，講師，助教授を歴任。

1973年　東京新宿区にて下坂クリニックを開設。

2006年3月歿。

［主要著訳書］

『アノレクシア・ネルヴォーザ論考』，『精神療法の条件』，『心理療法の常識』，『摂食障害治療のこつ』，『心理療法のひろがり』，『食の病理と治療』（編著），『過食の病理と治療』（編著），『増補精神発達と精神病理』（編著，以上，金剛出版），『拒食と過食の心理——治療者のまなざし』（岩波書店），『ブロイラー早発性痴呆または精神分裂病群』（共訳，医学書院），『フロイト精神分析入門』（共訳，新潮社），『アーブラハム論文集』（共訳，岩崎学術出版社），他。

フロイト再読《さいどく》

2007年6月1日　印刷
2007年6月10日　発行

著　者　下坂《しもさか》　幸三《こうぞう》
編　者　中村伸一・黒田章史
発行者　田中　春夫

発行所　株式会社　金剛出版
印刷・平河工業社　　製本・河上製本
〒112-0005　東京都文京区水道1-5-16
電話03-3815-6661　振替00120-6-34848

ISBN978-4-7724-0971-1 C3011

心理療法のひろがり

下坂幸三著

中村伸一・黒田章史編

A5判　286頁　定価4,410円

　著者は，個人療法から発展した精神療法だけでは境界例や摂食障害の患者の治療には限界があることを，世界に先駆けていち早く見抜き，家族を交えた心理療法にさまざまな工夫を凝らしてきた。四〇年以上にわたり多大な実績を残してきた著者が，最後に企画していた二冊の論文集。その第一冊目が本書である。

　長年の経験から生まれてきた技法がちりばめられた臨床を，著者は「常識的家族面接」と称し，家族こそが患者の支えであり，家族一人ひとりを尊重して協働治療者とみなし，家族と患者に寄り添って「応援」することが治療者の役割であるとした。このような，技法というよりも「作法」と呼ぶにふさわしい心理療法のありようは，著者の東洋思想への興味と深い理解をも映している。本書は著者の「作法」に則った臨床面接の様子をつまびらかにし，その真髄に触れることができる一冊である。とりわけ摂食障害や境界例患者の家族面接に取り組む治療者には必携の書となろう。

□おもな目次

価格は消費税込み（5％）です